S. FISCHER

Inhalt

Götz Aly
Ein Bayer, hellwach und jüdisch

Anfang Oktober 1923 verbot die Münchner Polizei für einige Wochen die Zeitung der noch kleinen NSDAP, den »Völkischen Beobachter«. Umgehend verlegten sich die nationalsozialistischen Propagandaleute auf das Ersatzblatt »Heimatland«. Ebendort, im unmittelbaren Umfeld Adolf Hitlers, erschien am 15. Oktober 1923 ein Aufsatz, der den 1915 von Türken begangenen Völkermord an etwa einer Million Armeniern als notwendige Tat verherrlichte. Verfasst hatte den Text ein gewisser Hauptmann Hans Tröbst. Dieser beschönigte den staatlich gewollten Massenmord nicht nur, sondern empfahl die Vernichtung »fremder« Menschen als vorbildlich, gefolgt von einem nur mäßig verdeckten Hinweis auf die Minderheit der deutschen Juden. »Die Türkei hat den Beweis geliefert«, so Tröbst, »dass die Reinigung eines Volkes im größten Stil von Fremdkörpern jeder Art sehr wohl möglich ist.«

Wie Adolf Hitler lebte damals auch Oberregierungsrat Dr. Siegfried Lichtenstaedter in München. Er arbeitete in der bayerischen Finanzverwaltung, war 58 Jahre alt, alleinstehend und las die rechtsradikale Presse regelmäßig und machte sich Gedanken darüber, was der zitierte Artikel im Klartext bedeutete: »Die 600 000 Juden des Deutschen Reiches und die 200 000 Juden Deutsch-Österreichs sollen totgeschlagen und ihre Güter den ›Ariern‹ gegeben werden. Hierzu bedarf es aber einer neuen Ethik. Diese lehrt: Die ›Fremdstämmigen‹ (= Fremdreligiösen), die im Vaterlande leben, darf und soll man totschlagen und ihrer Habe berauben.« (Der vollständige Text findet sich auf S. 196–202 in diesem Buch.) Was später als Zivilisationsbruch bezeichnet wurde, hielt Lichtenstaedter schon 1923 für möglich. Als einer der Ersten erkannte er, wie – anfangs sehr diskret – im Deutschland der Weimarer Republik eine »neue Ethik« entstand, ein neues Wertesystem, das den späteren Massenraubmord an den Juden legitimierte.

Am 6. Dezember 1942 wurde auch Siegfried Lichtenstaedter, der so vieles vorhergesehen hatte, im Alter von knapp 78 Jahren im KZ Theresienstadt ermordet. Sein kleines Vermögen war bereits »dem Deutschen Reich verfallen«. Nach Angaben der Lagerverwaltung starb er um 1.00 Uhr nachts im Zimmer 41 der sogenannten Jägerkaserne (Block A II) an »Altersschwäche«.[1] In einer Selbstauskunft für die in Czernowitz herausgegebene »Grosse Jüdische Nationalbiographie« hatte er sich 1936 so präsentiert: Am 8. Januar 1865 als Jüngster von fünf Geschwistern[2] im mittelfränkischen Baiersdorf geboren, ansässig in München, Doktor phil. mit Liebe zur Orientalistik, Volljurist, königlich-bayerischer Oberregierungsrat seit 1914, Ende 1932 »unter Anerkennung seiner vorzüglichen Dienstleistung« pensioniert, darüber hinaus »sozialpolitischer Schriftsteller, Kulturkritiker und tapferer Kämpfer für die Interessen des Judentums«.

Bis 1932 hatte er die meisten seiner Werke unter Pseudonymen erscheinen lassen, weil er sie »als aktiver Beamter, noch dazu Jude, unmöglich unter seinem bürgerlichen Namen veröffentlichen konnte«.[3] Doch kaum war er aus dem aktiven Staatsdienst ausgeschieden, teilte er in seinen weiteren Veröffentlichungen mit, welche dazu passenden Schriften er früher unter »Decknamen« publiziert hatte.

Sein seit 1885 hauptsächlich benutztes, gleichermaßen gelehrt, weise und orientalisch klingendes Pseudonym Dr. Mehemed Emin Efendi markierte mit dem substantivierten Adjektiv emin die Eigenschaften wahrheitsliebend und ehrlich. Ähnliches bedeutet das Pseudonym Ne'man, das unser Autor immer dann bevorzugte, wenn er seine jüdischen Glaubensbrüder unmittelbar ansprach, genauer gesagt: sie aufs Korn nahm. Manchmal nannte er sie auch Volksgenossen. Zum Pseudonym

Ne'man teilte mir Chaim Moykopf mit: »Ne'man beziehungsweise נאמן bedeutet treu, aufrichtig, hingebungsvoll, zuverlässig. Das Wort geht auf die vielfältig verwendete Wurzel א-מ-נ (Alef, Mem, Nun) zurück, aus der auch das Wort Amen entstand. Das Pseudonym steht für die unverbrüchliche Zugehörigkeit des Autors zum Judentum, nicht im politisch-nationalen, sondern im geistigen und spirituellen Sinn.«

Insgesamt hinterließ Siegfried Lichtenstaedter drei größere Aufsätze und 43 mir bekannte Bücher und Broschüren, drei davon sind Übersetzungen. Seine Schriften enthalten engagierte Aufforderungen zum Naturschutz und zur Sparsamkeit; vor allem aber analysierte er nationalistische Streitigkeiten, ermahnte seine jüdischen Religionsgenossen und verfasste zeitkritische Satiren, in denen er sich mit jüdischem Witz und bayerischer Possenfreude den deutschen Antisemitismus vornahm. Die vorliegende Auswahl umfasst Schriften zum Antisemitismus und zu den ethnisch-nationalistisch motivierten Spannungen und Gewaltausbrüchen im 20. Jahrhundert.

Nach 120, 90 oder 80 Jahren lege ich sie erstmals wieder auf und möchte damit an einen kantigen, mit scharfer Beobachtungsgabe gesegneten bayerisch-jüdischen Autor erinnern. Das ist das eine. Zum anderen werden Sie, liebe Leser und Leserinnen, schnell erkennen, wie aktuell Lichtenstaedters Einsichten noch heute sind.

Seit einigen Jahren haben sich die schon fast besiegt geglaubten Gespenster Nationalismus, Minderheitenhass, Antiliberalismus und Intoleranz wieder in die politische Arena gedrängt, um dort ihre alten Stammplätze einzunehmen. Auf die wunderbar friedlichen Revolutionen von 1989/90 und die damit verbundenen Hoffnungen auf Ausgleich und Frieden überhaupt folgte das harte Erwachen. Politische, ethnische und religiöse Unduldsamkeit wuchern von neuem in einer Welt, die sehr viel komplizierter geworden ist. Und so lesen sich viele Texte des ungewöhnlichen Autors Siegfried Lichtenstaedter, als seien sie gestern für uns Heutige geschrieben worden.

In seinem letzten, 1941 erschienenen Buch »Sprachenpolitik (Forschungen und Forderungen)« tauschte Lichtenstaedter den Begriff Minderheit gegen den Begriff Fremdkörper aus. Wie in seinen früheren Arbeiten bezog er Zeiten ein, in denen die Konflikte »riesenhaft« waren und dann wieder »so winzig«, dass »sie fast nicht wahrgenommen, geschweige denn empfunden« wurden. Deshalb definierte er den Status rassischer, sprachlicher oder religiöser Minderheiten als »relativ, pendelnd, wie Ebbe und Flut den stärksten Schwankungen unterworfen«. Begründend führte er an, es handle sich dabei nicht um eine objektive, sondern um die rein volkspsychologische Frage: Inwieweit wird eine Minderheit »von den anderen, aber auch von sich selbst als Fremdkörper gefühlt«?

Auf seine Gegenwart von 1941 bezogen konstatierte er: Gäbe es ein Instrument, mit dem sich der Fremdheitsgrad messen ließe, »würde man staunen, welcher Wechsel hier möglich ist«, und feststellen, dass die deutschen Juden »in den 70er-Jahren des 19. Jahrhunderts durchschnittlich zu einem Zehntel, seit dem 5. März 1933 bis heute dagegen durchschnittlich zu acht oder sogar neun Zehnteln als Fremdkörper empfunden werden«. Jenseits des wechselnden allgemeinen Empfindens »sind und bleiben sie ›die anderen‹« – »wobei man natürlich zwischen dem chronischen, latenten, schlafenden Gegensatz und den akuten Ausbrüchen der Volksleidenschaft unterscheiden muss«. Ob eine Minderheit als nützlich oder unnütz empfunden werde, entscheide allein die Mehrheit. Fälle sie das Urteil »unnütz«, könne das schnell zum »Vernichtungskrieg gegen die Minderheiten« führen.[4]

Im September 1938 beantragte Lichtenstaedter, seinen betont deutschen, von seinen Eltern als assimilatorische Hilfe gedachten Vornamen Siegfried in Sami umzuwandeln. Da der Antrag-

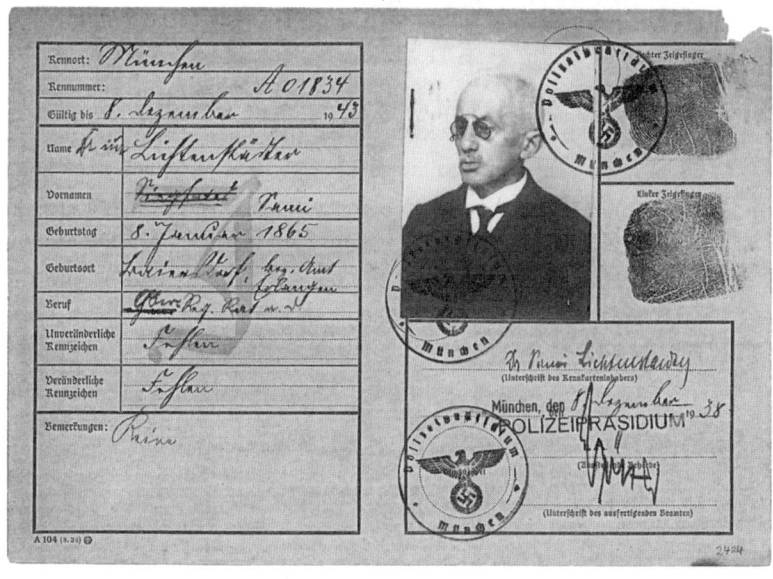

Die Korrekturen auf der sogenannten Judenkennkarte, ausgestellt am 8. September 1938, wurden gewiss auf Betreiben Lichtenstaedters vorgenommen: »Sami« statt »Siegfried«, »Ober Reg. Rat a.D.« statt »ehemals Reg. Rat« und als Namensteil »Dr. jur.«. Auf der Rückseite ist vermerkt: »26.6.39, Maximilianstraße 9/II b. Schülein« (Damit ist der Zwangsumzug vom St.-Pauls-Platz 6 in die Maximilianstraße gemeint. In beiden Fällen handelte es sich um Sammelwohnungen für Juden.) Der letzte handschriftliche Eintrag lautet: »23.6.42 abge-reißt« (!) (gemeint ist die Deportation ins KZ Theresienstadt).

steller vor der Errichtung der Standesämter (1876) geboren war, wurde die Änderung den Vorschriften entsprechend – Ordnung muss sein! – im Geburtsregister der Israelitischen Kultusge-meinde Baiersdorf vermerkt, ebenso wie die Zwangsvornamen Sara und Israel für die anderen noch in Deutschland lebenden, hier geborenen Juden jener Jahrgänge. Im Unterschied zu die-sen steht dort für Lichtenstaedter: »Gemäß Beschluss des Poli-zeipräsidiums München vom 13. Oktober 1938, Nr. 37/38, Akt II,

11

114, wurde angezeigt, dass der am 8.1.1865 in Baiersdorf geborene Oberreg.Rat a. D. Dr. Siegfried Lichtenstaedter, wohnhaft St.-Pauls-Platz, No. 6, anstelle seines bisherigen Vornamens Siegfried den Vornamen ›Sami‹ führt.«

Wie kam Siegfried auf den Ersatznamen Sami? Dieser stand auf der Liste »typisch jüdischer« Vornamen, die das Reichsinnenministerium am 24. August 1938 ziemlich versteckt veröffentlicht hatte.[5] Wer als Jude oder Jüdin einen dort aufgeführten Namen trug, musste nicht den Zusatzvornamen Israel oder Sara annehmen. Umgekehrt wurden mit dem Erlass besagte Namen (darunter Rachel, Sara, Dan, Amon, Jonathan und Aron) für nichtjüdische Deutsche verboten.

»Deutschstämmige«, die ihren als eindeutig jüdisch klassifizierten Vornamen ablegen wollten, konnten das zeitlich unbeschränkt tun. Der dank des Films »Schindlers Liste« bekannt gewordene Amon Göth, später SS-Hauptsturmführer und Massenmörder im KZ-Plaszow, gehörte zu denen, die auf eine solche Korrektur verzichteten. Auch umgekehrt galt, allerdings nur für gut sechs Wochen, »Anträgen von Juden auf Änderung« des Vornamens und Annahme eines in der Liste aufgeführten jüdischen Namens »zu entsprechen«, sofern diese vor dem 1. Oktober 1938 gestellt würden. Der Jurist Lichtenstaedter ist der einzige mir bekannte deutsche Jude, dem es angesichts der bevorstehenden amtlichen Stigmatisierung als »Siegfried Israel« gelang, sich eingeschränkt selbstbestimmt unter den 128 »jüdischen« männlichen Vornamen einen auszusuchen. Das schien auch den später an seiner Deportation, Enteignung und Ermordung beteiligten Beamten so ungewöhnlich, dass sie ihm in amtlichen Briefen und Urkunden, trotz anderslautender Vorschriften, gleichsam automatisiert den Zusatzvornamen Israel verpassten.

Mit Sicherheit wählte Lichtenstaedter wohlüberlegt den Namen Sami aus – ein sowohl arabischer als auch persischer, jüdischer und türkischer Vorname. Das gefiel dem passionierten Orientalisten gewiss. Ähnlich wie seine Pseudonyme Emin und Ne'man bedeutet auch Sami: hochgestellt, edelmütig, erhaben, erleuchtet. Im Hebräischen fungiert Sami als Kurzform für Samuel – für den thorahischen beziehungsweise biblischen Propheten. Dieser hatte immer wieder versucht, die Israeliten mit »energischen und herben« Worten und angesichts starker äußerer Bedrohung zur inneren Umkehr und zum Ende des Götzendienstes zu bewegen. Auch das passte gut.

Lichtenstaedters München

Im Frühjahr 1938 hatte Lichtenstaedter seine gediegen ausgestattete Wohnung in der Münchner Arcisstraße 39/I aufgeben müssen. Wie elf andere jüdische Männer und Frauen wurde er kurzfristig gezwungen, in die Pension Spier am St. Pauls-Platz 6 umzuziehen, um Wohnraum für »deutschblütige« Interessenten frei zu machen. Wenig später musste Sami Lichtenstaedter in das Zimmer einer sogenannten Judenwohnung in der Maximilianstraße 9/II übersiedeln. Am 1. Februar 1942 zwangen ihn städtische Beamte in eine Holzbaracke des Judenlagers München-Milbertshofen, Knorrstraße 148. Von dort wurde er am 25. Juni mit dem Transport II/9 – 418 in das Konzentrationslager Theresienstadt abgeschoben. Von den 50 an diesem Tag aus München dorthin deportierten Juden überlebten vier.

Immer wieder, verstärkt seit 1918, nahm sich Siegfried Lichtenstaedter den Antisemitismus vor, und zwar den urdeutschen. Dazu passend benutzte er das Pseudonym U. R. Deutsch für sein 1926 veröffentlichtes, argumentativ angelegtes Buch »Briefe an einen antisemitischen Freund«.[6] Im selben Jahr erschien unter der von ihm häufig benutzten Maske Dr. Mehemed Emin Efendi das satirische Pendant »Antisemitica – Heiteres und Ernstes, Wahres und Erdichtetes«. Darin sticht eine hier fast vollständig nachgedruckte Erzählung hervor: die vom jüdischen Gerichtsvollzieher. Im Vorgriff auf das, was sieben Jahre später schnell und doch gleitend geschah, handelt sie davon, wie leicht das halbwegs friedliche Zusammenleben von nichtjüdischer Mehrheit und kleiner jüdischer Minderheit zerbrochen werden kann. Die Geschichte spielt in Anthropopolis. Als dort die Stelle des Gerichtsvollziehers, die einzige in der Stadt, mit einem rundum qualifizierten Juden besetzt wird, »gerät die Gerichtsvollzieherei vollständig in Judenhand«, wie sich nicht wenige der »arischen« Mitbürger empören, die bislang tolerant und weithin freundlich gegenüber den Juden aufgetreten waren. Aus dieser Konstellation entspinnt sich eine erst leise, dann vielfältigere und laute Kampagne, die nach wenigen Monaten in der Forderung endet, man müsse »das ganze Volk Israel unschädlich machen«.

Ausstaffiert mit Eberlbräu, Skat- und Gesangsverein, Opernskandal, vaterländischer Presse, Parlament und Ministern ähnelt Anthropopolis, die Hauptstadt von Anthropopolitanien, Lichtenstaedters München. Die damaligen Münchner Verhältnisse sind mir aus den Erzählungen von Friedrich Schneider (1888–1963) vertraut. Er war mein liebenswerter Großvater, eigentlich das Gegenteil eines Kämpfertyps und wegen seiner Krankheiten kriegsuntauglich. Doch trat er 1926 der NSDAP bei. Kurz zuvor war er als kaufmännischer Angestellter bei der Münchner Waggonfabrik Rathgeber arbeitslos geworden, weil die Reparationslieferungen an Frankreich erfüllt waren, und heuerte als Reisevertreter bei der Firma Imperial Feigenkaffee an. Im sozialen Aufstieg begriffen, wohnten meine Großeltern etwas zu teuer in der Buttermelcherstraße. 1931 entwischte meine damals achtjährige Mutter des Öfteren in das nahe (»jüdische«) Kaufhaus Uhlfelder, denn eine Attraktion ohnegleichen lockte halb München dorthin: die erste Rolltreppe der Stadt, und sie führte bis zum dritten Stock. Das fand meine Mutter großartig. Doch dann griff ihr Vater ein und bedeutete ihr milde: »Dort gehen wir nicht hin.«[7] So darf man sich den kleinen, osmotisch verbreiteten Münchner Antisemitismus jener Jahre vorstellen.

Lichtenstaedter griff die Erfahrungen, die er damit machte, immer wieder auf. Ausdrücklich nahm er auf jene Rede Bezug, die der Abgeordnete Dr. Ottmar Rutz vom Völkischen Block am 1. August 1924 im Bayerischen Landtag gehalten hatte. Sie handelt vom »Gesichtspunkt der Verdrängung« durch die Juden, einer zweifellos »begabten Rasse«. Die darin enthaltenen Argumente, Ängste, Schutzbehauptungen, Verdrehungen und Verleumdungen zeigen, in welcher Weise Antisemiten für ihre politischen Programme warben und zugleich behaupteten, sie seien überhaupt keine Antisemiten, sondern stellten lediglich die Tatsache fest, dass Juden andere Menschen übervorteilen und unterdrücken würden.

Um die angeblich bedrohte Mehrheit vor der »begabten« Minderheit zu schützen, musste nach dieser Logik zum Mittel der »Entjudung« gegriffen werden – weder aus Neid noch aus Bosheit, versteht sich, sondern aus einem angeblich nur allzu verständlichen nationalen Schutzinteresse heraus. (Der Kommentar Lichtenstaedters und eine gestraffte Fassung dieser Rede finden sich auf den Seiten 139–157.)

Antisemitische Reden, Zeitungsartikel, Regierungsverlautbarungen, Flugblätter und Gespräche, erlauscht im Amt oder »an einem einsamen Tische im Kaffeehause«, bilden den Stoff, aus dem unser Autor seine Geschichten und Kommentare zum heimatlichen Antisemitismus wob.[8] Da er unverheiratet blieb, speiste er häufig in Wirtshäusern und schaute, scheinbar in die Zeitung oder in Amtsakten versunken, dem Volk aufs Maul. Möglich, dass er gelegentlich meinen Großvater Friedrich Schneider und dessen Skatbrüder belauschte. Auch im Amt erlebte Lichtenstaedter erhebliche Vorbehalte. Als er 1925/26 für 16 Monate vertretungsweise das Direktorium der Bayerischen Rechnungskammer leitete, beschwerte sich ein Untergebener über ihn, den er mehrfach wegen verschiedener Fehler getadelt hatte. Den Grund für seine wiederholten und harscher werdenden Zurechtweisungen des ihm unterstellten Beamten erklärte Lichtenstaedter gegenüber dem Finanzminister in aller Zurückhaltung so: »Man wird annehmen können, dass es (…) für einen Juden schwerer als für einen ›Arier‹ ist, sich Autorität zu verschaffen.«[9]

Im Mai 1931 konstatierte Lichtenstaedter, wie sehr »die breitere Volksmasse« der Deutschen mittlerweile »der Verhetzung und Verblödung« anheimgefallen sei. Deshalb riet er, als er in der Münchner Israelitischen Kultusgemeinde über »Naturschutz und Judentum« sprach, dass »wir«, die Juden, in dieser Frage nicht allzu engagiert in der deutschen Öffentlichkeit auftreten sollten. »Wie nun einmal die Verhältnisse sind«, begründete er, provoziere das dann leicht die folgende der Sache schädliche Reaktion: »Wie? Das Judentum predigt Naturschutz? Also gibt es nur *eine* Lösung: Zerstören, was nur zerstört werden kann, verwüsten, was nur verwüstet werden kann, vernichten, was vernichtet werden kann!«

Der Naturschutz lag Lichtenstaedter schon vor dem Ersten Weltkrieg am Herzen, erst recht aber danach. »Riesengroß, wahrhaft furchtbar«, schrieb er 1932, »sind die Gefahren, die der Natur vonseiten der Menschen drohen, erst durch die unerhörten Fortschritte unserer neueren Kultur geworden.« Die »gesteigerten Bedürfnisse der sogenannten Kulturvölker« – ihre Maschinen, Explosivstoffe und Verkehrsmittel – hätten nicht nur die Möglichkeit, sondern auch »den Wunsch und den *Anreiz* (…) zur Zerstörung und Vernichtung« erzeugt. Zur Rettung der Natur forderte er eine systematische »Naturschutzpolitik – innere und äußere, nationale und internationale, theoretische und praktische, aber auf allen Gebieten eine planmäßige, systematische, möglichst lückenlose.«[10]

Naturschutz umfasste für Lichtenstaedter auch die Menschen bedrohter Kulturen. »Anthropologischer Naturschutz (Schutz der Rassen, Kulturen und Sprachen, namentlich in den Kolonien)« betitelte er einen Vortrag in der Münchener Gesellschaft für Anthropologie, Ethnologie und Urgeschichte, den er am 26. Oktober 1917 hielt. Es ging ihm dabei um die Bewahrung »jener Rassen und Naturvölker, die von der Kultur und anderen Einflüssen zum Aussterben gebracht werden«. Trotz »ungeheurer Schwierigkeiten« und trotz des Krieges forderte er »den Schutz der Eingeborenen« – nicht nur den körperlichen. Darüber hinaus komme es darauf an, sie auch »geistig« und soweit als möglich »in ihrer Eigenart« zu retten: »Kunst und Gewerbe, Sitten und Rechtssatzungen sollten geschützt werden.«[11]

»Eine eigenartige Persönlichkeit«

Nach eigenen Worten hatte Lichtenstaedter seine ausgeprägte Schreib- und Widerspruchsfreude vom Vater geerbt – von Wolf Lichtenstaedter (1793–1872). Dieser handelte mit Leder und hatte, nachdem seine erste Ehefrau Serafina 1854 gestorben war, Sophie Sulzberger (1834–1929) geheiratet.[12] Neben seinem Broterwerb pflegte er die »theologische Gelehrsamkeit«, um »die heiligen Schriften Israels nicht nur zu lesen, sondern gründlich zu verstehen«. Als schriftstellernder »Dilettant der Theologie« hinterfragte er immer wieder herrschende rabbinische Meinungen: »Aber – kann dieses Wort, dieser Satz nicht noch anders gedeutet werden?«[13] Diese Lust am Zweifel, die Suche nach dem Verborgenen, das sich hinter den verspiegelten Fassaden vermeintlicher Gewissheiten finden lässt, lebte in seinem Sohn Siegfried fort.

Wie sein Vater ergriff dieser später einen Brotberuf, den des Verwaltungsjuristen, und folgte seiner literarischen Neigung nebenbei. Jedoch erkundete der Sohn nicht Gottes Willen, sondern den der Menschen, deren Möglichkeiten und Abgründe als Angehörige von Klein- und Großgruppen, Mehrheiten und Minderheiten, Religionsgemeinschaften, Völkern und Rassen. Allgemein gesagt, widmete er sich gesellschaftlichen Dynamiken und deren politischen, geschichtlichen wie sozialökonomischen Antriebsmomenten. Anschließend gewichtete er die Indizien und leitete daraus seine oft umwerfend genauen Prognosen ab.

Im Hinblick auf die Deutschen fragte er zum Beispiel: »Warum werden denn die Engländer, Amerikaner, Franzosen und Italiener mit den Juden fertig und wir nicht? Warum denn die Holländer, Schweizer und Belgier, die übrigen südamerikanischen Staaten und gerade ausgerechnet wir nicht?« Gestützt auf vielfältige eigene Erfahrungen, meinte er 1926 kurz und klar, »dass die Judenfrage endgültig gelöst werden muss, bevor wir [Deutschen] uns befreien können« – nämlich so: »Die Judenfrage muss aufhören, ein Problem zu sein.«[14] Liest man den Satz heute, dann stockt der Atem. Selbstverständlich plädierte Lichtenstaedter für den liberalen Weg – doch den mörderischen Weg hatte er als Möglichkeit längst vorhergesagt.

Im Januar 1935 wartete die »Bayerische Israelitische Gemeindezeitung« mit einem sehr kurzen Geburtstagsartikel für den nunmehr Siebzigjährigen auf. Wie der Gratulant Arthur Aaron Cohen, bis 1933 Professor für Staatswissenschaft an der Technischen Hochschule München, bedauernd anmerkte, habe das pseudonyme Schreiben dazu geführt, dass die »eigenartige literarische Persönlichkeit« Lichtenstaedter nur Eingeweihten bekannt geworden sei. Allerdings habe der Jubilar seine geringe Popularität teils selbst zu verantworten, wie Cohen kritisch hinzufügte. Denn erstens produziere er zu oft politische Gelegenheitsliteratur und zweitens stoße die »Rigorosität seiner Forderungen« nicht wenige vor den Kopf. »Mahnworte, Scheltworte«, so der von Cohen zitierte Untertitel einer an die jüdischen Religionsgenossen gerichteten Streitschrift, »sind eben im Allgemeinen nicht beliebt«, zumal dann, »wenn sie ausgiebig nach allen Seiten erteilt werden«.[15]

Zum Beispiel erklärte der bekennende Fleischverächter Lichtenstaedter 1921: Für seinen Teil fände er es gut, »wenn durch staatliche Schächtverbote die große jüdische Masse zur vegetarischen Lebensweise gezwungen würde«. Als er später »mit recht gemischten Gefühlen« las, dass ihn der »Tierschutzverein München in einer Broschüre ›Gegen das betäubungslose Schächten‹ gewissermaßen als Kronzeugen« benannt hatte, stellte er klar: »So war das natürlich nicht gemeint.« Den antisemitisch aufgelegten Tierschützern entgegnete er, dass geschächtetes, also weitgehend entblutetes Fleisch wesentlich haltbarer sei und die angeblich tierfreundliche Tötung des Schlachtviehs mittels Bolzenschussgerät als »Gehirnzertrümmerung« bezeichnet werden müsse.[16]

Immer wieder kritisierte Lichtenstaedter den Zionismus, forderte jedoch von den weit überwiegend assimilierten deutschen Juden religiös fundierten »jüdischen Stolz« und die Pflege »jüdischer Eigenart«.[17] 1935 zitierte er zustimmend Max Liebermann, der am 13. Februar 1935 in der »Jüdischen Allgemeinen Zeitung« geäußert hatte: »Ich halte die Vermengung anderer Rassen mit der jüdischen für nachteilig. Nota bene: ich meine für die Juden. Ich bin Jude und bin stolz darauf, rassenreiner Jude zu sein.«[18]

Bei allen Vorbehalten verteidigte Lichtenstaedter den Zionismus selbstverständlich gegen Antisemiten. Dazu motivierten ihn früh die schrecklichen Pogrome in Osteuropa und das interessegeleitete Schweigen »der großen Staaten, deren Stimme normalerweise gehört wird«. »Was liegt da näher als der Gedanke«, stellte er 1926 rhetorisch fragend fest, »den alten, heimischen Staat (…) wiederherzustellen, der Väter Traum zu erfüllen, eine Stelle zu schaffen, von der aus die Interessen des Volkes auf die natürlichste Weise vertreten werden können? Wer kann das den Juden verdenken?«[19] Aber die aktiven Zionisten überlasen solche Sätze. Als Lichtenstaedter im Januar 1935 Martin Buber eine kontroverse öffentliche Diskussion vorschlug, wandte sich der Geschäftsführer der Zionistischen Vereinigung für Deutschland an »Münchener Gesinnungsgenossen«, um zu erfahren, mit wem man es da zu tun habe. Das Urteil fiel ungünstig aus: »Nach den von uns eingeholten Erkundigungen scheint eine solche Veranstaltung nicht empfehlenswert.«[20] Die Anfrage blieb erfolglos.

Besonders harte Worte richtete Lichtenstaedter gegen diejenigen seiner Glaubensgenossen, die sich für eine geschmeidige Assimilation entschieden. Diese in seinen Augen vermeintlich »Modernen« schwafelten von »Fortschritt«, meinten damit aber nur »Bequemlichkeit« und verhielten sich gegenüber dem Judentum »unverantwortlich und verdammenswert«.[21] Auch versäumte es unser Autor nicht, dem westeuropäischen »liberalen Judentum« vorzuhalten, wie desinteressiert sich dessen Anhänger angesichts der »unsäglichen Scheußlichkeiten gegen die Eingeborenen der Kolonien« verhielten. Womöglich gleichgültiger als Christen folgten sie einfach der Parole: »Totschweigen, nicht davon sprechen, nicht daran denken (›conspiration de silence‹, sagt der Franzose) oder einfach schamlos alles ableugnen.«[22] Wohlhabenden jüdischen Damen beschied er: »Jüdische Frauen, die ihre Hüte mit den Federn des Paradiesvogels, des Silberreihers oder anderer von der Ausrottung bedrohter Vögel verzieren oder übertriebenen Luxus mit Elfenbeinwaren treiben, begehen eine Sünde gegen die jüdische Religion.«[23]

Kein Wunder, dass die offiziellen Vertreter der deutschen Juden wenig freundlich reagierten. Wie sie das taten, formulierte

Lichtenstaedter 1931 auf seine Weise: »Meine pseudonymen Schriften werden von meinen Religionsgenossen recht schlecht behandelt. Die meisten jüdischen Zeitungen schweigen sie tot. (…) Die ›C.V.-Zeitung‹, das einflussreichste Blatt der deutschen Judenheit, boykottiert alle meine pseudonymen, der Verteidigung jüdischer Interessen dienenden Schriften mit einer eisernen, der heiligsten und höchsten Sache würdigen Konsequenz, ohne dass ich bisher die Gründe zu ergründen vermochte.«[24]

Vor diesem mehrfach gebrochenen Hintergrund lässt sich erahnen, warum die Geburtstagswünsche 1935 etwas distanziert ausfielen. Leicht beleidigt und herablassend wünschte das offizielle jüdische München dem schwierigen Gemeindemitglied Lichtenstaedter »noch viele Jahre, schon deshalb, damit er Zeit findet, sein allzu zersplittertes Lebenswerk durch straffe Zusammenfassung derjenigen Gedanken zu krönen, die von bleibendem Wert sind«. Genau das versuchte er angesichts seines Alters und der zunehmend bedrohlichen Lage. Wie er mitteilte, sei seine »großangelegte Arbeit, die ziemlich gründlich die Völkerethik behandelt, noch nicht vollendet«.[25] Sie erschien tatsächlich noch – unter schwierigsten Umständen, in winziger Auflage und gewiss nicht zur Zufriedenheit des Verfassers: Dr. S. Lichtenstaedter, Sprachenpolitik (Forschungen und Forderungen), Winnenden bei Stuttgart 1941 (240 Seiten). Dass dieses Buch eines Juden 1941 in Nazideutschland – ein Jahr vor der Ermordung des Autors – gedruckt wurde, zeugt von ungewöhnlicher Energie. Zutreffend hob Arthur Cohen in seinen Glückwunschzeilen von 1935 hervor, die große Stärke des Jubilars liege in der politischen Satire.[26]

Nach dem Tod des Vaters 1872 hatten Mutter Sophie und der Baiersdorfer Distriktrabbiner Wolf Cohn (1812–1888) die Unterweisung des siebenjährigen Siegfried »im jüdischen Wissen und in Latein« übernommen.[27] Derart vorbereitet trat er mit elf Jahren in das Humanistische Gymnasium Fridericianum im nahegelegenen Erlangen ein, damals Königliche Studienanstalt genannt. In den Schülerlisten wurde vermerkt, er sei am 1. Oktober 1876 in die 3. Lateinklasse aufgenommen worden, er hatte also mit der Aufnahmeprüfung zwei Klassen übersprungen. Die erste Klasse der Oberstufe durfte er dank überragender Leistungen gleichfalls auslassen und im Frühsommer 1882 die Reifeprüfung ablegen.[28]

Lehr- und Wanderjahre – offene Fragen

Anschließend studierte er in Erlangen Orientalistik. Zum Wintersemester 1883/84 wechselte er nach Leipzig, besuchte eine Vorlesung zur Klassischen Philologie bei Professor Otto Ribbeck, eine zur Vergleichenden Grammatik der indogermanischen Sprachen bei Professor Karl Brugmann und eine zur Deutschen Staats- und Rechtsgeschichte bei Professor Emil Friedberg. Im folgenden Sommersemester studierte er offiziell Jura. Er hörte Theoretische Nationalökonomie bei Professor Wilhelm Roscher; als einflussreicher Mitautor des Bürgerlichen Gesetzbuchs brachte ihm Professor Bernhard Windscheid die »Institutionen und äußere Geschichte des römischen Rechts« nahe; die zivilrechtliche Übung absolvierte er bei Professor Johannes Emil Kuntze.[29] Lichtenstaedter suchte sich fachlich engagierte akademische Lehrer aus.

Im Herbst 1884 meldete er sich in Leipzig ab, immatrikulierte sich in Berlin und wohnte dort im Scheunenviertel, Auguststraße 27/II, zur Untermiete. An der Friedrich-Wilhelms-Universität hörte er im Wintersemester 1884/85 Staatsrecht bei dem Nationalliberalen Rudolf Gneist, zudem belegte er Vorlesungen zum Straf- und Völkerrecht, vor allem aber studierte er Römisches Erbrecht und Römisches Eherecht bei Professor Carl Bernstein.[30] Anschließend verließ er Berlin. Wo und wie er das folgende Jahr verbrachte, konnte ich nicht herausfinden. Fest steht, dass er sich im Sommersemester 1886 als Jurastudent in München immatrikulierte und am Ende des Semesters das Erste juristische Staatsexamen ablegte. Hernach durchlief er einen Abschnitt seines Referendariats beim Münchner Magistrat, wo es nichts zu tun gab, »als die Zeit gründlich totzuschlagen«.[31] Als Grund für seinen Wechsel von der geliebten Orientalistik und Vergleichenden Sprachwissenschaft zum Jurastudium gab er 1936 an, einerseits habe ihn die Sorge umgetrieben, bald ohne Geldmittel dazustehen, andererseits habe er gehofft, als Jurist »im Oriente einen Posten zu finden, auf dem er zugleich praktisch nützen und seine wissenschaftlichen Neigungen befriedigen könnte«. Viel spricht dafür, dass er Orientalistik weiterhin studierte und noch einige Zeit ernsthaft betrieb. Doch führte ihn das juristische Staatsexamen nicht ins Morgenland, sondern 1890 in den höheren bayerischen Finanzdienst.

Was Lichtenstaedter in den drei Jahren nach seinem Examen und dem Referendariat in München probierte und studierte, wohin es ihn mit welchen Absichten zog, liegt im Verborgenen. Zwar hatte er 1936 eine »größere Arbeit« angekündigt, »die seinen inneren Lebensgang in aller Offenheit darstellen«, jedoch »erst nach seinem Tode« veröffentlicht werden solle,[32] doch müssen die Vorarbeiten dazu wie sämtliche nicht gedruckten Teile seines Nachlasses als verschollen gelten. Lichtenstaedter war homosexuell, blieb unverheiratet und kinderlos. Die Nachfahren seiner Geschwister, die heute in Israel und den USA leben, kennen allerlei Anekdoten über ihren Ur(ur)großonkel und erzählen vergnügt von seiner Homosexualität, können jedoch keine handfesten Zeugnisse und Auskünfte zu seinem Lebensweg beisteuern.

Aus winzigen Bemerkungen in Lichtenstaedters Schriften lässt sich schließen, dass er im Mai 1888 durch Serbien reiste und sich auch in Saloniki aufhielt. Gelegentlich ist in seinen

Texten von Gebräuchen und Ereignissen in den USA in einer Weise die Rede, als habe er sie selbst beobachtet. Im Herbst 1888 hielt er sich in Nürnberg auf – dort lebten sein Bruder Adolf, von Beruf Kaufmann, seine Schwägerin Fanny und seine verwitwete Mutter. 1908/9 erschien ein wahrscheinlich von Lichtenstaedter verfasster hebräischer Text zum Thema »Freiheit – Was ist das?« in einer linkszionistischen Zeitschrift, die in Jerusalem herausgegeben wurde. Der Autor gab zumindest vor, er halte sich in Jerusalem auf.[33] Zwar konnte ich keine genaueren Belege für einen Besuch in Palästina finden, jedoch den Hinweis, dass Lichtenstaedter 1909 in die Türkei, unter anderem nach Izmir (Smyrna) gereist ist.[34]

Offen bleibt auch, wo, wann und womit er welchen Doktortitel erwarb. Schon in seinen ersten Schriften bezeichnete er sich als Dr. Mehemed Emin Efendi. Aber in seiner Personalakte wurde er erst nach 1893 mit dem Doktortitel geführt. Im amtlichen Verkehr bezeichnete er sich später als Dr. jur. Im gedruckten Mitgliederverzeichnis der Orientalischen Gesellschaft in München findet man ihn 1902 unter den 87 Mitgliedern als »Lichtenstädter, Siegfr. Dr., Regierungsassessor, Augustenstr. 23/III«.[35] In dem zitierten Lexikonartikel, der auf einer »autobiographischen Skizze vom Mai 1935« beruht, wird er mit dem »Dr. phil.« geschmückt. Abgesehen davon, fand ich, trotz hartnäckiger Recherchen, keinen Hinweis auf eine Doktorarbeit von Siegfried Lichtenstaedter. (Wobei es damals hier und da noch die Praxis gegeben haben mag, einen Kandidaten nicht aufgrund schriftlicher Arbeiten, sondern nach einer ausführlichen Disputation zu promovieren.)

Doch halten wir uns an erwiesene Tatsachen. Am 22. Juli 1890 begann Lichtenstaedter seine Beamtenlaufbahn als Finanz-Rechnungscommissariats-Accessist (Beamter zur Probe) in Würzburg, genauer: im Rechnungscommissariat der königlichen Regierung von Unterfranken und Aschaffenburg. 1892 wurde er königlicher Finanzrechnungskommissär in Regensburg und 1893 »in gleicher Diensteseigenschaft nach Würzburg versetzt«. Dort entstand in »kärglichen Mußestunden« und »unter unsäglichen inneren und äußeren Schwierigkeiten« sein Erstlingswerk »Kultur und Humanität«.[36] Vorangegangen waren 1895 und 1896 zwei gedruckte Offene Briefe an den ehemaligen britischen Premierminister William Gladstone, in denen er mit argumentativ getragenem Zorn den europäischen Imperialismus anklagte. Sie handeln von der gegen das Osmanische Reich gerichteten englischen Interventions- und Interessenpolitik und dürfen als Vorläufer des Buches »Kultur und Humanität« gelten. (Das erste Offene Schreiben habe ich in die vorliegende Sammlung aufgenommen, S. 109–115.) Sowohl die beiden Offenen Briefe als auch »Kultur und Humanität« dokumentieren Lichtenstaedters intensive Beschäftigung mit der damals neuen Fachrichtung Völkerpsychologie. Wann er damit begann, die noch aktiven Begründer dieser Disziplin, Moritz Lazarus und Heymann Steinthal, zu lesen, bleibt unklar. Jedenfalls zitierte er beide später immer wieder, und sie beeinflussten sein Werk sichtlich. Auf den Begriff Völkerpsychologie wird heute zumindest skeptisch, meist ablehnend reagiert. Dafür gibt es, was Lichtenstaedter betrifft, keinen Grund. Er verstand darunter einen interdisziplinären Ansatz, angesiedelt zwischen den Erfahrungswissenschaften Soziologie, Demoskopie, Sozialpsychologie, Politikwissenschaft und Geschichte.

Bei allen »Schwierigkeiten«, die seine ersten Veröffentlichungen begleiteten, fand der junge Autor im September 1893 Zeit, sich in Bad Homburg zu vergnügen. »Lichtenstaedter, S., Dr., kgl. Finanz-Commissair, Würzburg«, steht in der Gästeliste des Hotels Braunschweig. Im November/Dezember 1913 erfrischte er sich laut Kurliste auf der damals österreichischen hochmondänen Mittelmeerinsel Brioni als »kgl. bayr. Regierungsrat«.[37] Ob er in diesen und wohl auch anderen Badeorten

Schon aufgestiegen: Siegfried Lichtenstaedter im Alter von 35 – im Maßanzug, ein Herr von Welt, porträtiert vom ersten Fotografen der Stadt, witzig und hoch gebildet.

Mit »elementarer Kraft« (Lichtenstaedter) aus der Unterschicht nach oben strebend: Mein [Götz Alys] Großvater Friedrich Schneider im Alter von 37. Die Familie seiner Mutter stammte aus Polen und war im sozialen Aufstieg begriffen. Sein Onkel, Friedrich Kosnik, brachte es bis zum Studiendirektor, und Louise, seine Mutter, meine Urgroßmutter, die ich noch gut kannte, besuchte die Höhere Töchterschule in Magdeburg. Danach, mit 17, wurde sie zur hausfraulichen Ausbildung aufs Land geschickt und vom Gutsbesitzersohn schwanger. Wegen des »Fehltritts« musste sie zwangsweise einen Knecht heiraten und mit diesem in ein winziges Dorf ziehen. Aus dieser Ehe stammte nur ein Kind – mein Großvater Friedrich. Er scheiterte auf der Oberrealschule, setzte dann aber viel daran, den sozialen Aufstieg fortzusetzen. Seine Töchter spielten alle drei ausgezeichnet Klavier und machten das Abitur.

jeweils allein oder in Begleitung weilte, muss offenbleiben. Unzweifelhaft ist, dass Regierungsrat Dr. Siegfried Lichtenstaedter in der Belle Époque eine gewisse Rolle in der Münchner Gesellschaft spielte. Er verkehrte mit dem vielfach bestaunten, geheimnisumwobenen Orientalisten und Arabienforscher Eduard Glaser, beriet diesen in juristischen Fragen und wurde 1908 dessen Testamentsvollstrecker.[38] Im April 1912 führte er den mit ihm entfernt verwandten Privatdozenten Karl Süßheim in die Münchner Orientalische Gesellschaft ein, und zwar anlässlich eines Vortrags von Karl Haushofer über dessen Erfahrungen als Verbindungsoffizier zum japanischen Militär. Ebenso machte er Süßheim nach dessen mehrjährigem Aufenthalt in der Türkei mit dem seinerzeit berühmten Münchner Rabbi Dr. Cossmann Werner bekannt.[39]

Vor dem Ersten Weltkrieg war Lichtenstaedter zweifellos gehobenem Luxus zugetan und hatte nach eigenen späteren Worten, »den Weg zum richtigen Judentum noch nicht zurückgefunden«.[40] Im Ersten Weltkrieg änderte sich das. Er zeigte Sittenstrenge und pflegte jüdische Glaubens- und Lebensregeln. Sowohl im Habitus als auch in der mit allerlei Antiquitäten möblierten Wohnung darf man sich den etwa fünfzigjährigen Oberregierungsrat Dr. Lichtenstaedter als einen betont bürgerlich auftretenden, jedoch höchst eigensinnigen, scharfzüngigen Menschen vorstellen.[41]

Zurück zu den Stufen des ministerialen Aufstiegs. Nach achtjähriger Verwendung in den Außenstellen der Finanzverwaltung wurde Lichtenstaedter 1898 zur Bayerischen Rechnungskammer nach München versetzt. Dieser Instanz des Obersten Rechnungshofs oblagen die haushaltsrechtlichen Erstkontrollen und Wirtschaftlichkeitsprüfungen der bayerischen Staatsbehörden. 1902 erhielt er »Titel u. Rang eines kgl. Regierungsassessors«, 1907 den des kgl. Regierungsrates; 1911 wurde er Referent, 1914 kgl. Oberregierungsrat und im August

1918 mit dem König-Ludwig-Kreuz für Heimatverdienste während der Kriegszeit ausgezeichnet.[42]

Schon früh fiel der junge Beamte seinen Vorgesetzten als förderungswürdig auf. Nach einer Mitteilung seiner Cousine Marta Feuchtwanger wurde ihm noch zu Zeiten der Monarchie der Posten des bayerischen Finanzministers angetragen. Allerdings war mit dem Angebot die Bedingung verknüpft, zuvor zum Christentum überzutreten. Das lehnte der Gefragte entschieden ab – nicht aus Gründen »der Religion, sondern der Zugehörigkeit«.[43] 1909 kommentierte er das aus seiner Sicht ungehörige Ansinnen im Nachruf auf seinen Freund Eduard Glaser, den Arabisten, »großen Forschungsreisenden und Gelehrten«. Obwohl der Verstorbene erhebliche Distanz zum mosaischen Glauben seiner Vorfahren entwickelt hatte, blieb er, so Lichtenstaedter, ein »ehrlicher Charakter«, weil er es abgelehnt hatte, seine materiell ungesicherte Position des wissenschaftlichen Außenseiters »mit ein klein wenig Taufwasser« so zu verbessern, »dass er über seine Gegner (hätte) lachen können«.[44]

Prognosen in imperialistischer Zeit

Wie bereits erwähnt, erschien Lichtenstaedters erstes Buch 1897 unter dem Titel »Kultur und Humanität. Völkerpsychologische und politische Untersuchungen«. Unter dem Decknamen Dr. Mehemed Emin Efendi geißelte er mit antikolonialer Verve und feinem Rechtsempfinden den Humanitätsbegriff des christlichen Abendlands als »große Lüge«. Genau besehen, führe der europäische Imperialismus für die angeblich unzivilisierten Völker überall zum Ruin ihrer Kulturen: »Prügeln, Rauben, Schänden, Brennen, Morden nehmen einen großen Teil der Arbeitskraft europäischer Beamter, Offiziere, Kaufleute und Forschungsreisender in Anspruch.« Knapp deutete der Autor an, mit welchen »großen Massenschlächtereien« Russland die Freiheitsgelüste der Tataren und anderer muslimischer Völker niedergesäbelt und -geschossen habe, welch »gräuliche Schandtaten« die französische Herrschaft in der nordvietnamesischen Provinz Tonkin befleckten, wie Russen und Bulgaren um 1877 »wohl mehr als 100 000 friedliche Türken und bulgarische Muselmanen« niedergemetzelt oder mit welch blutigen Methoden die Niederländer ihre Herrschaft über die malaiischen Völker gefestigt hatten. Kurz: »Die Vernichtung der (menschlichen) Arten ist eine der bemerkenswertesten Erscheinungen der Kultur, namentlich der modernen Kultur.«

Am Beispiel der imperialen Machenschaften und Kriegszüge gegen das Osmanische Reich demonstrierte der Autor, wie diese Eingriffe Spannungen zwischen Minderheiten und Mehrheiten hervorriefen und steigerten. Immer wieder fragte er: »Was wird das 20. Jahrhundert bringen?« Er prognostizierte »das ungeahnte Wachsen und Erstarken des russischen Reiches«. Ferner rechnete er mit einem Ringkampf zwischen den europäischen und ostasiatischen Völkern. Dabei würden auch die Kräfte anderer Völker mobilisiert werden und »schwer in die Waagschale fallen« – »unter Umständen sogar« die Kräfte »der geringst geachteten Rassen, deren Bestimmung bisher lediglich darin zu bestehen scheint, von Europa ausgebeutet zu werden«.[45]

Ein Jahr danach, 1898, veröffentlichte er die Broschüre »Zukunft der Türkei. Ein Beitrag zur Lösung der orientalischen Frage«. Er analysierte das Machtvakuum und die von den europäischen Großmächten gezielt angeheizten christlich-muslimischen Zerwürfnisse innerhalb des Osmanischen Reichs. So hätten die separatistischen Bestrebungen der von europäischen Nationalisten angesteckten und vielfach geförderten »armenischen Revolutionäre« 1895/96 dazu geführt, dass »die Türken gegen die Armenier große Metzeleien verübten«. Erklärend gab Lichtenstaedter an, dass »das türkische Volk« befürchten musste, es werde »der Herrschaft der Russen, der Armenier oder der Griechen unterworfen«. Folglich führte der junge Autor die nationalen und religiösen Spannungen in der Türkei auf »Einflüsterungen europäischer Theoretiker« zurück, ebenso auf die interessierten imperialistischen Mächte, namentlich Russland und Großbritannien.

Zwölf Jahre später ergänzte er dieses Urteil um Überlegungen zum Wandel der Berufsstruktur und der Eigentumsverhältnisse infolge der industriellen Moderne und der daraus resultierenden neuartigen Konflikte zwischen Mehrheiten und Minderheiten. Den entsprechenden Aufsatz »Nationalität, Religion und Berufsgliederung im Oriente« habe ich in die vorliegende Sammlung aufgenommen (S. 238–267).

Von Skepsis und einer damals in gebildeten Kreisen ungewöhnlichen antikolonialen Grundhaltung geleitet, analysierte Lichtenstaedter seine Gegenwart. Die selbstgerechte Einbildung, die angeblich »zivilisierte Welt« befände sich auf der Sonnenallee allgemeiner Humanität, erhabenster zwischenmenschlicher Kultur und ständiger Verfeinerung des Gewissens, teilte er niemals. Angesichts der mörderischen britischen, belgischen, russischen, niederländischen, französischen und italienischen Eroberungs-, Kolonial- und Interventionsexzesse erschien ihm all das abgrundtief verlogen. Er rechnete fest mit dem Primat nationaler Interessen. Richteten sich diese erpresserisch oder kriegerisch gegen andere, mussten sie – zur Wahrung des schönen Scheins – mit Motiven der humanitären Intervention und der Gerechtigkeit legitimiert werden. Marokko, Algerien und Tunesien, Libyen, Ägypten, Syrien, Kreta und Mazedonien musste das christliche Abendland eben aus den Klauen angeblich unzivilisierter Osmanen »befreien«. In ihren Kolonien begingen die europäischen Mächte fürchterliche Massaker – regelmäßig gerechtfertigt als »zivilisatorische Missionen«.

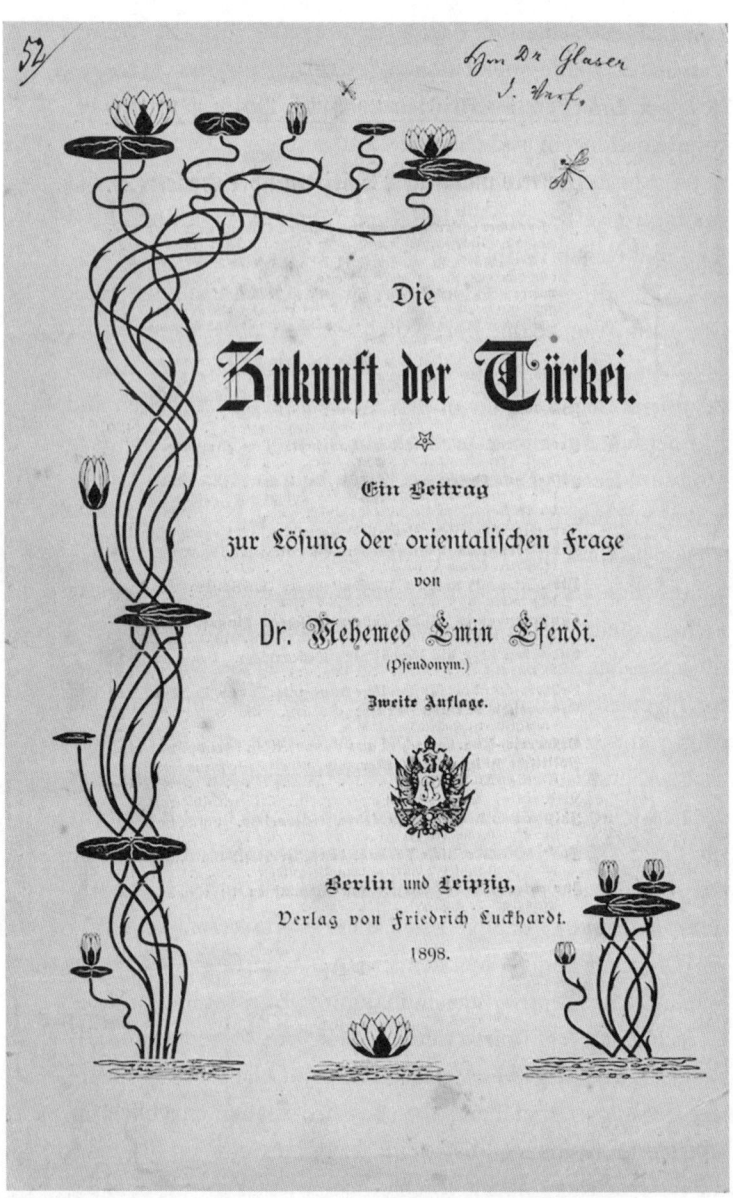

Die

Zukunft der Türkei.

Ein Beitrag

zur Lösung der orientalischen Frage

von

Dr. Mehemed Emin Efendi.

(Pseudonym.)

Zweite Auflage.

Berlin und Leipzig,

Verlag von Friedrich Luckhardt.

1898.

Das Eduard Glaser gewidmete Exemplar

Über die Motive europäischer Nationalisten machte sich Lichtenstaedter keine Illusionen. Zu dem 1898 von Frankreich, Russland und England kräftig geförderten griechischen »Freiheitskampf« auf Kreta bemerkte er: »Die ›Freiheitskämpfer‹ verfolgten auch einen sehr realen Zweck: die Grundbesitzungen der muselmanischen Bevölkerung zu rauben. Dass die kretischen Christen diese Ländereien den Muselmanen freiwillig wieder zurückgeben würden, ist nicht anzunehmen.« Zwar sei der europäische Philhellenismus in diesen Jahren gedämpft worden, »weil die Griechen das normale Maß der erlaubten Unehrlichkeit allzu weit überschritten hatten«, doch werde sich das, so Lichtenstaedter, bald wieder geben: »Wenn die Griechen während der nächsten drei bis fünf Jahre darauf verzichten werden, ihre Gläubiger aufs Neue zu betrügen (was nicht gerade wahrscheinlich, aber doch auch nicht unmöglich ist), so wird Europa ihnen abermals, und stärker als zuvor, seine Liebe zuwenden – natürlich auf Kosten der Türkei.«[46]

So geschah es 1912 im Ersten Balkankrieg gegen die Türkei, 1919 im Friedensvertrag von Paris-Sèvres und 1919 bis 1921 in dem von Griechenland mutwillig begonnenen Angriffskrieg auf die Mittelmeerküste und das anatolische Kernland der Türkei. Das ausgeprägte Verständnis Lichtenstaedters für das von Großbritannien, Russland, Frankreich und Italien angegriffene Osmanische Reich hinderte ihn freilich nicht daran, das Streben der Armenier nach einem eigenen Staat als legitim anzuerkennen und zu bemerken: »Wäre ich Armenier, ich glaube, ich würde mich an diesen Bestrebungen beteiligen.«[47]

Wie schon in »Kultur und Humanität« angedeutet, erkundete Lichtenstaedter einen Pfad der Erkenntnis mit besonderem Vergnügen und prägte dafür die Begriffe Geschichtsvorhersage und Zukunftsgeschichtsschreibung. Neben allen erfahrungswissenschaftlichen und theoretischen Anstrengungen mag seine randständige Existenz als Jude und Homosexueller sein

Empfinden für die Doppelbödigkeit des christlichen Humanismus und der allgemeinen europäischen Sittenlehre verfeinert haben. Jedenfalls entwickelte er ein überaus gutes Sensorium für die diskreten Anzeichen von Ressentiments gegen Minderheiten und von Großgruppenhass.

Er durchschaute nationalistische Überheblichkeit, moralisch bemäntelte imperiale Interessenpolitik und den weitverbreiteten verborgenen, jedoch bösartigen Neid auf den erfolgreicheren Nachbarn, Kollegen oder Konkurrenten. Er verfügte über die Gabe, zunächst kaum sichtbare völkerpsychologische Krankheitssymptome zu diagnostizieren und den weiteren dramatischen Verlauf vorherzusehen. Denn ihm war klar, wie er 1941 schrieb, »da es eine Völkerpsychologie gibt, so muss es auch eine Völkerpsychopathie geben«.[48]

Mit Blick auf das 20. Jahrhundert prognostizierte er 1897, dass die Zeit, in der »Kriege zwischen europäischen Völkern selbst sosehr selten geworden sind«, bald zu Ende gehen werde. Gegenwärtig, so fuhr er fort, könne Europa seinen Bevölkerungsüberschuss noch »auf Kosten der dortigen Eingeborenen« in anderen Kontinenten unterbringen, doch sei das Ende der Auswanderung absehbar. Dann aber würden die binneneuropäischen Kämpfe wieder aufflammen und »sicherlich ungleich schwieriger und heftiger werden« als in der Vergangenheit. Zudem drohten bald »Bürgerkriege zwischen den verschiedenen Klassen« – »und ob damit der Humanität wesentlich genützt würde, darf doch wohl bezweifelt werden«.[49]

Im zweiten, 1903 publizierten Teil seines Werkes »Das neue Weltreich – Ein Beitrag zur Geschichte des 20. Jahrhunderts« sagte Lichtenstaedter den Verlauf der deutschen Geschichte in den Jahren 1939/40 voraus. Er verfasste darin den Artikel einer fiktiven, in Wien erscheinenden Zeitung namens »Ostdeutsche Rundschau«, in dem unter dem Datum vom 23. Juni 1939 über eine »herrliche Sonnwendfeier der Deutschen Hochschülerschaft« berichtet wird. Die nahe Wien im Garten des Gast-hauses »Zum deutschen Blitz« versammelten Studenten durch-dringt »deutsch-volkliches Gefühl« dermaßen stark, dass sie all jene von der Feier ausschließen, die dem »veralteten welsch-jü-disch-weibischen« Denken verhaftet blieben. Bald tobt »echt-deutsches« und zu »unbeschreiblichem Jubel« gesteigertes Trei-ben, als »das neueste deutsche Trutzlied ›Wenn Wanzenvölker uns bedrohen‹« aufbraust. Dem nationalistischen Gejohle folgt die Tat – einige tschechische und slowenische »Lümmel«, die zufällig vorbeikommen und angeblich frech grinsen, werden »in gebührender Weise bestraft«.

Gemäß einer gleichfalls 1903 von Lichtenstaedter erdach-ten Meldung erklärt die deutsche Staatsführung am 2. Oktober 1939: Das Maß sei nun endgültig voll, ein Krieg fällig, und zwar wegen der »jüngsten blutigen Vorfälle«, die ein »unwissender, betörter slawischer Pöbelhaufen« begangen habe. »Wer Wind sät, wird Sturm ernten«, teilt die Reichsregierung in ihrer Pro-klamation an die »slawische Volklichkeit« mit und weist zur Be-ruhigung des eigenen Volkes darauf hin, die Strafaktion werde die Freundschaft mit Russland nicht beeinträchtigen. Nur gut zwei Jahre vom tatsächlichen Datum (März 1938) abweichend, kündigte Lichtenstaedter den deutschen Einmarsch in Öster-reich für den April 1940 an und ließ dazu den Reichskanzler in Berlin erklären: »Wir reichen alten, lieben Bruderstämmen die Hand, indem wir deutsche Heeresteile über die österreichische Grenze senden.« Bei dieser Gelegenheit werde dann mit der russischen Regierung eine »Abgrenzung der Volklichkeitsge-biete« vereinbart werden.[50] In der historischen Wirklichkeit ge-schah dies am 24. August 1939 tatsächlich mit dem deutsch-so-wjetischen Nichtangriffspakt: Das Zusatzprotokoll regelte »für den Fall einer territorial-politischen Umgestaltung« die Teilung Ostmitteleuropas vom Finnischen Meerbusen bis zum Schwar-zen Meer. Mit dem deutschen Überfall auf Polen und dem so-wjetischen Einmarsch in Ostpolen trat genau diese Situation wenige Tage und Wochen später ein.

Auch in anderer Hinsicht saßen Lichtenstaedters Geschichtsvorhersagen ziemlich genau. 1903 prophezeite er für das Jahr 1910 die Landung italienischer Truppen in Tripolis und für dieselbe Zeit einen scheußlichen Krieg auf dem Balkan, diesem »Wetterwinkel Europas«, wegen der ungelösten mazedonischen und albanischen Fragen. Dabei werde dem christlichen Bulgarien und dem christlichen Griechenland eine besondere Rolle im Kampf gegen die Türkei zukommen. Aus Sofia zitierte er die fiktive Zeitung »Volksstimme«, »ein weitverbreitetes Blatt«, das früh schon den »feurigen Ruf« erhoben habe, den türkischen »Feind aus den gesitteten Fluren Europas« zu werfen. Wenig später, am 12. Januar 1910, würden dann Wortfetzen wie diese aus der griechischen Deputiertenkammer schallen: »›Unverjährbare Rechte‹ – ›Hellenismus‹ – ›Vaterland‹ – ›unterdrückte Brüder‹ – ›Barbaren‹ – ›zum Hellespont‹ [Dardanellen] – ›Freiheit‹ – ›Tod‹.«[51]

Tatsächlich besetzten italienische Truppen Tripolis, wenn auch nicht 1910, sondern 1911. Kurz darauf annektierte Italien das spätere Libyen formell. 1912 fand der Erste Balkankrieg statt, in dem Griechenland Teile Mazedoniens, Thraziens und Albaniens eroberte. Für dasselbe Jahr erfand Lichtenstaedter ein »grauenvolles«, von Muselmanen an Armeniern angerichtetes Blutbad in der ostanatolischen Stadt Erzurum. Als Hintergrund malte er die massive britische und russische Unterstützung für den armenischen Nationalismus aus und zeigte, wie der Großgruppenhass von den an Teilen des Osmanischen Reiches interessierten Mächten fortwährend geschürt wurde. Für das Jahr 1919 prognostizierte er die »Proklamation der provisorischen serbischen Regierung an das Volk«. Darin appelliert die nationale Revolutionsregierung an alle Serben, sich »des großen serbischen Namens würdig zu erweisen, der Welt zu zeigen, dass das serbische Volk nicht gewillt ist, sein Wirken als mächtiger Kulturfaktor auf der Balkanhalbinsel aufzugeben«.[52]

Wegen der Gefahr weiterer Massenmorde regte Lichtenstaedter 1896 als praktische Alternative an, Armeniern und Griechen unverzüglich »an einem anderen Orte ein neues Vaterland zu gründen«, etwa in Amerika oder Australien, wo sie von christlichen Nachbarn umgeben seien. Zwar werde man seine »Vorschläge inhuman nennen«, meinte er, beharrte jedoch darauf, dass er es »für verdienstvoller halte, einen Brand zu *verhüten* als zu *löschen*«. Deshalb riet er zur Eile und mahnte: »In zwanzig Jahren wird es hierfür zu spät sein.«[53] Es dauerte von diesem 1898 veröffentlichten Warnruf 17 Jahre bis zum Genozid: Nachdem die Türkei 1915 von Großbritannien und Russland in einen Mehrfrontenkrieg verwickelt worden war, vollzogen Türken (und Kurden) den Völkermord an den armenischen Christen. Noch 1941 nahm Lichtenstaedter für sich in Anspruch, »die Idee des Bevölkerungsaustausches« 1898 »zuerst ausgeführt« zu haben – als Alternative zum »Vernichtungskrieg gegen die Minderheiten«.[54]

Seit etwa 2005 wird Lichtenstaedter wegen solcher Sätze in der wissenschaftlichen Literatur hin und wieder als einer zitiert, der sehr früh Zwangsumsiedlungen und dem obligatorischen Bevölkerungsaustausch das Wort geredet habe.[55] Deswegen verurteilen ihn heute einige gesinnungsethisch erregte Historiker als »Vordenker ›ethnischer Säuberungen‹«. Diese Betrachtung verstellt den Blick auf die berechtigten Warnungen und die Machtferne des weitsichtigen Beobachters. Lichtenstaedters Fähigkeit, künftige Großkonflikte und Genozide frühzeitig zu erkennen, trieb ihn an, präventive Maßnahmen vorzuschlagen.

Seine heutigen, selektiv lesenden Kritiker übersehen, wie sehr sich Lichtenstaedter für freiwillige Gebietsabtretungen und freiwilligen Bevölkerungsaustausch etwa im Fall der bis 1913 noch osmanischen Insel Kreta oder im Hinblick auf einen künftig entstehenden polnischen Staat einsetzte. Er versprach sich davon ein dauerhaft friedlicheres Nebeneinander: »Internationale Verstimmungen und Verwicklungen können vermindert oder ganz vermieden werden, wenn es gelingt, [für die beteiligten Staaten] Verlust und Gewinn auszugleichen.« Am Ende solcher Überlegungen bemerkte er im April 1915 im Hinblick auf die weitreichenden deutschen Kriegs- und Annexionsziele, seine auf Ausgleich bedachten Vorschläge würden für den deutschen »Durchschnittsleser wohl nicht allzu viel Erhebendes und Begeisterndes enthalten«.

Was führte ihn zu dieser realistischen, für ihn unerfreulichen Einschätzung? Er hatte sich diskutierend, aber auch unauffällig umgehört: »Der ›öffentlichen Meinung‹ gefallen besser Erörterungen darüber, wie viel Tausend Quadratkilometer im Westen und Osten annektiert, wie viel Milliarden Kriegsentschädigung den verschiedenen Gegnern auferlegt, welche Kolonien in Afrika und anderwärts den Gegnern abgenommen (…) werden sollen usw.« Gegen die siegestrunkenen Massen hoffte unser Autor 1915 – vergeblich –, »dass die Geschichtsschreibung nach 50 bis 100 Jahren« mit Sätzen wie diesen über die deutschen Staatsmänner urteilen werde: »Sie ließen sich nicht durch Augenblickserfolge, auch nicht durch Zorn, Hass oder Liebe blenden, sondern hielten ihren Blick unverrückbar auf das eine große Ziel gerichtet: die gesicherte Zukunft ihres Volkes.« Als Mittel dafür bezeichnete er »weises Maßhalten«, den Respekt vor »den Interessen anderer Völker« und die Preisgabe überwiegend slawisch oder frankophon besiedelter Gebiete, und zwar »ohne Furcht vor dem Geschrei des großen Haufens«, genannt »öffentliche Meinung«. Ausdrücklich wollte er so einen weiteren Weltkrieg verhindern – und das als national-loyaler Deutscher im Frühjahr 1915.[56]

Manche Vorschläge, die Lichtenstaedter entwickelte, muten heute sonderbar an – etwa der, die deutschsprachige Bevölkerung im italienischen Südtirol mit der italienischsprachigen im schweizerischen Tessin auszutauschen.[57] Auch verwendete er die Begriffe Volk, Rasse und Nation im (womöglich wieder-kehrenden) Geist seiner Zeit. Anders verhielt es sich mit jener Idee für den Fall eines deutsch-österreichischen Sieges, die er 1915 und 1917 veröffentlichte. Lichtenstaedter schlug damals vor, in der Gegend von Czernowitz »eine jüdische Provinz« einzu-richten, um dort »einige Millionen Juden aus der polnischen boykottierenden Umgebung« und »der russischen und rumäni-schen Sklaverei zu erlösen«.[58]

1933 zog er eine nüchterne Zwischenbilanz zur Zukunft eu-ropäischer Vorherrschaft. Um den Menschenüberschuss des al-ten Kontinents aufzufangen, standen die USA bereits seit zehn Jahren nicht mehr offen. Blieb noch die Frage nach dem Waren-überschuss: »Die ›unzivilisierten‹ oder ›halbzivilisierten‹ Län-der« kauften in der Vergangenheit europäische Fabrikwaren; »sie *mussten* sie kaufen, teils, weil sie sie nicht selbst herstellen konnten, teils, weil Europa sie mit brutaler *Gewalt* dazu zwang, ihnen verbot, die einheimische Produktion durch genügende Zölle zu schützen, so dass weite Zweige des einheimischen Gewerbefleißes (zum Beispiel die Weberei) zum Schaden der eigenen, zum Vorteil der europäischen Volkswirtschaften ge-radezu vernichtet werden.« Ewig aber werde dieses auf Gewalt und Eigennutz beruhende System nicht mehr bestehen. »Teils jetzt schon, teils sicher in fünfzig bis hundert Jahren« würden Länder wie China »europäische Fabrikationsmethoden« erler-nen und die »Zollknechtschaft« abschütteln. Auf diesem Weg würden sich die »von der weißen Rasse geknebelten und aus-geplünderten Rassen« emanzipieren, einfach weil sie es satt seien, »ganze Teile der europäischen Völker zu ernähren«.[59] Die bolschewistische Sowjetunion betrachtete Lichtenstaedter als wenig haltbar. 1937 rechnete er mit einem »künftig monarchisti-schen oder faschistischen« Russland.[60]

Nicht alles, aber vieles sah Lichtenstaedter früh und glasklar. Gegen den imperialistischen und annektionistischen Zeitgeist verfocht er das Ziel, »einen möglichst langen Friedenszustand zu sichern«.[61] In Anbetracht seines Gesamtwerkes und seines auf die Vermeidung von Kriegen und Bürgerkriegen gerichteten Denkens halte ich auch ihm zugute, was er am 10. Mai 1908 auf dem Münchner jüdischen Friedhof seinem Freund Eduard Glaser nachrief: »Dass ihm manchmal auch böse Irrtümer unterliefen, kann ja sein; im einen oder anderen Falle, wo er sich auf Gebiete wagte, die ihm fremd waren, ist dies meiner Überzeugung nach sogar zweifellos. Aber man wird doch sagen müssen: Ein Gelehrter, der hundert geniale Entdeckungen und zehn Dummheiten macht, ist unvergleichlich mehr wert als einer, der keine Dummheit, aber auch keine geniale Entdeckung macht.«[62] Lichtenstaedter nahm für sich und andere in Anspruch, dass die Falsifizierung von Hypothesen, auch eigener, eine wichtige Quelle geistigen Fortschritts und eine »schöpferische Kraft« sei. Die göttliche Vorsehung führe die Menschen eben nicht »auf dem kürzesten Weg, sondern auf Umwegen und Irrpfaden zur Erkenntnis«.[63]

Unser Autor lebte im Zeitalter gewaltiger imperialer, sozialer und nationaler Heilsversprechen. Dem setzte er Pessimismus entgegen und wurde so zum Meister der Dystopie, der rabenschwarzen Zukunftsgeschichtsschreibung. Während die Utopisten ihren nach Millionen zählenden Anhängerschaften auf die eine oder andere Art die Aussicht auf ewiges Glück vorgaukelten, führte Lichtenstaedter seine kleine Schar von Lesern zu jenen Aussichtspunkten, von denen aus sich die höchst modern ausgerüsteten Höllenschlünde menschlicher Niedertracht beobachten ließen. Er hielt es 1909 für durchaus offen, wie die Repräsentanten größerer europäischer Bevölkerungsgruppen die folgenden Fragen entscheiden würden: »Soll man die Juden in Odessa totschlagen? Soll man den Eingeborenen der afrikanischen Kolonien ihren Grundbesitz rauben? Wollen wir ein Gesetz schaffen, wonach das Vermögen der Anhänger der früheren Regierung konfisziert wird?« Für Lichtenstaedter stand fest, dass sich nicht zwingend, aber unter bestimmten situativen Umständen der »primäre Trieb« des Bösen gegen das »bessere Ich« durchsetzen werde.[64]

Hinweise zur Lektüre und Dank

Die im Folgenden versammelten Arbeiten Lichtenstaedters müssen nicht in der von mir vorgeschlagenen Reihenfolge gelesen werden. Zum besseren Einstieg habe ich jeweils erläuternde Bemerkungen vorangestellt. Neben der Einleitung habe ich zwei eigene Aufsätze zu Lichtenstaedters Sicht auf den deutschen Antisemitismus und auf Minoritätenfragen eingefügt. Darin zitiere ich auch jene Texte unseres Autors, die hier nicht abgedruckt werden – denn in der gestrafften Form lässt sich die Aktualität seiner Analysen besser herausarbeiten.

Die Texte Lichtenstaedters habe ich den derzeit gültigen orthographischen Regeln angepasst, Fehler stillschweigend korrigiert und hin und wieder übertrieben verschachtelte Sätze in zwei Teile zerlegt. Kürzungen im laufenden Text sind vermerkt. Kursiv gedruckte Wörter und Wortfolgen entsprechen Hervorhebungen in den Originaltexten. Die Fußnoten Lichtenstaedters stehen unten auf der jeweiligen Seite, meine durchgehend nummerierten Anmerkungen am Ende des Bandes. Zitate passe ich dem Satzfluss an und vermerke veränderte Flexionen und kleine Auslassungen nicht.

Mein Dank gilt Franziska Eschenbach, M. A., Roland Moosmüller, B. A., und Elena Velichko, M. A., die mit Zeitverträgen für die »NS-Raubgutforschung an der Bayerischen Staatsbibliothek« zuständig waren. Betreut wurde das Projekt von

Dr. Stephan Kellner, der im Hauptamt das Referat Bavarica der Bibliothek leitet. Die Genannten überprüften die weltweit umfangreichste Sammlung von Lichtenstaedters Werken auf ihre Herkunft und ließen mich an ihren damit verbundenen Recherchen in Bayerischen Archiven und nach möglicherweise restitutionsberechtigten Nachfahren teilhaben. Daraus entstand der mittlerweile verwirklichte Plan, zum Erscheinen der vorliegenden Auswahl die in der Bayerischen Staatsbibliothek verwahrten Bücher Lichtenstaedters, insgesamt 30 Titel, in digitaler Form allgemein zugänglich zu machen. Die Fundstellen vermerke ich im Schriftenverzeichnis auf den Seiten 268–272.

Insgesamt verlief die Erforschung der Frage, wie einzelne Werke Lichtenstaedters in die Bestände der Bayerischen Staatsbibliothek gelangt sind, günstig. Abgesehen von fünf Stücken, deren Provenienz nicht zweifelsfrei geklärt werden konnte, ließ sich für die meisten Werke klarstellen, dass sie auf untadelige Weise erworben oder vom Autor der Bibliothek geschenkt wurden. Die Nachforschungen ergaben jedoch auch, wie sehr Lichtenstaedter der Bayerischen Staatsbibliothek vertraute: Noch 1941 schenkte er ihr das Werk von Mahmud Labib Bei »Der Berliner Vertrag von 1878« und übergab ihr das Manuskript »Das Geld. Lehrbuch« seines Freundes Professor Arthur Cohen, nachdem dieser am 10. Juli 1940 gestorben war (Signatur: Cgm 7453). Die einzelnen Kapitel des 300 Seiten langen Manuskripts liegen in zuvor schon anderweitig benutzten Mappen, eine davon trägt die Aufschrift »Akt Auswanderung Palästina«.

Dr. Chaim Moykopf (Kochav Yaakov bei Jerusalem) beriet mich vorzüglich, wenn es darum ging, mir hebräische Begriffe und Wendungen verständlich zu machen. Zwei seiner Antworten habe ich wortwörtlich übernommen. Indirekt förderte die Berliner Meridian Stiftung meine Arbeit mit der Verleihung des Estrongo-Nachama-Preises für Zivilcourage und Toleranz 2018. Stellvertretend bedanke ich mich bei der Vorsitzenden der Stiftung, Frau Petra Schwanbeck-Arndt. Das Preisgeld habe ich mit Freude für dieses Vorhaben durchaus passend verwandt: Denn insgeheim glaubte der 1942 ermordete Pessimist Lichtenstaedter eben doch, mit den Mitteln aufgeklärter Toleranz könne all das Beängstigende und Erschreckende eingedämmt werden. So hatte er im Jahr 1909 geplant, was ihm infolge bedrohlicher Zeitumstände dann misslingen musste: »Wenn mir ein gütiges Geschick noch etwa 20 Lebens- und Arbeitsjahre schenkt, so hoffe ich mein Werk über Völker-Ethik vollenden zu können.« Das geplante Buch sollte »von Pflichten gegenüber den Menschen als Gesamtheit« handeln, vom Widerstand gegen die vielen, die danach trachten, Menschen und Natur zu vernichten. Siegfried Lichtenstaedter setzte sich damals dieses so simpel erscheinende, schwer erreichbare Ziel: »Schonung der Individuen desselben Volkes, Schonung anderer Völker, Schonung der außermenschlichen Natur.«[65]

Die Nachfahren von Lichtenstaedters Schwester Nanette leben heute in Israel. Ich traf sie im Frühling 2018. Sie verfügen über eine nurmehr schwache Ahnung von der familiären Vorgeschichte in Deutschland und bedauern das heute. Die Eltern und Großeltern wollten darüber nicht reden (»Das Kapitel ist abgeschlossen!«); die Sprache ging verloren. Aber meine Gastgeber empfingen mich gutgelaunt, interessiert und warmherzig – zwölf ältere Männer und Frauen, aus allen Teilen des Landes, die sich über das Familientreffen freuten und vor allem eines wussten: Ihr Urgroßonkel Siegfried war ein besonderer Fall: »homosexuell, eine Weile lang Nudist, Vegetarier und Schriftsteller wie Lion Feuchtwanger, mit dem wir auch irgendwie verwandt sind«.

Stellvertretend danke ich Siegfried Lichtenstaedters Urur-großnichte Avia Barak, die den gemeinsamen Tag im Kibbuz HaMa'apil – zu Deutsch: Kibbuz Der illegale Immigrant – organisierte. Am Ende kamen wir auf süddeutsches Essen zu sprechen. Ich bot an, beim nächsten Mal, wenn ich das gedruckte Buch vorbeibringen würde (»Dann werden wir mehr als 25 sein!«), perfekten, unter der kundigen Aufsicht von Schwester Bernadette hergestellten Apfelstrudel aus dem Österreichischen Hospiz in Jerusalem mitzubringen, und fragte vorsichtshalber: »Essen von Euch welche koscher?« – »Nein, keiner!«, erscholl es wie aus einem Mund, »aber wir sind alle Zionisten!«

Ich habe mir die ersten Werke Lichtenstaedters vor mehr als 20 Jahren ausgeliehen, zitierte sie in zwei meiner Bücher und dachte hin und wieder, eigentlich sollte ich die Einsichten dieses hellsichtigen Zeitdiagnostikers – nicht alle, aber einige – einem größeren Publikum zugänglich machen. Nun ist es so weit. Wie schon gesagt, blieb mein Bemühen unvollkommen, das deutsch-bayerisch-jüdische Lebensbild unseres Autors angemessen genau nachzuzeichnen. Manche wahrscheinlich wichtige Stelle konnte ich nur grob schraffieren oder musste sie weiß lassen. Falls jemand von Ihnen, verehrte Leserinnen und Leser, mehr wissen sollte, würde es mich freuen, wenn Sie mir weitere Hinweise und Dokumente zum Leben Siegfried Lichtenstaedters zuschicken würden (G. Aly, S. Fischer Verlag, Hedderichstraße 114, 60596 Frankfurt a. M.).

Vermutlich weiß Herr Jussi Isaksen Dinge, die mir verborgen blieben. Er begann nämlich vor gut zehn Jahren im Internet ein Lichtenstaedter-Archiv anzulegen (http://archiv.lichtenstaedter. org/). Doch blieb seine Initiative aus mir unbekannten Gründen in den Anfängen stecken. Meine Versuche, mit ihm zu Beginn und während der Arbeit an diesem Buch in Kontakt zu kommen, verliefen ergebnislos. Wie Dr. Mehemed Emin Efendi ist auch Jussi Isaksen gerne unter allerlei Pseudonymen tätig und versteht sich nach eigenen Worten als »ewiger Migrant«. Er hat einen bürgerlichen Namen und wurde 1966 in Berlin geboren, pendelt zwischen verschiedenen Staaten und Lebenswelten. In den Wochen vor der Abgabe des Manuskripts teilte mir einer seiner engsten Verwandten mit, er lebe derzeit in Kambodscha. Lieber Herr Isaksen, ich freue mich weiterhin auf eine Nachricht von Ihnen. Wie wäre es, wenn wir irgendwann die von uns beiden gesammelten Dokumente in dem von Ihnen so engagiert und liebevoll begonnenen Lichtenstaedter-Archiv zusammenführen würden?

Kaum war das Manuskript für dieses Buch abgegeben, meldeten sich am Nachmittag desselben Tages Geoffrey B. Kronik und seine Schwester Theresa Wrobel aus den USA. Sie schickten mir das hier gedruckte Foto ihrer Ururgroßmutter Bertha Liebmann, geborene Lichtenstaedter (1855–1926), der ältesten Schwester von Siegfried Lichtenstaedter.

Berlin, November 2018

Vorbemerkung von Götz Aly

Der vollständige Titel der folgenden Kurzgeschichte lautet »Der jüdische Gerichtsvollzieher. (Eine Studie aus Anthropopolis)«. Lichtenstaedter veröffentlichte sie 1926 in seinem Buch Antisemitica (S. 14–85.) Gerichtsvollzieher standen ihm beruflich nahe, weil er unter anderem für deren kassentechnische Überprüfung zuständig war. Die Geschichte spielt in der fiktiven, jedoch München ziemlich ähnlichen Stadt Anthropopolis – wörtlich übersetzt: Menschenstadt. Sie wird hier mit einer kleinen Auslassung am Ende nachgedruckt. Viel spricht dafür, dass der Autor in dieser Geschichte Erlebnisse in satirischer Form verarbeitete, die er schon 1914 in ernster Weise zum Thema Antisemitismus in Deutschland hatte veröffentlichen wollen, wie er 1938/39 berichtete.[66] Seinerzeit hatte er das Manuskript fertiggestellt, war jedoch wenige Wochen vor dem Ersten Weltkrieg auf ablehnende Verleger gestoßen. Das Manuskript ist verloren.

Darüberhinaus ist die folgende Kurzgeschichte von den Anfängen der Hitler-Bewegung und deren Echo in München beeinflusst. Lichtenstaedter schöpfte den Stoff aus seinen täglichen Lektüren des »Völkischen Beobachters« und anderer rechtsnationalistischer Blätter, ebenso aus Beobachtungen in seinem städtischen und behördlichen Alltag.

Der Abschnitt »Der begriffsstutzige arische Gehilfe« spiegelt eine Geschichte, die in Lichtenstaedters Personalakte festgehalten wurde: Für den dem Gerichtsvollzieher beigeordneten Kassenbeamten Solon, der unbelehrbar von einem Rechenfehler in den nächsten tölpelt, dürfte der Lichtenstaedter untergebene Rentamtmann Franz Josef Haber Modell gestanden haben. Dieser war Lichtenstaedter in der bayerischen Rechnungskammer nachgeordnet und wurde von diesem wegen eines Fehlers und der versuchten Vertuschung desselben zur Rede gestellt. Nach einem offenbar heftigen Wortscharmützel zischte Haber tief gekränkt und bockig: »Gut, ich schreibe es [so wie Sie wollen], um endlich meine Ruhe vor Ihnen zu haben.« Nach der Darstellung, die Haber hernach an die obersten Chefs im bayerischen Finanzministerium sandte, fing er sich damit von Lichtenstaedter die Zurechtweisung ein: »Reden Sie nicht so dumm daher!« Zur Stellungnahme veranlasst, kommentierte Lichtenstaedter: »Ich wies ihn wegen (seiner) Äußerung nach meiner Erinnerung in noch etwas schärferer Weise zurecht.« Haber wurde 1930 zum Regierungsrat befördert, war aber längst nicht der Einzige im Amt, der Lichtenstaedter schnitt. Sein Kollege Oberregierungsrat Anton Hartmann versagte ihm innerhalb der Diensträume den Gruß und legte ein Verhalten an den Tag, »das nicht mehr als Opposition, sondern als Obstruktion zu bezeichnen war«. Auch er behauptete, Lichtenstaedter habe ihn in einer dienstlichen Angelegenheit »unziemlich, unnobel und unsachlich« zurechtgewiesen.[67]

Lichtenstaedter gliederte die folgende Geschichte mittels römischer Ziffern; ich habe stattdessen Zwischenüberschriften eingefügt.

Siegfried Lichtenstaedter
Der jüdische Gerichtsvollzieher

In Anthropopolis herrschte große Erregung. Dem geneigten Leser, der von Anthropopolis noch nichts gehört haben sollte, diene zur Kenntnis, dass diese (mehr in meiner Phantasie als in der plumpen Wirklichkeit bestehende) Stadt auf der Oberfläche des Planeten Erde liegt und die Haupt- und Residenzstadt des Großherzogtums Anthropopolitanien ist.

Dieser Staat zählt etwa 200000 Einwohner, die fast ausschließlich den christlichen Bekenntnissen angehören – natürlich in den verschiedensten Schattierungen: strenggläubige, mildgläubige, halbgläubige, ungläubige, atheistische, pantheistische, monistische – aber doch alle gute Christen. Außerdem gibt es aber ungefähr 2000 Juden, die größtenteils in der Hauptstadt wohnen. Von diesen Juden ist etwa ein halbes Dutzend sehr reich, ein Dutzend reich, drei Dutzend wohlhabend, der Rest gering bemittelt oder sogar arm, etwa ein Dutzend bettelarm. Ihrem Berufe nach sind sie größtenteils Kaufleute oder Händler, einige von ihnen sind Schneider, Schuhmacher, Gürtler, Mechaniker und dergleichen, drei Rechtsanwälte, zwei Ärzte, ein Zahnarzt, außerdem ist einer natürlich Rabbiner, einer Religionslehrer usw. Was die Rasse betrifft, so gehören die Einwohner zwei völlig verschiedenen, nämlich der arischen und der semitischen Rasse an.

Die Merkmale der arischen Rasse sind:
Haar: schwarz, braun, rot oder blond (gold- oder flachsblond), schlicht oder gekräuselt;
Schädel: lang, mittel oder kurz;
Augen: grau, blau, braun oder schwarz;
Körpergröße: zwischen 135 und 190 cm;
Hautfarbe: weiß in allen Schattierungen;
Nase: gerade oder gebogen (adler- oder posthörnchenartig), lang oder kurz, spitz oder stumpf.

Die Merkmale der semitischen Rasse:
Haar: schwarz, braun, rot oder blond (gold- oder flachsblond), schlicht oder gekräuselt;
Schädel: lang, mittel oder kurz;
Augen: grau, blau, braun oder schwarz;
Körpergröße: zwischen 135 und 190 cm;
Hautfarbe: weiß in allen Schattierungen;
Nase: gerade oder gebogen (adler- oder posthörnchenförmig), lang oder kurz, spitz oder stumpf.

Man wird hiernach begreifen, dass rein äußerlich beide Rassen nicht immer mit Sicherheit voneinander zu unterscheiden sind. Umso größer ist dagegen der moralische Unterschied:

Die arischen Anthropopolitaner sind nämlich edel, die semitischen dagegen unedel. (Sollte der geneigte Leser etwa über die Begriffe »edel« und »unedel« im Unklaren sein, so kann er sich sehr leicht unterrichten; er braucht nur beide Rassen zu beobachten: Was die Arier tun, ist edel, was die Semiten tun, ist unedel!)

Allerdings soll es vorkommen, dass auch Anthropopolitaner arischer Rasse unedel gesinnt oder materiell veranlagt seien. Es wird sogar behauptet, dass es unter den reinblütigen Ariern Schufte und Lumpen gebe, wofür der Umstand zu sprechen scheint, dass die anthropopolitanischen Zuchthäuser und Gefängnisse mit Angehörigen der arischen Rasse gefüllt sind. Aber hierfür ist die Erklärung sehr leicht. Nur die *Verführung* durch die Angehörigen der semitischen Rasse oder die *Verzweiflung* über deren unsittliches Gebaren kann es sein, die einen arischen Anthropopolitaner auf solche Abwege zu führen vermag. Das sicherste Unterscheidungsmittel jedoch sind die standesamtlichen und die pfarramtlichen Register, die in Anthropopolis seit ungefähr 400 Jahren vorhanden sind: Wer nach dem Inhalte dieser Register innerhalb dieser Zeit nur christliche Vorfahren hat, gehört der arischen, wer dagegen innerhalb dieser Zeit einen oder mehrere israelitische Vorfahren hat, der semitischen Rasse an.

Kein Arier – ein Jude wird Gerichtsvollzieher!

Nachdem so der geneigte Leser über die geographischen, staatsrechtlichen, anthropologischen, religiösen, moralischen und statistischen Verhältnisse des Staates und der Hauptstadt genügend unterrichtet ist, kann ich in der begonnenen Erzählung fortfahren. In dieser Stadt Anthropopolis (und bis zu einem gewissen Grade auch im ganzen Großherzogtum Anthropopolitanien) herrschte also eine große Erregung – und warum? Der geneigte Leser wird es nicht erraten; ich muss es ihm also mitteilen: Der erledigte Posten des Gerichtsvollziehers war neu besetzt worden – und mit wem? Man höre und staune: mit einem Juden, wogegen die übrigen Bewerber – zwölf Arier – übergangen wurden. Seit der Erschaffung der Welt war es das erste Mal, dass der Gerichtsvollzieher in Anthropopolis ein Jude war; die öffentliche Meinung – mit Ausnahme derer, die in sträflicher Gleichgültigkeit gegenüber den heiligsten Fragen der Menschheit dahinvegetierten – geriet in die lebhafteste Bewegung. Die Juden triumphierten, die Judenfreunde sprachen von einem »erfreulichen Fortschritte der Grundsätze der Gleichberechtigung der Bekenntnisse«.

Aber weitaus der größte Teil der Bevölkerung fühlte sich aufs tiefste beunruhigt. Für alle christlich (sei es christlich-religiös oder christlich-atheistisch) Gesinnten war es ein unerträglicher Gedanke, einen so wichtigen Teil der staatlichen Obrigkeit in jüdischen Händen zu wissen, alle selbstbewussten Arier (was soviel wie »Edelgesinnte« bedeutet) – und dies waren die meisten jungen, eleganten, lebenslustigen Herren – fühlten sich niedergedrückt durch die Möglichkeit, von einem Semiten in taktloser, zudringlicher Weise zur Zahlungsleistung aufgefordert oder gar gepfändet zu werden.

Doch dies waren noch nicht die ernstesten Bedenken. Die grundlegende, prinzipielle Frage lag tiefer: Im Großherzogtum Anthropopolitanien gab es – wohl deswegen, weil die Bevölkerung wohlhabend und nicht gerade prozesssüchtig war – nur *einen* Gerichtsvollzieher. Da nunmehr dieser eine Gerichtsvollzieher Jude war, so konnte man mit Fug und Recht darauf hinweisen, dass das Gerichtsvollzieheramt zu hundert Prozent in jüdischen Händen war, während die jüdische Bevölkerung nur ein Prozent der Gesamtbevölkerung betrug, so dass das normale Zahlenverhältnis der Juden in der Gerichtsvollzieherei genau um das Hundertfache überschritten war. Nach der anthropopolitanischen Verfassung sollten die Juden mit der übrigen Bevölkerung *gleichberechtigt* sein. Die Gerichtsvollzieherei in jüdischen Händen bedeutete aber – wie selbst der schlechteste Rechenkünstler in Anthropopolis bald herausfand – hundertfach höhere Rechte!! Nein, diese Berechnung war noch weit zu niedrig. Die anthropopolitanischen Mathematiker versäumten nicht, die öffentliche Meinung daran zu erinnern, dass die arische Bevölkerung mit o – sage und schreibe null – in der Gerichtsvollzieherei vertreten sei, und dass die Zahl 1 dividiert durch o keineswegs 100, sondern die Unendlichkeit ergebe, sonach die Juden in einem wahrhaft *unendlichen* Maße bevorzugt, die Arier in gleichem Maße zurückgesetzt seien.

In weiten Kreisen gewann die Überzeugung Boden, dass hier große, versteckte Pläne des internationalen Judentums zugrunde liegen müssten. Welcher Art diese Pläne seien, darüber gingen die Meinungen zwar auseinander; die vorherrschende war aber, dass eine *jüdische Weltherrschaft* der Zweck und der Erfolg dieser Amtsverleihung sei und ein Judenstaat über beide Hemisphären, vom Nordpol bis zum Südpol, in Vorbereitung sei. Der geneigte Leser, dem eine derartige Schlussfolgerung etwa nicht ohne weiteres verständlich sein sollte, wird sie, hoffe ich, begreifen, wenn er den folgenden Leitartikel liest, den ich der »Anthropopolitanischen Morgenröte«, dem Organ der völkisch Gesinnten in Anthropopolis, entnehme:

Die Gleichberechtigung nach jüdischer Auffassung: Als unser Staat einer fremden, minderwertigen Rasse in unbegreiflicher Verblendung und Leichtfertigkeit die Gleichberechtigung einräumte, trauerten alle gutgesinnten Vaterlandsfreunde. An Warnungen und treffenden Vorhersagen hatten sie es wahrlich nicht fehlen lassen. Eindringlich hatten sie der öffentlichen Meinung dargelegt, dass Gleichberechtigung im jüdischen Sinne nichts andres sei als Vorherrschaft der Juden, Alleinherrschaft der semitischen Rasse, Unterdrückung und Verdrängung der Arier.

Diese Warnungsrufe verhallten ungehört, unbeachtet, wenn sie nicht gar verspottet und belacht wurden. Aber in erschütternder Weise zeigt es sich, wie recht damals jene Warner hatten, wie klar und scharfsinnig sie die Pläne des internationalen Judentums durchschauten.

Ein wichtiges Staatsamt ist seit gestern den Juden vollständig, restlos ausgeliefert. Der Weg dazu ist jedem ehrlichen Anthropopolitaner versperrt. Wackere junge arische Männer, zwölf an der Zahl! Ihr möchtet eurem Vaterlande dienen, indem ihr die bescheidene, aber ehrenvolle und verantwortungsvolle, wichtige und nützliche Laufbahn eines Gerichtsvollziehers wählt. Schlagt euch den Gedanken aus dem Kopf! Verzichtet auf jede Hoffnung! Kein Einziger von euch wird sein Ziel erreichen. Denn Israel erlaubt es nicht. Der Jude hat seine Hand auf dieses Amt gelegt, und worauf der Jude seine Hand legt, das gibt er nicht frei.

Wie kommt es, dass das Judentum sich mit solcher Vehemenz auf dieses wichtige Amt stürzt? Und welches Interesse hat unsere weise Staatsregierung daran, die Gerichtsvollzieherei den Juden auszuliefern? Geradezu erstaunlich – köstlich und ergötzlich müsste man sagen, wäre die Sache nicht so traurig und unheimlich – klingt es, wenn uns von Seiten der Judengenossen entgegengehalten wird: Es ist ja nur ein kleines Amt mit einem bescheidenen Einkommen!

Das ist's ja gerade, was uns so sehr beunruhigt, was wie ein Alp zentnerschwer auf der Brust jedes treuen Anthropopolitaners lastet! Würde das Amt eines Gerichtsvollziehers Reichtümer und irdische Schätze seinem Inhaber gewähren, so wäre die Sache die natürlichste der Welt. Jedermann weiß, dass die Juden kein höheres Ideal kennen als den Mammon. Andererseits würde das anthropopolitanische Volk sich verhältnismäßig leicht damit abfinden. Denn für uns ist das Geld der Güter höchstes nicht.

Aber so muss sich jedem anthropopolitanischen Vaterlandsfreund – um wie viel mehr der »Anthropopolitanischen Morgenröte« als dem treuen Eckart unseres Vaterlandes! – die bange Frage aufdrängen: Was bezwecken die Juden mit diesem Schritte? Welches

Ziel verfolgt das internationale Judentum, indem es seine schwere Hand auf die anthropopolitanische Gerichtsvollzieherei legt?

Darüber besteht, glauben wir, in weiten Kreisen unseres Volkes kaum mehr ein ernster Zweifel: Es ist die erste Etappe zur Weltherrschaft! Wenn uns von Seiten der Judengenossen immer und immer wieder in aufgeregter und läppischer Weise entgegengehalten wird: »Beweise! Habt ihr denn irgendwie greifbare Beweise für einen solch ungeheuren Verdacht?«, so erwidern wir freimütig, offen und ehrlich, wie wir sind: »Mit solchen Beweisen, wie ihr sie fordern wollt, schriftlichen Urkunden (vielleicht gar gerichtlichen oder notariellen), mit deren Hilfe man vor Gericht im Handumdrehen ein Recht – oder auch ein Unrecht – durchsetzen kann, können wir allerdings nicht aufwarten; denn dazu ist Israel viel zu schlau, als dass es vorzeitig seine Pläne schwarz auf weiß seinen Opfern verraten möchte.«

Auch knifflige Spitzfindigkeiten geriebener Advokaten verschmähen wir. Unsere Beweise sind einfacher, tiefgründiger, überzeugender, mögen sie auch einem plumpen, überschlauen Juristengehirne vielleicht nicht genügend erscheinen. Unsere Beweise sind einfach – *Tatsachen.*

Tatsache ist, dass die Juden seit Jahrtausenden kein höheres Ideal, kein heiligeres Ziel kennen als die Herrschaft über die Welt. *Tatsache* ist, dass ihnen kein Mittel zu gut, keines zu schlecht, keines zu leicht, keines zu schwer, keines zu groß, keines zu klein ist, keines zu schön, keines zu hässlich, um dieses Ziel zu erreichen – und jetzt plötzlich sollten sie dieses Ziel aufgeben, ihr höchstes Ideal vergessen haben? Jetzt, da sie den ersten offenen Schritt dazu unternehmen, sollten sie darauf verzichten?!!

Doch weiter: *Tatsache* ist, dass man noch niemals von einem Juden gehört hat, der Gerichtsvollzieher war. Warum also, ihr Weisen aus dem Morgenlande und in Anthropopolis, erklärt es uns doch, taucht nun plötzlich ein Gerichtsvollzieher aus dem Stamm Juda auf? Weiter: *Tatsache* ist es, eine merkwürdige, höchst merkwürdige Tatsache, dass vor etwa zwei Jahren, genau acht Tage bevor der Jude den Plan fasste, Gerichtsvollzieher zu werden, hier in Anthropopolis eine Generalversammlung des atlantischen Bezirkskomitees der

Alliance israélite universelle, jenes schlimmen Geheimbundes, der schon so viel Unheil stiftete, stattfand. Sollte diese Versammlung den Gerichtsvollzieherplänen so vollständig ferne gestanden haben?

Natürlich behaupten dies die Juden und Judengenossen. Es ist geradezu erstaunlich und köstlich, welches Maß von Leichtgläubigkeit sie uns zutrauen! Die Beratungen jener Generalversammlung seien ja öffentlich gewesen, halten sie uns vor. Die jüdischen Schulen im Oriente, die zeitgemäße Reform des jüdischen Gottesdienstes, die Unterstützung jüdischer gelehrter Studien seien die Gegenstände der Tagesordnung gewesen, aber nicht die Erlangung der Weltherrschaft. Nein, so dumm sind die Juden allerdings nicht, dass sie etwas Derartiges wie den Plan einer Weltherrschaft öffentlich beraten würden. Derartige Fragen werden naturgemäß nur hinter verschlossenen Türen und nur von einem engeren Kreise behandelt. Und will man leugnen (oder ist das Gedächtnis unserer Herren Staatsminister so schwach, dass sie es schon vergessen haben sollten?!), dass damals jeweils nach Schluss der öffentlichen Verhandlungen am Abend eine Anzahl Konferenzteilnehmer sich in einem Separatzimmer des Eberlbräu versammelten? Wir fragen nun: Weshalb haben sich jene Juden allabendlich in jenem Zimmer versammelt? Etwa bloß um Bier zu trinken und allerlei Speisen (noch dazu solche, die den Juden verboten sind!) zu essen? Credat Judaeus Apella,[68] wäre man versucht zu sagen, wenn es hier nicht etwas deplatziert wäre.

Wir weigern uns, das willfährige Opfer derartiger allzu einfältiger Beschwichtigungsversuche zu sein. Solange also uns unsere wackere Regierung nicht einmal darüber eine authentische Auskunft geben kann, was an jenen Abenden im hinteren Zimmer des Eberlbräu von den Juden, die es sich reservieren ließen, besprochen worden ist, so lange nehmen wir uns das Recht zu glauben, was wir wollen, und wir lassen uns auch das Recht nicht verkürzen, die entsprechenden Schlüsse daraus zu ziehen und unsere Handlungen danach einzurichten. Wie gesagt, dies sind alles Tatsachen, die unseres Erachtens völlig genügen, um das Spiel, das Israel mit uns treibt, zu durchschauen. Mögen also die Judengenossen uns ruhig schmähen und lästern, dass wir »ohne Beweise anklagen und verdächtigen«. Dadurch werden die Tatsachen nicht aus der Welt geschafft, dadurch wird unsere genaue Kenntnis der jüdischen Psyche nicht aus der Welt geschafft, dadurch wird die tausendjährige geschichtliche Erfahrung nicht aus der Welt geschafft!

Der kennt Israel schlecht, der meint, dass es wie andere Völker gerade, offen und ehrlich das angestrebte Ziel bekannt gibt. Andere Völker würden mit den Waffen in der Hand auf den Plan treten, ihre Gegner zum Kampfe herausfordern, um sie zu unterwerfen. Israel verfährt anders: In schlau-schlürferisch-schlangenhaft schleichender, *schlicht* scheinender, *schlecht* und schlimm seiender, schäbig-schofel-schuftiger, zugleich aber schmachvoll-schmutzig-schmieriger Weise ergattert es zunächst ein kleines, bescheidenes Amt (was ist dabei? Wer wird sich dadurch beunruhigt fühlen?). Das Weitere wird sich schon ergeben; nicht auf einmal, nicht plötzlich, nicht Schlag auf Schlag – behüte Gott! Wie gesagt, Israel geht behutsam vor: Nach einiger Zeit werden die Nachbarstaaten unserem glänzenden Beispiele folgen und den Juden ebenfalls wichtige, sei es auch zunächst nur scheinbar bescheidene, Staatsämter ausliefern. Alsdann wird Israel seine Fangarme weiter vorstrecken: Es wird seine Söhne zunächst in höhere Ämter der Justiz, in Richterstellen setzen, später in die innere Verwaltung, das Verkehrswesen, die Bau-, Forst- und Unterrichtsverwaltung. Eine Zeitlang werden sich diese Kinder Israels damit begnügen, neben ehrlichen Ariern ihren Dienst zu verrichten; nach kurzer oder längerer Zeit aber werden sie die Arier aus ihren Ämtern verdrängen und hinausekeln, diese Ämter mit waschechten Rassegenossen besetzen und nicht eher ruhen, als bis alle Staatsbeamten Juden, zur Vernichtung des Ariertums und zur Aufrichtung der jüdischen Weltherrschaft Verschworene sind. Natürlich wird ein solches Vorgehen auf breitester Linie einsetzen:

Die Gemeinden und alle sonstigen Körperschaften des öffentlichen Rechts, aber auch jene des privaten Rechts, die Aktiengesellschaften namentlich, also alle großen Handels- und Industrieunternehmungen, Banken, Versicherungsanstalten, sie können dem Beispiele, das ihnen der Staat gibt, sich nicht entziehen; sie alle müssen restlos verjudet werden.

Wird sich unser Heerwesen dieser Verseuchung entziehen können? Wir sind nicht einfältig genug, eine solch kindische Hoffnung zu hegen. Israel weiß ganz genau, dass zur Weltherrschaft auch eine Armee nötig ist; also wird es nicht ruhen und rasten, bis unsere Armee und Flotte und jene aller Kulturstaaten im jüdischen Besitz stehen, wobei immerhin die gemeinen Soldaten, die gut genug sind, ihr Blut in einem Kriege hinzugeben, Arier sein können.

Auch der Hofdienst muss verjudet werden. Israel wird nicht dulden, dass in der Umgebung unseres Großherzogs und der übrigen Monarchen andere Hofbeamte als reine, rassenechte Juden sich befinden. Was bleibt uns Anthropopolitanern dann noch übrig? Sklaverei oder Selbstmord! Die Lage ist furchtbar, darüber kann kein Zweifel mehr obwalten. Gott schütze Anthropopolitanien!

Es ist selbstverständlich, dass die anthropopolitanische Volksvertretung gegenüber der ständig zunehmenden völkischen Erregung nicht untätig bleiben konnte. Sechs mächtige, einflussreiche Parlamentsparteien, nämlich 1. die Anthropopolitanische Volkspartei, 2. die Anthropopolitanisch-Völkische Partei, 3. die Anthropopolitanische Nationalpartei, 4. die Anthropopolitanisch-Nationale Volkspartei, 5. die Anthropopolitanisch-Völkische Nationalpartei, 6. die Anthropopolitanisch-Völkische Volkspartei – von denen die erste die Vaterlandsliebe, die zweite den Schutz der völkischen Gesinnung, die dritte die Förderung des Nationalgefühls, die vierte die Verwirklichung des Rassegedankens, die fünfte die Hochhaltung der völkischen Idee und die sechste die Pflege des arischen Geblütes als Hauptpunkt in ihrem Programm besonders betonte – schlossen eine Arbeitsgemeinschaft zur Abwehr der drohenden Katastrophe und brachten eine Interpellation ein, in der eine Aufklärung des Sachverhaltes und eine Erklärung der Regierung darüber gefordert wurde, ob und wie sie die heranschleichende jüdische Weltherrschaft zu verhindern gedenke.

In der Begründung der Interpellation ließ es der Redner nicht an eindringlichen und kräftigen Worten fehlen. Ob denn die Regierung blind und taub sei, fragte er. Ob sie nicht sehe, was vorgehe und was das ganze Volk beunruhige? Ob sie nicht höre, was die Spatzen von allen Dächern pfeifen? Oder ob sie es für gleichgültig halte, wenn Anthropopolitanien und die ganze Erde Gefahr laufe, von einem fremden Volke unterjocht zu werden? Oder ob sie es nicht für ihre Pflicht halte, den Staat vor Gefahren und Katastrophen zu schützen? Oder ob sie es für weise und politisch halte, erst dann die Augen zu öffnen und Maßregeln zu treffen, wenn es zu spät sei? Ob der weise Ausspruch der Römer »Principiis obsta«, Wehret den Anfängen, heute nicht mehr gelte? Oder ob sie dies für die wirkliche Gleichberechtigung halte, wenn ein Bevölkerungsteil mit dem Hundertfachen seines Zahlenverhältnisses in einem wichtigen Zweige der Staatsverwaltung vertreten sei? Der anthropopolitanische Justizminister erklärte sich sofort zur Beantwortung der Interpellation bereit. Es wird am besten sein, diese Beantwortung ihrem vollen Wortlaute nach wiederzugeben:

Meine Herren! Unter grundsätzlicher Festhaltung an den wohlbewährten Bestimmungen unserer Staatsverfassung, wonach die Ernennung von Staatsbeamten unbestrittenermaßen das Recht Seiner Königlichen Hoheit des Großherzogs von Anthropopolitanien ist und dem anthropopolitanischen Parlamente hierauf kein Einfluss zusteht, und unter feierlicher Verwahrung dagegen, dass aus meiner Bereitwilligkeit, die Interpellation zu beantworten, jemals der Schluss gezogen werden dürfte, dass die großherzoglich anthropopolitanische Staatsleitung dieses Recht mindern oder beschränken zu lassen ausdrücklich oder durch konkludente Handlungen gestattet habe, will ich den Herrn Interpellanten Rede und Antwort stehen, um nach besten Kräften die Beunruhigung, die sich bedauerlicherweise weiter Volkskreise bemächtigt hat, zu bannen, die Befürchtungen zu zerstreuen, die Zweifel gegenüber der Voraussicht und

Umsicht der großherzoglich anthropopolitanischen Regierung zu widerlegen.

Meine Herren! Es ist richtig, dass der Gerichtsvollzieherposten einem Bewerber israelitischen Glaubens anvertraut worden ist (Hier erschollen zahlreiche »Hört, hört!«), und ebenso richtig ist es, da es der einzige derartige Posten im Großherzogtume ist, dass man sagen kann, dieses Amt sei nun zu 100 Prozent in den Händen der Juden (Hier ertönten noch lauter stürmische »Hört, hört!«). Aber andererseits darf doch nicht übersehen werden, dass außerdem in ganz Anthropopolitanien kein einziger Israelit Staatsbeamter ist – weder in der Justiz noch bei der Polizei, noch in der Finanzverwaltung, noch bei den Eisenbahnen, der Post- oder der Telegraphenverwaltung (Hier erhob sich auf den Bänken der nationalen Parteien stürmisches Hohngelächter: »Soll etwa die ganze Staatsverwaltung verjudet werden? Ist es noch nicht genug, dass *ein* wichtiges Staatsamt von den Juden monopolisiert wird?«).

Der Grund, dass wir bei der Wiederbesetzung unseres Gerichtsvollzieherpostens den israelitischen Bewerber bevorzugten, war allein und ausschließlich dessen bessere Qualifikation. Nachdem er im Examen die Note $I^{98}/_{131}$, der nächstbeste Bewerber dagegen erst $I^{118}/_{131}$ erhalten hatte, nachdem ihm auch von seinen Vorgesetzten nach einer zweijährigen Praxis ein durchaus gutes Zeugnis ausgestellt worden, er insbesondere als zuverlässig, ehrlich, fleißig, tatkräftig, körperlich kräftig, gesund, verständig, moralisch und dem Herrscherhause und dem monarchischen Prinzip treu ergeben bezeichnet war, und manche ungünstigen Erfahrungen mit früheren Inhabern des Gerichtsvollzieherpostens es geboten erscheinen ließen, sorgfältig zu prüfen, ob Bewerber alle diese Eigenschaften in ihrer Person vereinigten, habe ich nach reiflicher Erwägung die Ernennung Seiner Königlichen Hoheit unserem Großherzoge empfohlen, und ich übernehme hierfür, wie es meine Pflicht ist, die volle Verantwortung. Nun hat diese Tatsache, wie ich ja weder bestreiten kann noch will, allerdings eine tiefgehende Erregung und Beunruhigung in weiten Volkskreisen hervorgerufen und lediglich deshalb, wie ich bereits hervorhob, weil jede um die staatlichen Belange und das Volkswohl besorgte Regierung Wert darauf legen muss, Ruhe und Frieden innerhalb des Staates zu fördern, unbegründete Befürchtungen zu zerstreuen, das Gefühl der Sicherheit und Ordnung zu stärken, gebe ich eine möglichst eingehende Erwiderung.

Als das Wichtige und Entscheidende erschien uns zunächst die Frage: Ist es richtig, dass das internationale Judentum hier seine Hand im Spiele hat und die Weltherrschaft zu erlangen strebt? Wenn aber ja: *Kann* das internationale Judentum dieses Ziel erreichen? Ist die behauptete Gefahr tatsächlich vorhanden? Meine Herren! Sie werden es begreiflich finden, dass wir uns wegen der ersten Frage zunächst an den Hauptbeteiligten wandten und von ihm eine Erklärung forderten, ob er aus eigenem Antriebe oder auf Veranlassung einer anderen Person oder einer Organisation sich entschlossen habe, Gerichtsvollzieher zu werden; ersteren Falles: aus welchem Grunde er diesen Entschluss gefasst habe.

Hierauf hat der Gerichtsvollzieher vor dem Bezirksgerichtspräsidenten zweimal eidlich zu Protokoll versichert und in einer Unterredung mit mir persönlich auf sein Ehrenwort bekräftigt, dass er aus keinem anderen Grunde die Laufbahn als Gerichtsvollzieher gewählt habe als deswegen, weil er Lust und Neigung zu diesem Berufe gefühlt und sich auch für befähigt dazu gehalten habe. Irgendwie beeinflusst hierzu sei er nicht worden, namentlich auch nicht von einer internationalen jüdischen Organisation.

Natürlich ist diese Versicherung an sich noch nicht beweiskräftig. Ich machte ihn daher darauf aufmerksam, dass ihm diese Idee, Gerichtsvollzieher zu werden, vielleicht suggeriert worden sei, ohne dass er es gemerkt habe. Er versicherte mir hierauf – und zwar wiederholt auf Ehrenwort –, dass er über diese seine Idee nur mit einigen wenigen Verwandten und Bekannten gesprochen habe und dass diese ihm sämtlich davon – teilweise dringend – abgeraten hätten, er aber dennoch aus dem angegebenen Grunde auf seinem Plane bestanden habe.

Ich ging noch weiter. Ich verhörte den Rabbiner der Israelitischen Gemeinde. Dieser legte in feierlichster Weise – vor der Gesetzesrolle, also dem heiligsten Gegenstand der Juden, bekleidet mit dem Gebetsmantel, auf dem Haupte und an den Armen mit den Gebetsriemen versehen – den Eid ab, dass ihm von einer Absicht der Alliance israélite oder einer anderen Organisation oder Einzelperson, eine jüdische Herrschaft über die Welt zu errichten, nichts bekannt sei und dass er einen solchen Plan für unmöglich, unsinnig und undenkbar halte.

Ich gebe zu, dass man mir hier einwenden kann: Der Rabbiner ist hier gewissermaßen selbst Partei, also nicht unbedingt glaubwürdig. Auch die religiöse Zeremonie, unter der er den Eid ablegte, ist verdächtig, mindestens nicht beweiskräftig. Glauben Sie nicht, dass uns dieser Gesichtspunkt entging. Es wäre ja – rein theoretisch – möglich, dass ein solcher Eid nur mit einer reservatio mentalis abgelegt wird, dass die ganze Zeremonie nur ein Scheinmanöver, eine Spiegelfechterei – sagen wir es unverhohlen: ein Schwindel – wäre.

Ich habe daher drei hochangesehene christliche Theologen – nämlich den Geheimrat Polyhistor, den Oberkonsistorialrat Perikles und den Universitätsprofessor Aristides – zu jener Zeremonie zugezogen. Diese haben die Gesetzesrolle, den Gebetsmantel und die Gebetsriemen aufs genaueste untersucht, die Eidesleistung geprüft, den hebräischen Wortlaut ins Anthropopolitanische übersetzt und haben mir die eidliche Erklärung abgegeben, dass der Eid als ernst und ehrlich geleistet betrachtet werden müsse.

Meine Herren! Ich weiß recht wohl, was man mir einwenden kann: Auch dies schafft noch keine absolute Sicherheit, gewiss! Die drei Herren können von den Juden bestochen worden sein. Ich bitte, mich auf keinen Fall misszuverstehen. Nicht als ob ich persönlich auch nur im Entferntesten eine solche Möglichkeit für gegeben hielte, nicht als ob ich den leisesten Zweifel an der Ehrenhaftigkeit dieser Herren hegte. Ich wollte nur etwaigen Besorgnissen und Zweifeln der öffentlichen Meinung Rechnung tragen, um jede Befürchtung und Beunruhigung mit der Wurzel auszurotten. Auch im eigensten Interesse dieser Herren lag es ja, jedem Verdacht die Spitze abzubrechen. Und ich glaube in der Tat, dies auch erreicht zu haben: Unsere Geheimpolizei hat mir berichtet, dass die sorgfältigste Überwachung nicht den geringsten Anhaltspunkt dafür ergeben habe, dass sie pflichtwidrige Beziehungen zu irgendwelchen Juden gepflogen hätten. Allerdings seien die Herren Polyhistor und Perikles hin und wieder in das eine und andere jüdische Geschäft gekommen, um Einkäufe zu machen, aber irgendein Anlass zum Verdacht könne daraus nicht abgeleitet werden, da die Besuche in diesen Geschäften stets nur kurze Zeit gedauert hätten und stets arisches Personal zugegen gewesen sei.

Nun wäre allerdings noch eine Möglichkeit denkbar, dass die genannten Herren jüdischer Abstammung wären und sich sonach – unbewusst, durch die Stimme des Blutes – zu einer objektiv unrichtigen Anschauung und Bekundung hätten verleiten lassen. Auch hierüber glaube ich eine völlige Gewissheit erlangt zu haben. Wir haben zunächst die standesamtlichen und pfarramtlichen Geburtsregister, soweit sie in Anthropopolis vorhanden sind, das heißt bis ins 16. Jahrhundert zurück, einer sorgfältigen Durchsicht unterzogen und festgestellt, dass kein einziger Jude und keine einzige Jüdin unter den Vorfahren eines dieser Herren sich befand. Wir haben weiterhin diese Herren einer genauen anthropologischen Untersuchung unterziehen lassen, und zwar durch den Herrn Geheimrat Ritter von Epaminondas, eine anerkannte Autorität auf dem Gebiete der Anthropologie. Das Ergebnis war, dass bei keinem der genannten drei Herren auch nur ein Tropfen semitischen Blutes sich nachweisen lasse, dass vielmehr die Körpergröße (170 bis 181 cm), das hellblonde Haar, die blauen Augen, die Schädelmaße usw. mit Sicherheit auf eine reinrassige arische Abstammung schließen lassen.

Schließlich glaube ich doch auch daran erinnern zu dürfen, dass Herr Universitätsprofessor Aristides selbst entschiedener Antisemit ist und gegen das Judentum schon wiederholt aufgetreten ist, so dass schon durch diesen Umstand ein etwaiger Verdacht widerlegt sein dürfte.

Was nun die Annahme betrifft, dass zurzeit und aus Anlass der Generalversammlung des atlantischen Bezirkskomitees der Alliance israélite diese Organisation im Sonderzimmer des Eberlbräu den Beschluss gefasst habe, eine jüdische Weltherrschaft zu errichten, so habe ich eine eingehende Untersuchung hierüber pflegen lassen. Der

Besitzer dieser Gaststätte, die Kellner und das sonstige Personal wurden eingehend vernommen und sagten auf ihren Eid aus, dass sie nichts Verdächtiges wahrgenommen hätten. Es sei gegessen, getrunken, geplaudert, hin und wieder auch gesungen und Skat gespielt worden. Die Plaudereien hätten offenbar unverdächtige, gleichgültige, meist Personal- und Familienangelegenheiten betroffen. Auch die gesungenen Lieder seien meist bekannte, mindestens unverdächtige Gesänge gewesen.

Meine Herren! Gerechtigkeit ist und muss sein der oberste Grundsatz in einem wohlgeordneten Staate, Gerechtigkeit gegen jedermann. Ich bin überzeugt, dass auch die Herren Interpellanten Gerechtigkeit gegen jedermann – auch gegen das Judentum – üben wollen und sonach bereitwillig anerkennen, dass hier keinerlei Beweis für jüdische Welteroberungspläne vorliegt.

Aber nehmen wir selbst an, derartige Pläne lägen vor – und damit komme ich zum zweiten Punkt –, glauben Sie denn wirklich, wir und die ganze Kulturwelt würden derartigen Plänen hilf-, kraft- oder willenlos gegenüberstehen? Glauben Sie, wir würden nichts Besseres zu tun wissen, als gehorsam zu vollführen, was jüdische Organisationen anstreben, das heißt: alle Ämter und wichtige Posten mit Juden besetzen, alle Christen arischer Rasse von solchen Ämtern ausschließen? Hat sich denn unsere Regierung jemals als blindes, willenloses Werkzeug einer einheimischen oder auswärtigen Organisation gezeigt? Und glaubt man wirklich, dass, wenn wir einmal einen Fehler begangen haben sollten – und ich bin der Letzte, der eine solche Möglichkeit verneinen wollte; gewiss, wir sind Menschen und also nicht unfehlbar! –, wir den gleichen Fehler immer und immer wieder aufs Neue begehen würden, ohne uns von den schädlichen Folgen und Gefahren Rechenschaft abzulegen, ohne die Mahn- und Warnrufe zu beherzigen, ohne die Sturmsignale zu beachten – mit einem Worte: dass wir nichts lernen können, dass wir stumpfsinnig mit sehenden Augen uns selbst und unser teures Vaterland in die Sklaverei führen werden?!

Und endlich, und damit komme ich zum Wichtigsten, wenn Sie der Regierung noch so wenig Kraft und Umsicht zutrauen, so muss

Ihnen doch die allerhöchste Stelle im Staate die beste Gewähr und Bürgschaft bieten. Glaubt wirklich ein ernsthafter Mensch, dass Seine Königliche Hoheit, unser allerdurchlauchtigster Großherzog, sich herbeilassen würde, die wichtigsten Staats- und Hofämter unter Zurücksetzung der treuesten Landeskinder mit Angehörigen einer internationalen, vaterlandsfeindlichen Gruppe zu besetzen und unser Land einer Fremdherrschaft auszuliefern?

Also, meine Herren, was bleibt von der Befürchtung einer jüdischen Weltherrschaft übrig? Ohne einem der Herren Interpellanten zu nahe treten zu wollen, glaube ich sagen zu dürfen: nichts, absolut nichts – und ich möchte von dieser Stelle aus an die öffentliche Meinung die dringende Bitte richten, sich durch solche alarmierenden, jedes Maß übersteigenden Mutmaßungen und schweren Anklagen in ihrem kühl und besonnen richtenden Urteil nicht beirren zu lassen.

Wachsame, umsichtige Vaterlandsliebe ist gewiss am Platze; ich bin der Letzte, der das allerhöchste Maß von vaterländischer Gesinnung gemindert sehen möchte. Ich bin auch der Letzte, der einer Kritik seiner ganzen amtlichen Tätigkeit sich entziehen möchte. Im Gegenteil, ich bin nur dankbar für eine solche, dankbar für jede sachliche, wenn auch ungünstige Beurteilung meiner Handlungen und Unterlassungen. Aber, meine Herren, auch im Guten, Löblichen kann man unter Umständen zu weit gehen.

Also Ruhe, Besonnenheit, kaltes Blut, kein unbegründetes Misstrauen in die Umsicht und Voraussicht der Regierung – das ist's, um was ich bitte, was wir beanspruchen können und beanspruchen müssen!

Das anthropopolitanische Parlament nahm diese Antwort zur Kenntnis und erklärte sich mit schwacher Mehrheit hierdurch befriedigt. Anders natürlich die öffentliche Meinung. Es bedarf kaum der Erwähnung, dass das anthropopolitanische Volk in seiner Mehrheit nicht befriedigt war. Nach wie vor fragte man sich in Anthropopolis bekümmert und bedrückt: »Weshalb ist dieser Mensch gerade Gerichtsvollzieher und nicht Kaufmann geworden? Und weshalb hat das internationale Judentum sich gerade Anthropopolis ausgewählt, um von hier aus sich die Welt zu unterwerfen?«

»Die Juden«, Thema in den Schulen der Stadt

Auch in den Schulen wurde das Ereignis, wie begreiflich, besprochen, sowohl von den Lehrern unter sich als unter den Schülern unter sich. Drei Parteien bildeten sich unter den Schülern. Die erste, weitaus stärkste, verfocht die Ansicht: Über die jüdischen Weltherrschaftspläne könne nunmehr kein Zweifel mehr bestehen. Die Gefahr sei furchtbar ernst. Kein gewissenhafter, ernst zu nehmender Staatsmann könne daran achtlos vorbeigehen.

Die zweite, ihrer Kopfzahl und ihrem Einflusse nach viel schwächere Partei, meinte: Verdächtig sei die Sache, eine große Wahrscheinlichkeit bestehe, dass hier nicht alles sauber sei; aber bis zur Gewissheit sei doch noch ein ziemlich weiter Weg; bewiesen sei bis jetzt nichts; also sei eine gewisse Zurückhaltung am Platze – natürlich in Verbindung mit Wachsamkeit. Eine dritte Partei endlich, bestehend aus den jüdischen Schülern und einigen arischen (nach der allgemeinen Volksüberzeugung vom internationalen Judentum um hohes Gold gekauften) Jungen und Mädchen im Alter zwischen 13 und 15 Jahren, erklärte die ganze Sache für dummes Zeug. Warum solle nicht einmal auch ein Jude Gerichtsvollzieher werden wollen?

Im Unterricht wurde die Frage allerdings nur sehr selten und mit großer Diskretion behandelt – wohl aus Zartgefühl für die jüdischen Schüler, deren es in den meisten Klassen einen oder mehrere gab. Das letztere Bedenken fiel naturgemäß im christlichen Religionsunterrichte fort; aber auch hier legten sich die Lehrer weise Zurückhaltung auf. Sie führten lediglich aus, dass es gar viele Feinde des christlichen Staates und der arischen Rasse gebe, dass eine fremde Rasse sogar danach strebe, Anthropopolitanien und die ganze Kulturwelt zu unterjochen und das Christentum auszurotten. Gegenüber diesen immer deutlicher hervortretenden Bestrebungen gelte es, die Augen offen, das Herz warm und den Arm bereitzuhalten, um die höchsten Güter der Nation und der Menschheit mit allen Kräften zu verteidigen. Auf der Jugend ruhe die Hoffnung und die Zuversicht der arischen Rasse und des anthropopolitanischen Staates. Die Jugend werde, wie er bestimmt hoffe, wissen, was sie zu tun habe.

Die Schüler legten diese Erörterungen dahin aus, dass auch sie mitwirken sollten, die Gefahr einer jüdischen Weltherrschaft zu bekämpfen, und um diese Pflicht zu erfüllen, prügelten sie fleißig ihre – an Kopfzahl und Körperkraft ihnen nicht gewachsenen – jüdischen Mitschüler. Einige Schüler, die die jüdische Weltherrschaft ganz besonders fürchteten, gingen noch einen Schritt weiter und warfen mehreren jüdischen Kaufleuten in der Nacht sämtliche Fenster ein – worauf freilich, da in Anthropopolitanien das Fenstereinwerfen verboten und strafbar ist, eine eingehende (aber erfolglose) Untersuchung von der Polizei und Nachforschung nach den Tätern erfolgte. Hierüber waren nun die Juden in Anthropopolis höchst unzufrieden und sie sandten eine Beschwerdeschrift an das Unterrichtsministerium, worin sie sich über die Äußerungen der christlichen Religionslehrer und die Verprügelung der jüdischen Schüler wie auch über das Einwerfen der Fenster bitter beklagten.

Man kann sich leicht denken, welchen Sturm der Entrüstung diese Beschwerdeschrift in den völkischen Kreisen Anthropopolitaniens hervorrief. Die »Anthropopolitanische Morgenröte« brachte einen Leitartikel »*Die zweite Etappe*«, die Wochenschrift »Neue Gesittung« einen solchen mit der Überschrift »*Es wird immer toller*«. Der wesentliche Inhalt dieser

Leitartikel war folgender: Das internationale Judentum, durch die Monopolisierung der anthropopolitanischen Gerichtsvollzieherei kühn gemacht, geht nun schon einen Schritt weiter und beansprucht die Kontrolle des christlichen Religionsunterrichts. Soviel man schon von Juden gewohnt ist und sosehr man sich die Verwunderung abgewöhnen muss, diese neue Forderung übersteigt dennoch die Grenzen der bisher geduldeten Unverschämtheit. Eine fremde Religionsgemeinschaft – noch dazu fremder, minderwertiger Rasse – will arischen Religionslehrern vorschreiben, was und wie sie die christliche Jugend lehren sollten, damit diese zu guten Christen und Ariern sich entwickeln können. Der arischen Bevölkerung, die doch wahrlich weit mehr Anlass hätte, dem Unterricht in den verbrecherischen jüdischen Lehren das Augenmerk zuzuwenden, ist es noch niemals eingefallen, sich in den jüdischen Religionsunterricht zu mischen, da dieser als ein Noli-me-tangere gilt. Die Juden haben hierin allerdings andere Anschauungen – ganz natürlich. Zum Wesen der Weltherrschaft ist es unbedingt notwendig, den arisch-christlichen Religionsunterricht einer strengen Kontrolle zu unterstellen.

Wie man übrigens mit Erstaunen und Entrüstung wahrnimmt, besteht eine solche Kontrolle bereits. Das ist vielleicht das Ungeheuerlichste und Wichtigste der ganzen Frage: Das internationale Judentum unterhält Spione im christlichen Religionsunterrichte! Wer sind diese Schufte, die sich dazu hergaben, den Juden das zu verraten, was pflichttreue Männer zum Schutze der teuersten Güter des anthropopolitanischen Volkes und der Menschheit die Jugend lehren? Dies muss unverzüglich festgestellt werden.

Das Unterrichtsministerium pflog pflichtgemäß zunächst eingehende Erhebungen und eröffnete auf deren Grund etwa nach sechs Monaten den Beschwerdeführern, dass ein Grund zur Beschwerde nicht vorhanden sei. Niemals seien im Religionsunterrichte die Juden als Feinde des anthropopolitanischen Volkes genannt worden, und da ja die Juden selbst keinerlei Absicht einer Weltherrschaft hätten, brauchten sie sich durch die angebliche Äußerung und Ermahnung zur Vorsicht und Abwehr nicht beunruhigt zu fühlen. Wenn jüdische Schüler bei kindlichen Raufereien den Kürzeren zogen und ein wenig verprügelt wurden, so sei dies allerdings bedauerlich. Es wäre ihnen alsdann zu empfehlen, derartigen Raufereien aus dem Wege zu gehen; wenn sie dies nicht wollten oder könnten, so stehe es ihnen frei, ihre christlichen Mitschüler bei den Lehrern zu denunzieren.

Völlig unbegründet sei die Annahme, dass den Schülern im Religionsunterrichte zur Pflicht gemacht werde, ihre jüdischen Mitschüler zu prügeln oder gar bei Juden die Fenster einzuwerfen. Sämtliche Schüler hätten die Angaben ihrer Lehrer bestätigt, dass eine solche Ermahnung noch niemals im Religionsunterrichte erteilt worden sei. Eine solche Ermahnung würde auch mit den Lehren des Christentums nicht im Einklange stehen, welche geböten, die Menschen, sogar die Feinde, zu lieben.

Was die nächtlicherweise eingeworfenen Fenster betreffe, so sei die eingehendste Untersuchung durch die Polizei vorgenommen worden. Mehr könne die Jüdische Gemeinde nicht verlangen. Die Unterrichtsverwaltung sei hierfür gar nicht zuständig, geschweige dass sie eine Haftung oder Verantwortung tragen könne. Übrigens sei es gar nicht bewiesen, dass es Schüler gewesen seien, die jene Fenster eingeworfen hätten. Nicht einmal der Verdacht, der in der Presse ausgesprochen worden sei, dass in allen oder manchen Fällen jüdische Bewohner selbst ihre eigenen Fenster eingeworfen hätten, um Grund zur Beschwerdeführung zu haben, sei widerlegt worden. Wenn auch die Unterrichtsverwaltung sich diesen Verdacht durchaus nicht aneignen wolle, so müsse sie es doch als ungeeignet und befremdlich bezeichnen, überhaupt mit solchen Dingen belästigt zu werden.

Mal »der reine Shylock«, mal der »Feigling«

Die dienstliche Tätigkeit des Gerichtsvollziehers erregte bald allgemeine Unzufriedenheit. Die Schuldner erklärten, dass es noch niemals einen so unbarmherzigen Gerichtsvollzieher gegeben habe (»Der reine Shylock«, pflegte ein Mann zu sagen, bei dem öfters gepfändet wurde, »es fehlt nur, dass er einem das Herz aus dem Leibe reißt, um es ins Pfandlokal zu tragen.«). Die Gläubiger dagegen beklagten sich, dass er viel zu energielos – sei es aus falschem Mitleid oder aus Bequemlichkeit oder aus Feigheit – vorgehe, so dass zahlreiche Außenstände, die von einem pflichtbewussten Gerichtsvollzieher recht wohl hätten eingetrieben werden können, verloren gingen.

Wie man sieht, waren also die Urteile über die Eigenschaften des Gerichtsvollziehers zwar verschieden, aber Einstimmigkeit herrschte in der Bevölkerung – und dies war doch wohl das Wesentliche – darüber, dass er für seinen Beruf ungeeignet war. Vielfach wurde auch der Verdacht ausgesprochen, dass er Bestechung annehme – von den Schuldnern in den einen, von den Gläubigern in den anderen Fällen. Ein Beweis für eine solche verbrecherische Handlungsweise konnte allerdings nicht erbracht werden.

Immerhin wurden dem Gerichtsvollzieher im Laufe eines Jahres vier sehr scharfe Ermahnungen von Seiten seiner vorgesetzten Behörde erteilt – die erste und dritte des Inhalts, er solle sich einer größeren Humanität gegen die Schuldner befleißigen, da die ethischen, sozialen, volkswirtschaftlichen, politischen, christlich-humanitären und allgemein kulturellen Gesichtspunkte wichtigster Art eine weitgehende Rücksicht auf wirtschaftlich bedrängte Teile der Bevölkerung als gebieterische Pflicht erscheinen ließen; die zweite und vierte Ermahnung des Inhalts, dass ihm ernstlich ans Herz gelegt wurde, seine dienstlichen Obliegenheiten energisch und pflichtgemäß zu erfüllen und nicht zu übersehen, dass die Gläubiger ein gutes Recht hätten, die Vollstreckung ihrer gerichtlich anerkannten Ansprüche zu verlangen, und, soweit die Vollstreckung durch eine übertriebene Rücksicht auf die Schuldner unterbliebe, Ersatzansprüche gegen den Staat erheben könnten, in welchem Falle der Letztere sich den Rückgriff gegen den Gerichtsvollzieher vorbehalten müsste.

Nach meiner felsenfesten Überzeugung wären ihm wohl noch mehr derartige Ermahnungen erteilt worden, wenn nicht, wie wir sehen werden, seine Gerichtsvollzieherlaufbahn bald nach Ende eines Jahres ein Ende gefunden hätte.

Der begriffsstutzige arische Gehilfe Solon

Auch im inneren Dienstbetriebe erregte er vielen Anstoß. Wenigstens einen Fall, der allgemeinen Unwillen hervorrief, darf ich nicht verschweigen: In seinem Bureau war ein junger Mann namens Solon als Rechnungsgehilfe angestellt, ein außerordentlich gediegener, trefflicher Mensch, der sich wegen seines feinen, taktvollen Benehmens bei allen, die ihn kannten, der größten Achtung und Wertschätzung erfreute, namentlich auch beim weiblichen Geschlechte, mit dem ihn zahlreiche zarte Bande verknüpften. Und gerade ihn behandelte der Gerichtsvollzieher außerordentlich schlecht. Was konnte er ihm vorwerfen? Nichts Ernstliches: Dass er unfähig sei, namentlich, dass er oftmals falsche Ziffern errechne. Als ob dies nicht den größten Geistern passieren könnte! Tatsächlich waren seine falschen Ziffern, wenn auch nicht gerade allzu selten, so doch entschieden weitaus in der Minderheit, seine *richtigen* Ziffern dagegen bildeten die große Mehrheit (mindestens 70 Prozent). Eines schönen Tages bemerkte nun der Gerichtsvollzieher in einer Ziffernzusammenstellung Solons folgende Stelle: $6 + 7 = 22$.

Er lief sofort zu Solon, hielt ihm das Blatt Papier vor die Augen, deutete auf jene Stelle und sagte in einem außerordentlich mürrischen Tone:

»Sehen Sie doch diese Ziffern an!«
Solon sah gehorsam die Ziffern mit voller Aufmerksamkeit an.
»Sehen Sie denn nichts?«, fragte der Gerichtsvollzieher nach einer geraumen Weile.
»O gewiss, ich sehe alles«, erwiderte Solon ehrerbietig.
»Nun also?«, fragte der Gerichtsvollzieher.
»Wie meinen, Herr Gerichtsvollzieher?«, fragte Solon höflich.
»Was ich meine?«, entgegnete dieser ungeduldig. »Sehen Sie es denn nicht selbst?«
»Ich habe Ihnen ja bereits gesagt, dass ich alles sehe«, erwiderte Solon mit Würde. »Wozu also die wiederholte Frage? Oder setzen Sie Zweifel in meine Worte?«
»6+7 = 22 – ist denn dies richtig?«, fragte der Gerichtsvollzieher scharf. Solon dachte eine Weile nach und fragte bescheiden:
»Herr Gerichtsvollzieher scheinen, wenn ich recht verstehe, sagen zu wollen, dass dies *nicht* richtig sei?«
»Freilich will ich dies sagen«, rief der Gerichtsvollzieher heftig, »freilich ist es nicht richtig, es ist unrichtig, es ist sogar falsch, es ist sogar grundfalsch, Herrgott, Himmeldonnerwetter!«
Solon erwiderte hierauf nichts. Der Gerichtsvollzieher brach seinerseits das Schweigen, indem er fortfuhr: »Das müssen Sie doch selbst einsehen!«
Solon sah ihn mit einem Blicke an, der deutlich verriet, was er fühlte: Inneren Stolz, der beim Edelmenschen durch rohe Worte nicht gebeugt oder gar gebrochen werden kann.
»Oder sehen Sie es noch nicht ein?«, fragte der Gerichtsvollzieher barsch. »Antworten Sie doch!«
»Hm!«, antwortete Solon sanft, indem er nachdenklich das Haupt neigte.

»Was ist das für eine Antwort?«, rief der Gerichtsvollzieher barsch, »›Hm!‹ in einem solchen Falle zu sagen! Ich wiederhole also die Frage: Sehen Sie nicht selbst ein, dass 6+7 nicht 22, sondern 13 ergibt?«

»Wünschen also Herr Gerichtsvollzieher«, fragte Solon sanft, »dass ich 22 in 13 abändere?«

»Freilich wünsche ich dies!«, schrie der Gerichtsvollzieher heftig. »Selbstverständlich wünsche ich es! Der Teufel soll mich holen, wenn ich es nicht wünsche!«

»Das können Sie wohl in einem ruhigen und höflichen Tone sagen«, erwiderte Solon gekränkt, »ein Mann in Ihrer Stellung und mit Ihrer Vorbildung und ein solches Benehmen!«

»Wie?«, schrie der Gerichtsvollzieher außer sich, »das erlauben Sie sich einem Vorgesetzten zu sagen! Sind Sie toll?«

Allmählich erreichte auch Solons Geduld ihre Grenze.

»Herr Gerichtsvollzieher«, rief er, »ich habe mir bis jetzt Ihr Benehmen gefallen lassen! Dass Sie meine Worte anzweifelten, dass Sie mich einige Male anschrien, dass Sie ›Herrgott, Himmeldonnerwetter‹ sagten, dass Sie sogar den Teufel anriefen – alles habe ich mir gefallen lassen, weil ich nachgiebig und friedlich bin. Mit keinem Worte habe ich Ihnen Opposition gemacht, habe mich sogar bereit erklärt, die tiefgreifende Zifferänderung von 22 auf 13 vorzunehmen, falls Sie es wünschen, und Sie kommen mir mit einem solchen Tone! Aber alles hat seine Grenzen! Asiatische oder talmudische oder jerusalemitische Gepflogenheiten dürfen in Anthropopolis nicht vorkommen. Denn Anthropopolitanien ist ein arischer Staat, ist ein christlicher Staat, ist ein Kulturstaat. Merken Sie sich das!«

Diese mannhaften Worte versetzten den Gerichtsvollzieher in Wut. »Unverschämtes Rindvieh!«, schrie er, »ich habe gute Lust und packe Sie beim Kragen und werfe Sie hinaus!«

Die Folgen dieser Worte waren schlimm. Solon erlitt einen nervösen Zusammenbruch. Mühsam schleppte sich der Unglückliche nach Hause. Am nächsten Tage erbat und erhielt er wegen nervöser Erkrankung aufgrund eines ärztlichen Zeugnisses einen Urlaub von drei Monaten. Nach seiner Rückkehr in den Dienst präsentierte er die Rechnung:

Kosten des Arztes	160	Drachmen
Apothekerrechnung	75	"
Für elektrische Bäder	120	"
" Kopfmassage	235	"
" Heilgymnastik	96	"
" 1 Monat Aufenthalt im Nerven-		
sanatorium		
(Trinkgelder inbegriffen)	1210	"
Hiervon ab für Einsparung im		
eigenen Haushalte	1165	"
Kosten der Nachkur		
(Aufenthalt im Gebirge		
und an der See, nach Abzug		
der Ersparnisse im eigenen Haushalte)	573	"
Reisekosten zum Sanatorium, ins		
Gebirge und an die See		
und von dort zurück	191	"
Schmerzensgeld	200	"
Kräftigende Nahrungsmittel		
(Milch, Eier usw.)	191	"
Besuch von Theatern, Konzerten,		
Varietés, Lichtspielvorstellungen,		
Tanzunterhaltungen, Anschaffung		
humoristischer Bücher und Zeitschriften		
– alles zur Hebung des		
Gemütszustandes	212	"
Summa	3218	"

Zuerst hatte er 5678 Drachmen errechnet, berichtigte aber, auf den Irrtum der Addition aufmerksam gemacht, bereitwilligst die Rechnung. Diese Summe verlangte Solon aufgrund des § 999 des Anthropopolitanischen Bürgerlichen Gesetzbuchs als Schadenersatz für die erlittene Gesundheitsschädigung (Körperverletzung) vom Gerichtsvollzieher. Sein Edelmut zeigte sich hierbei in der schönsten Weise: Von einem Strafantrage nahm er Abstand, um den Gerichtsvollzieher nicht ins Unglück zu stürzen, und er begnügte sich, da sein Gegner die Bezahlung verweigerte, mit einer Zivilklage beim Bezirksgerichte. Die hässliche Angelegenheit wurde schließlich dadurch beigelegt, dass der Gerichtsvollzieher auf dringendes Anraten seiner Vorgesetzten sich im Vergleichswege zur Zahlung der Summe von 2000 Drachmen und der Prozesskosten herbeiließ.

Ein Beamter seufzt »Gott der Gerechte!«

Leider muss ich auch von einem schweren Fehler berichten, den unser Gerichtsvollzieher sich außerdienstlich zuschulden kommen ließ: Bei einem aufregenden Vorfall auf der Straße sagte er nämlich halblaut, aber so, dass es die Umstehenden deutlich hören konnten: »Gott der Gerechte!« Blitzschnell verbreitete sich diese Äußerung in der ganzen Stadt, und er wurde, wie man sich leicht denken kann, deswegen nicht wenig verspottet. Kam er in die Wohnung oder die Geschäftsräume einer Person, um dort eine Zustellung oder eine Pfändung vorzunehmen, so wurde er sofort mit dem Rufe begrüßt »Gott der Gerechte!«. Auch die Jugend auf den Straßen rief ihm beständig nach »Gott der Gerechte!«

Es ist selbstverständlich, dass seine vorgesetzte Behörde bald hiervon Kenntnis erhielt – zumal da die »Anthropopolitanische Morgenröte« in einer höchst geistreichen Notiz darüber berichtete – und er von dem Bezirksgerichtspräsidenten zur Rechtfertigung wegen eines so unpassenden Benehmens und der Gefährdung und Herabwürdigung des Ansehens seines Standes aufgefordert wurde. Er suchte sich damit zu rechtfertigen, dass er nichts Böses dabei gedacht, ferner dass er kurz zuvor das Niederländische Gebet, das mit den Worten beginne, »Wir treten zum Beten vor Gott den Gerechten«, gelesen habe. Übrigens komme der Ausdruck auch in einem Drama »Kabale und Liebe« des berühmten Dichters Schiller (Akt I, Szene 6) vor, so dass man hier nicht von einem ausschließlich jüdischen Ausdrucke sprechen könne. Selbstverständlich konnte er damit die Anklage nicht entkräften. Man belehrte ihn darüber, dass jener Schiller ein völlig veralteter, nicht mehr ernst zu nehmender Schriftsteller sei, dass im Niederländischen Gebete die Worte »Gott den Gerechten« in einem ganz andern Ton und Geist als im jüdischen zu sprechen seien und dass ein Staatsbeamter in Anthropopolis die Pflicht habe, in seinem ganzen Auftreten sich der Achtung würdig zu erweisen, die seiner Stellung gebühre, damit die staatliche Autorität keinen Schaden leide. Immerhin begnügte man sich in Anbetracht seiner sonstigen tadelsfreien Vergangenheit damit, ihm einen Verweis mittlerer Schärfe zu erteilen, womit diese Angelegenheit erledigt war.

Singen und Skatspielen nur für Arier

Vom Gerichtsvollzieher in Anthropopolis pflegt man zu erwarten, dass er *gesellschaftlichen Verkehr* pflege. Es ist dies im dienstlichen Interesse – abgesehen von der Achtung und dem Ansehen, das man Menschen mit gesellschaftlichen Beziehungen entgegenzubringen, Einsiedlern und Sonderlingen dagegen zu versagen pflegt – auch um deswillen notwendig, weil ein Gerichtsvollzieher eine möglichst gute Kenntnis der persönlichen und wirtschaftlichen Verhältnisse der Bevölkerung haben muss, wenn anders er bei Zwangsvollstreckungen usw. ersprießlich wirken soll. Alle früheren Gerichtsvollzieher hatten diesem Erfordernis genügt, teilweise sogar in glänzender Weise. Ganz anders der gegenwärtige Gerichtsvollzieher! Zwar fehlte ihm hierzu nicht der gute Wille; aber es ergaben sich recht bedeutende Hindernisse.

Er war regelmäßiger Besucher eines Skatabends gewesen, der jeden Montag von seinem Bekannten- und Freundeskreise abgehalten wurde. Da wurde in diesem Kreise – dem allgemeinen Zuge der Zeit gemäß – der Wunsch einer *Organisation* in Form eines Vereins rege, und so verwandelte sich eines Tages der Skat-*Abend* in einen Anthropopolitanischen Skat-*Klub*. Hand in Hand mit dieser Formveränderung ging eine Veredelung des Geistes: Aufgeweckt und angefeuert durch die völkischen Ermahnungen der »Anthropopolitanischen Morgenröte« gelangten die Skatspieler zur Erkenntnis ihrer völkischen Pflichten, was im Paragraphen 1 der Klub-Satzung seinen Ausdruck fand: »Der Anthropopolitanische Skatklub verfolgt die Aufgabe, das Skatspiel im anthropopolitanisch-völkischen Geiste und in einer der arischen Rasse würdigen Weise zu pflegen.«

Als unser Gerichtsvollzieher in schonender Weise auf diesen (in seiner Abwesenheit beschlossenen) Paragraphen aufmerksam gemacht wurde, erlaubte er sich die Bemerkung: »Aber der neu zugezogene Japaner solle ja zum Eintritt in den Klub eingeladen werden.« Man erwiderte ihm, dass das japanische Volk sehr intelligent und in der Kultur vorgeschritten sei, so dass es ein schwerer Fehler wäre, sich gegen Angehörige dieses Volkes in falsch angebrachtem Rassenfanatismus unduldsam zu benehmen. Worauf er die empörend taktlose Bemerkung machte, man sehe wieder einmal, wie die Menschen in Anthropopolis seien: Durch gehässige Artikel eines Hetzblattes lasse man sich gegen die einheimischen Juden aufreizen, während man sich vor jedem weit hergelaufenen Kerl, wenn er exotischer Rasse sei, auf den Bauch lege und ihm die Schuhe küsse.

Diese Bemerkung hatte recht unangenehme Folgen für den Gerichtsvollzieher: 1. Eine Beleidigungsklage seiner ehemaligen Freunde sowie (wegen des Ausdruckes »Hetzblatt«) des Redakteurs der »Anthropopolitanischen Morgenröte«, so dass er einer empfindlichen Bestrafung nur durch freiwillige Zahlung einer namhaften Summe an anthropopolitanische Wohltätigkeitsvereine entgehen konnte; 2. eine Erklärung des betreffenden Japaners des Inhaltes, er und sein Volk stehen viel zu hoch, um durch derartige semitische Anpöbelungen beleidigt werden zu können; er stelle daher keine Beleidigungsklage; 3. dass er damit die Aufnahme in den neuen Skatklub verscherzt hatte, ist selbstverständlich.

Ebenso wenig war es ihm möglich, einem Gesangvereine beizutreten – trotz seiner Liebe für Gesang und Musik. In Anthropopolis existieren nämlich (abgesehen von einem »privaten Zirkel für Gesang«, dem die Minister und obersten Hofbeamten angehören) vier Gesangvereine: 1. Der beste, bestehend aus Geheimräten, Offizieren, Würdenträgern des Hofes und der Kirche, endlich Rentnern mit Einkommen von 30 000 Drachmen an; 2. ein guter, bestehend aus sonstigen angesehenen und gebildeten Elementen, als da sind Beamte der Rangklassen 3–12, Gelehrte, Künstler, Techniker, reiche Fabrikanten und Kaufleute, Rentner mit Einkommen von 5000–30 000 Drachmen; 3. ein mittlerer, bestehend aus Beamten der Rangklassen 14–16, kleinen Kaufleuten, Rentnern bis zu 5000 Drachmen ausschließlich, Handwerkern u. dgl.; 4. ein Arbeiter-Gesangverein, bestehend aus Fabrik- und Heimarbeitern, Dienstboten usw. Da nun der Gerichtsvollzieher in Anthropopolis die Rangklasse 13 bildet, so wäre natürlich die Aufnahme in den zweiten Gesangverein nicht möglich, der Eintritt in den dritten für ihn ebenfalls – wenn auch in einem anderen Sinne – nicht möglich (d. h. nicht standesgemäß) gewesen. Dass endlich der Eintritt in den ersten und vierten Gesangverein nicht infrage kommen konnte, ist selbstverständlich.

Auch den anthropopolitanischen Vereinen, welche den Sport und die körperliche Ertüchtigung pflegten (Turn-, Ruder-, Ski-, Fußball-, Eislauf-, Lawn-Tennis- u. a. Vereinen), konnte der Gerichtsvollzieher trotz seiner Neigung zu Sport und körperlichen Übungen nicht beitreten, da alle diese Vereine nur Staatsbeamte der Rangstufen 1–12 oder 14–16 zu Mitgliedern zählten oder aber den Sport nur im arisch-anthropopolitanischen Geiste pflegen wollten oder andererseits unter ihren Mitgliedern sozialdemokratische Elemente zählten, mit denen an einem Tische zu sitzen einem anthropopolitanischen Staatsbeamten natürlich nicht erlaubt war. So verkehrte er schließlich fast nur in einem engen Kreise von Religionsgenossen – was natürlich seinen Vorgesetzten nicht verborgen blieb und in seiner Qualifikationsliste vermerkt wurde. Man kann sich leicht denken, dass ein solcher Beweis engherzig konfessioneller Gesinnung – denn diese legt zweifellos der an den Tag, der nur mit Glaubensgenossen verkehrt – von den zuständigen Stellen recht übel vermerkt wurde.

Die »semitische« Oper »Der sterbende Herkules«

Auch die Verwandten des Gerichtsvollziehers taten manches, was zwar nicht vom Gesetze verboten oder als unsittlich oder barbarisch zu bezeichnen, aber was doch, wie man in Anthropopolis zu sagen pflegt, »nicht gerade geeignet war, ihnen Ansehen oder Bewunderung zu verschaffen« und sonach, wie man gleichfalls in Anthropopolis zu sagen pflegt, »in nicht gerade sehr vorteilhafter Weise auf die Person des Gerichtsvollziehers abfärbte« und sonach indirekt auch die staatliche Autorität ungünstig beeinflussen, mindestens ihr nicht förderlich sein konnte. Wenigstens *eine* Begebenheit – die gravierendste – wollen wir dem geneigten Leser nicht verheimlichen. Ein Bruder des Gerichtsvollziehers war Tondichter und komponierte eine große Oper, »Der sterbende Herkules«, die vom Opernhause zu Anthropopolis zur Aufführung angenommen wurde.

Bei der Uraufführung war das Haus mäßig besucht. Eine Vorahnung über das Ergebnis durchschwebte das Haus. Allseits hörte man Bemerkungen wie »Das wird etwas Schönes werden!«, »Semitische Musik ist das Einzige, wonach wir uns sehnten!«, »Gott sei Dank, nun beschert uns Jerusalem noch eine Oper!« u. dgl.

Eine Anzahl Jünglinge aus den besten völkisch gesinnten Kreisen hatte sich – mit Pfeifen, kleinen Trommeln, Rasseln und anderen geeigneten Werkzeugen versehen – eingefunden, um das heilige Reich der Kunst vor der Invasion durch Pfuscher und Schwindler zu schützen. Die Ahnungen gingen rasch in Erfüllung. Vom ersten Akte bis zum Schlusse ging ein fast unaufhörliches Zischen, Pfeifen, Johlen, Lachen, Poltern, Scharren durch das Haus. Das Stück fiel glänzend durch. Auch die Kritiken der Presse waren geradezu vernichtend. Die »Anthropopolitanische Morgenröte« schrieb:

Jedes Volk hat seine Kunst, in der sich seine Seele, sein heiligstes Inneres, sein Verhältnis zur Gottheit und zum Weltall offenbart. Die Zulukaffern haben eine andere Kunst als die Krähen-Indianer,[69] die Eskimos eine andere als die Griechen, die Chinesen eine andere als die Anthropopolitaner.

Gestern Abend hatten wir das köstliche Glück, eine Probe *semitischer* Kunst zu genießen. Welche Gründe mögen für unsere Opernhausleitung maßgebend gewesen sein, uns diese Probe aufzutischen? Wollte sie uns den ungeheuren Kontrast zwischen semitischer und unserer eigenen Kunst fühlbar und uns die Letztere auf diese Weise mehr als bisher lieb und teuer machen? Wir wissen es nicht. Eine Notwendigkeit hierfür können wir nicht anerkennen, da unsere völkische Kunst der Hervorhebung und einer direkten oder indirekten Lobpreisung nicht bedarf.

Aber eines wissen wir: Ein solches Machwerk würden sich nicht einmal die Zulukaffern oder Krähen-Indianer gefallen lassen. Ein solch abscheuliches, allen Grundbegriffen der Schönheit und des gesunden Menschenverstandes Hohn sprechendes Pfuschwerk ist nur das Judentum imstande zu fabrizieren.

Nun, Gott sei Dank, unser Volk hat durch sein würdiges Verhalten am gestrigen Abend bewiesen, dass es noch die Kraft und Gesundheit hat, das Reich der Kunst vor Verunreinigung und Verpestung zu schützen.

Möge diese Oper in Jerusalem aufgeführt und bewundert werden – nicht das Geringste haben wir dagegen einzuwenden –, aber für die übrige Welt darf sie wohl als erledigt betrachtet werden. Der Tempel der Kunst ist kein Warenhaus, das Reich des Schönen ist kein Börsensaal, merke dir dies, Israel!

Da begab sich merkwürdigerweise Folgendes: In den Nachbarländern erregte die Oper Aufsehen und Beifall. Man fand, dass die Musik originell, ja sogar epochemachend und voll von wunderbarer Schönheit sei, und man belegte diese neue Richtung der Musik mit einem neuen Namen: melodramatischer Neo-Hyper-Expressionismus. Nun fand man auch in Anthropopolis, dass die Oper gut, schön und wert zum Anhören sei, ging massenweise zu den Aufführungen und sprach in der lobendsten und anerkennendsten Weise von ihr. Man kann sich leicht denken, wie alle gut und richtig Gesinnten in Anthropopolis über dieses allem völkischen Empfinden, ja sogar dem schlichten Rassenbewusstsein Hohn sprechende Benehmen empört waren. Die »Anthropopolitanische Morgenröte« schrieb unter anderem:

Dass diese neue Gattung der Kunst gewissermaßen in der Luft lag und weiteste Volkskreise ein unbewusstes Sehnen hiernach empfanden, wird kein unbefangener Beobachter in Abrede stellen wollen. Und mit diesem Volksempfinden, mit dieser heiligen Sehnsucht unseres Volkes wusste Israel ein gutes Geschäft zu machen; ein Geschäft – so gut wie mit alten Hosen und Hasenfellen. Heilige Regungen der Volksseele ein Geschäftsartikel, zum Gelderwerb verwertet, so gut wie Ramschwaren aller Art! Darin beruht ja die Stärke Israels. Seine »geistige Begabung«, sein »Genie«, seine »Kultur« – was sind sie anders als eine gute *Zeitwitterung*, das heißt eine feine Spürnase für das, was Erfolg verspricht, d. h., was Geld und »Ruhm« einbringt? Aber dieser »glänzende Erfolg« entbindet uns doch wahrlich nicht von der Pflicht, immer und immer wieder unserem Volke die ernsten Fragen ins Ohr zu rufen:

1. Zu *welchem Zwecke* hat der Jude den »Sterbenden Herkules« komponiert? Etwa um uns Anthropopolitanern einen Kunstgenuss zu bereiten, also aus Liebe zu unserem Volke? Oder um der ganzen Kulturmenschheit einen solchen Liebesdienst zu erweisen? Oder aus reiner Liebe zur *Kunst*, zur hohen, heiligen Kunst? Risum teneatis! Geld und ›Ruhm‹ wollte er erwerben. Gemeine egoistische Beweggründe waren die Triebfeder seiner Arbeit. Und wir sollen ihm dazu helfen!!!

2. Haben wir Anthropopolitaner unsererseits wirklich keine höhere Pflicht, als diesen Menschen wegen seines angeblichen Kunstwerkes (das im letzten Grunde nicht seinem, sondern unseres Volkes Geiste entsprungen ist) zu verhimmeln und so jüdische Eitelkeit und Großmannssucht zu züchten?

3. Ist es vom volkswirtschaftlichen Standpunkte zu verantworten, dass das anthropopolitanische Volk, das doch wahrlich nicht zu den reichsten gehört, sein Geld für Eintrittsgelder zum Besuche eines betrügerischen Machwerkes vergeudet, damit aus den Tantiemen sich eine feindliche Rasse die Taschen füllen kann?

4. Wäre es nicht Ehrenpflicht des anthropopolitanischen Volkes, dieses Geld vielmehr zur Befriedigung von Bedürfnissen zu verwenden, die längst als vordringlich anerkannt wurden? Wir erinnern nur

an: die Errichtung eines *Kunstbrunnens* auf dem Residenzplatze, die Erweiterung der *Versorgungsanstalt für altersschwache Pferde und Hunde*, den zeitgemäßen Ausbau der *Akademie für höhere Tanzkunst*, die Gründung einer *Akademie für Kochkunst* und vieles andere, was leider – wegen Mangels an Geldmitteln! – immer wieder zurückgestellt und verschoben werden muss.

Wann wirst du, anthropopolitanisches Volk, dich deines Wertes und deiner Würde erinnern und deinen alten Fehler ablegen, fremdrassige, unlauteren Zwecken dienende Werke vor den heiligen Werken deines eigenen völkischen Ich zu bevorzugen?

Dieser Artikel verfehlte nicht seine Wirkung. Die öffentliche Meinung in Anthropopolis kam zur Besinnung. Allgemein sagte man sich, dass das ursprüngliche Verhalten des Publikums das richtige gewesen und dass es des anthropopolitanischen Volkes unwürdig sei, das nachzubeten, was andere Völker unverständigerweise sprachen. Vielfach wurde auch die Anschauung laut, dass das Urteil des Auslandes über den melodramatischen Neo-Hyper-Expressionismus durch das Geld der Alliance israélite erkauft sei, um auch auf diesem Gebiete die Aufrichtung der jüdischen Weltherrschaft zu beschleunigen. So nahm der Besuch der Oper rasch ab, und »Der sterbende Hercules« verschwand vom Spielplan. Die »Anthropopolitanische Abendpost« konnte befriedigt schreiben:

Die alte Erfahrung hat man auch hier wieder bestätigt gefunden: Mag der Jude auch hin und wieder ein scheinbar gutes Machwerk liefern, durch Effekthascherei und geschickte Kniffe sich vorübergehend einen billigen Erfolg des Pöbels erhaschen – der Weg zur Volksseele bleibt ihm verschlossen. Die jüdische Psyche beherrscht nur *eine* »Kunst«: die Kunst des Gelderwerbes. Die echte, wahre Kunst ist dem Juden fremd. Was Israel Kunst nennt, ist ein Zerrbild, eine Karikatur, eine Verhöhnung dieses heiligen Begriffes.

Einen überraschenden Abschluss fand die ganze Angelegenheit durch die Entdeckung, die ein Musikkenner in Anthropopolis machte und die ihren Niederschlag in dem folgenden Artikel der »Anthropopolitanischen Morgenröte« erlangte:

Diese Oper und der ganze melodramatische neo-hyperexpressionistische Schwindel ist ein geradezu klassischer Beweis für die Verruchtheit und die furchtbare Gefährlichkeit des internationalen Judentums. Denn selbst der Blinde – wir hätten fast gesagt, selbst der Taube – muss sofort erkennen, dass die ganze Musik im Wesentlichen nichts anderes ist als das Werk unseres unvergleichlich genialen Tondichters Themistokles, dessen herrliche Oper »Der lachende Cicisbeo« vom großen Haufen nicht gewürdigt, verkannt, unbeachtet blieb und der vergrämt, verbittert, verzweifelt im größten Elend in jungen Jahren sein Leben beschloss.

Es handelt sich hier also um ein Plagiat, einen ganz gemeinen Diebstahl! Der Fall ist typisch. Was anthropopolitanischer Geist geschaffen, bleibt unbeachtet, bis ein Jude es stiehlt und auf den Markt bringt, dann wird es – als Judenerzeugnis – hoch gepriesen und mit Wucherpreisen bezahlt. Der anthropopolitanische Meister stirbt Hungers; der diebische Jude wird steinreich!

Da gingen endlich dem anthropopolitanischen Volke die Augen auf. Man erkannte, dass »Der sterbende Hercules« eine betrügerische Umarbeitung des »Lachenden Cicisbeo« sei. Im anthropopolitanischen Friedhofe suchten hierauf einige völkisch gesinnte Männer das Grab des völlig vergessenen unglücklichen Tondichters Themistokles; nach langem Suchen fanden sie es, und am nächsten Feiertage begab sich ein großer Zug anthropopolitanischer Männer und Frauen zu diesem Grabe, um darauf einen Kranz niederzulegen.

Übrigens machte man alle diese Dinge dem Gerichtsvollzieher nicht zum Vorwurfe und baute keine Anklage gegen ihn persönlich darauf. Denn die völkischen Kreise von Anthropopolis sind vom Sinn für Recht und Gerechtigkeit erfüllt. Aber, wie gesagt, dass das Ansehen des Gerichtsvollziehers hierdurch nicht gerade erhöht wurde, liegt auf der Hand.

Die »gemäßigten«, »kritischen« Antisemiten

Mancher von meinen geneigten Lesern könnte, fürchte ich, nach meiner bisherigen Erzählung meinen, die völkisch gesinnten Anthropopolitaner wären von blinden Vorurteilen gegen die Juden so eingenommen gewesen, dass sie alles Böse, das man den Juden nachsagte, ohne Widerspruch geglaubt und dass die anthropopolitanische Presse, insbesondere die »Anthropopolitanische Morgenröte«, ausnahmslos in allen Fällen gegen die Juden Partei genommen hätte.

Welch schwere Verkennung der edelmütigen völkischen Anthropopolitaner! Welch bitteres Unrecht gegen die anthropopolitanische völkische Presse! Folgende zwei Beweise (ich könnte noch mehr ähnliche geben) mögen den Leser von diesem Irrtume befreien:

Als sich das hartnäckige Gerücht verbreitete, eine jüdische Aktiengesellschaft wolle den Himmel und die Hölle einschließlich der Vorhölle kaufen, um den Ersteren für die Seelen sämtlicher Juden und einiger Judenfreunde zu sichern, Letztere, um die ganze übrige Menschheit bis in alle Ewigkeit zu martern, und als viele Anthropopolitaner darüber in eine heftige Erregung gerieten, so dass man allgemein einen furchtbaren Pogrom befürchtete, griff die »Anthropopolitanische Morgenröte« mit aller Entschiedenheit ein, indem sie unter eingehender Begründung ausführte, dass nach dem heutigen Stande der Wissenschaft und Technik ein solcher Versuch des internationalen Judentums aussichtslos wäre und daher zur Beunruhigung vorläufig kein Anlass gegeben sei. Hierauf trat völlige Beruhigung ein.

Der zweite Fall: Die 70-jährige Buchbindermeisterswitwe Eulalia, eine außerordentlich fromme und völkisch gesinnte Dame, die schon viele wissenschaftliche Bücher in die Hand genommen hatte, schrieb ein dickes Buch: »Neo-Darwinismus oder: Das Rätsel der Abstammung des Menschen gelöst!« In diesem Buche führte sie nach dem alten Grundsatze »Qui bene distinguit bene docet« aus, dass zwar die Juden von den Affen, alle anderen Menschen dagegen von *Menschen*, und zwar die Anthropopolitaner von Edelmenschen, die übrigen Völker dagegen von gewöhnlichen Menschen abstammen.

Auch hier trat die »Anthropopolitanische Morgenröte« für die Juden ein. Sie legte dar, dass – bei aller Anerkennung des Scharfsinnes, des Fleißes und namentlich der völkischen Gesinnung der Frau Verfasserin – diese Ausführungen nicht völlig befriedigen könnten und eine restlose Lösung des großen Rätsels noch nicht gebracht hätten.

Der kluge Leser kann aus diesen beiden Beispielen noch ein Weiteres ersehen, nämlich dass die oftmals gehörte Behauptung, »es sei nichts so dumm, dass es nicht in Anthropopolis ein unerschütterlich gläubiges Publikum fände«, eine gehässige Übertreibung ist. Denn selbst diese Dinge, die doch noch lange nicht die allerdümmsten sind (Denn wer wollte leugnen, dass sich noch viel dümmeres Zeug erdenken lässt?), vermochten nicht die Herrschaft über die Geister in Anthropopolis dauernd zu behaupten. Doch es ist hohe Zeit, zu unserem Gerichtsvollzieher zurückzukommen.

Der Gerichtsvollzieher verlobt sich

Noch andere schwere Bedenken und Besorgnisse flößte seine Lebensführung den Gutgesinnten ein. Er war nämlich unverheiratet. Nun war es eine betrübende Tatsache, dass viele unverheiratete Männer in Anthropopolis ein unsittliches Leben führten, sei es, dass sie mit Straßendirnen verkehrten oder unschuldige Mädchen verführten oder gar mit verheirateten Frauen ehebrecherische Beziehungen anknüpften. Wie, wenn der Gerichtsvollzieher auch derartige Verirrungen beging? Unmöglich konnte ein solches Leben mit der Achtung, die der Gerichtsvollzieherberuf erforderte, vereinbar sein.

Eine Flugschrift, von einem unbekannten völkisch gesinnten Bürger verfasst und in vielen Tausenden Exemplaren verbreitet, gab diesen Befürchtungen lebhaften Ausdruck in einem glänzenden, streng sachlich geschriebenen Aufsatze, der keinen Namen nannte, nicht einmal auf die Aktualität der Frage anspielte: »Kann ein Junggeselle Gerichtsvollzieher sein?« Es waren in diesem Aufsatze noch schwerere Bedenken hervorgehoben: Ein Gerichtsvollzieher müsse gar oft in Wohnungen eintreten, in denen schutzlose Frauen und Mädchen allein sich befänden. Wie, wenn ein Mann, noch dazu in noch jungen Jahren, dessen Sinnlichkeit auf gesetzmäßige Weise keine Befriedigung erfahre, sich einem derartigen schutzlosen Wesen allein gegenübersehe? Heiße es nicht geradezu, die schwersten sittlichen Gefahren heraufzubeschwören, wenn man einem solchen Zustande gegenüber die Augen verschließe? Der Aufsatz schloss mit den Worten: »Caveant consules, ne quid detrimenti res publica capiat!«[70]

Am folgenden Tage wies – offenbar im Zusammenhange damit – die »Anthropopolitanische Abendpost« aus der kulturgeschichtlichen Literatur bis hinauf in die biblische Literatur nach, dass kein Jahrzehnt, kaum ein Jahr vergehe, ohne dass hier oder dort ein Jude wegen eines Sittlichkeitsverbrechens verurteilt werde – was deutlich erkennen lasse, dass die semitische Rasse sinnlich und ausschweifend veranlagt sei. Auch dieser Artikel war rein sachlich gehalten, ohne Ausfälle oder Verdächtigungen. Aber der Wucht der Tatsachen vermochte sich die anthropopolitanische Bürgerschaft nicht zu entziehen. Ein Bürgerausschuss bildete sich zum Zwecke, verlässliche Nachrichten über das Privatleben des Gerichtsvollziehers einzuziehen; man trat hierwegen mit drei der angesehensten Privatdetektivinstitute, »Veritas«, »Lux«, »Argus«, in Verbindung.

Diese drei Institute setzten sich miteinander behufs vernünftiger Arbeitsteilung in Beziehung und entledigten sich ihrer Aufgabe in mustergültiger Weise. Der Beamte der »Veritas« folgte dem Gerichtsvollzieher Tag und Nacht auf allen seinen Gängen, um zu kontrollieren, mit wem er verkehre und was er tue. Der Beamte der »Lux« knüpfte ein Liebesverhältnis mit dem Dienstmädchen des Gerichtsvollziehers an und ließ sich von ihr alles erzählen, was sie über dessen Privatleben sah und hörte. Der Beamte des »Argus« endlich bestimmte die Postbeamten durch reichliche Geldgeschenke, ihm alle Briefe und sonstigen Postsendungen, die an den Gerichtsvollzieher adressiert oder offensichtlich von diesem aufgegeben waren, auszuhändigen. Diese Sendungen unterzog hierauf der »Argus« einer sorgfältigen Durchsicht; die Öffnung und der Wiederverschluss wurden hierbei mit einer so wunderbaren Geschicklichkeit bewerkstelligt, dass niemand später eine Spur hiervon entdecken konnte.

Leider hatte diese emsige und pflichtgetreue Tätigkeit zunächst missliche Folgen. Als der Gerichtsvollzieher wahrnahm, dass er vom »Veritas«-Beamten unaufhörlich beobachtet und verfolgt wurde, stellte er diesen zur Rede und auf die Erwiderung »Habe ich nicht ebenso gut das Recht, die Straße zu benützen wie Sie? Glauben Sie, frecher Jude, dass Ihnen die Straße ausschließlich gehört?« versetzte er ihm eine Ohrfeige. Zwischen den beiden Männern entspann sich hierauf eine Schlägerei, in der der Gerichtsvollzieher, als der körperlich Stärkere, seinen Gegner verprügelte.

Man kann sich die Folgen leicht vorstellen: Ein Strafprozess und ein Disziplinarverfahren endigten mit der Verurteilung des

Gerichtsvollziehers, und zwar der Erstere: zu 14 Tagen Gefängnis, das Letztere: zu einem scharfen Verweis und zu 1000 Drachmen Geldstrafe. Beide Urteile hoben hervor, wie verwerflich gerade bei einem Staatsbeamten – noch dazu einem Beamten der Justiz, der der übrigen Bevölkerung in der Hochhaltung von Recht und Gesetz mit gutem Beispiele vorangehen müsse – ein solch rohes Verhalten sei; das letztere Urteil bemerkte überdies, dass bei der nächsten ähnlichen Verfehlung des Gerichtsvollziehers auf dessen Dienstentlassung erkannt werden müsse. – Andererseits entdeckte aber der Gerichtsvollzieher endlich, dass seine Postsendungen vom »Argus« eingesehen wurden, und er erstattete hierwegen Anzeige bei den zuständigen Behörden. Das Verfahren endete damit, dass in 29 Fällen wegen mangelhafter Beweise Freisprechung erfolgte, in einem weiteren dagegen ein Postbote zu zwei, der Privatdetektiv des »Argus« zu einem Tage Gefängnis verurteilt wurden. Ersterer wurde überdies aus dem Dienste entlassen.

Die öffentliche Meinung war hierüber sehr ungehalten. Große, stark besuchte Volksversammlungen fanden statt, in denen glänzende Volksredner unter stürmischem Beifall ausführten, wie stark das sittliche Empfinden des anthropopolitanischen Volkes durch diese Verurteilung verletzt sei, da der Briefbote, selbst wenn er, was keineswegs erwiesen, wirklich gegen den Buchstaben des Gesetzes verstoßen, so doch im Interesse und zum Nutzen des Staates gehandelt habe, da niemand hierdurch geschädigt sei, im Gegenteile gerade der Hauptbeteiligte – der hier noch dazu der Denunziant sei! – einen wesentlichen Nutzen insofern erzielt habe, als er dadurch von dem ihm anhaftenden Verdachte gereinigt worden sei, endlich dass ohne jene Denunziation das angebliche Vergehen gar nicht entdeckt worden wäre.

Die Mindestforderung, die das anthropopolitanische Volk erheben müsse, sei die Begnadigung des Briefboten und des

Privatdetektivs und die Niederschlagung der Kosten. Dieser Forderung der öffentlichen Meinung willfahrte denn auch auf Fürsprache des Justizministeriums und des Verkehrsministeriums der anthropopolitanische Großherzog.

Ein »Volksausbeuter« Urgroßonkel der Braut

Übrigens ergaben die Nachforschungen über das Liebesleben des Gerichtsvollziehers an und für sich nichts Belastendes. Es konnte nicht festgestellt werden, dass er einen Verkehr mit Frauen pflegte, der gegen die guten Sitten verstoße, wohl aber, dass er heimlich mit einem Mädchen aus guter, aber armer Familie verlobt sei; bald darauf erfolgte dann auch die öffentliche Verlobung. Das war nun nach anthropopolitanischer Anschauung an sich nichts Verwerfliches, und niemand war so ungerecht, ihm daraus einen persönlichen Vorwurf zu machen.

Umso schwerer freilich wogen die Bedenken rein sachlicher Natur. Die jüdischen Frauen in Anthropopolis standen im Rufe, nicht gerade sparsam zu sein, Freude an schönen Kleidern, am Theaterbesuche u. dgl. zu haben, wogegen das Einkommen des Gerichtsvollziehers als sehr bescheiden zu bezeichnen war. Wie sollte also der Gerichtsvollzieher einen großen Aufwand der Familie bestreiten können, namentlich wenn Familienzuwachs durch Kinder erfolgte?

Bestand hier nicht die größte Gefahr, dass der Gerichtsvollzieher durch Annahme von Bestechungsgeldern oder durch Veruntreuung der ihm amtlich anvertrauten Gelder seine Geldverlegenheiten beheben würde? Hieß dies nicht, die Korruption geradezu heraufzubeschwören? Immer lauter wurden in der Tagespresse diese Befürchtungen, so dass endlich der Präsident des Amtsgerichts als Vorgesetzter des Gerichtsvollziehers diesen zu sich rufen ließ und ihn freundschaftlich auf die Gefahren aufmerksam machte, die sein Schritt in materieller und ideeller Hinsicht in sich bergen konnte.

Der Präsident bedeutete ihm hierbei in der gütigsten Weise, dass er selbst ihm keinerlei ehrvergessene Handlung wie Geldunterschlagung, Bestechungsnahme oder dgl. zutraue, da er ihn stets als pflichtgetreuen Beamten befunden habe. Für einen Beamten aber, namentlich für den Inhaber eines so wichtigen Postens wie der Gerichtsvollzieherei, sei es unerlässlich, dass er das Vertrauen der Bevölkerung genieße, dass auch jeder ungünstige Schein, jeder Zweifel an der Integrität ausgeschaltet sei. Es gelang dem Gerichtsvollzieher, seinen Vorgesetzten völlig zu beruhigen. Seine Braut erhielt von ihrem Onkel mütterlicherseits eine ansehnliche Mitgift, so dass finanzielle Schwierigkeiten nicht zu befürchten waren. Hocherfreut beglückwünschte der wohlgesinnte Präsident seinen Untergebenen und versäumte auch nicht, der Öffentlichkeit zur Beruhigung vom Sachverhalte Kenntnis zu geben.

Die Wirkung war katastrophal. Denn jenem Onkel selbst konnte zwar nichts Böses nachgewiesen werden, aber sein Großvater mütterlicherseits war ein schlimmer Wucherer und Halsabschneider gewesen. Dies abzuleugnen oder zu bezweifeln war ganz unmöglich, da, wie sich zahlreiche Anthropopolitaner noch genau erinnerten, übrigens auch die noch vorhandenen Gerichtsakten bewiesen, jener Großvater wegen seiner Schelmereien zu zehn Jahren Zuchthaus und zur Konfiskation seines halben Vermögens verurteilt worden war.

Wie sehr die anthropopolitanische Volksseele kochte und schäumte, kann der geneigte Leser am besten aus dem folgenden Leitartikel der »Anthropopolitanischen Morgenröte« ersehen, wobei ich nicht unterlassen möchte zu bemerken, dass die Lettern der Überschrift, die ich der Raum- und Kostenersparnis wegen nur ein Viertel Zentimeter groß drucken lasse, im Original zwei Zentimeter groß waren!

Ein Staatsbeamter, der durch Wucher und Volksausbeutung bereichert wird – ist denn bei uns in Anthropopolitanien alles, alles möglich?!

Wir Anthropopolitaner sind ein merkwürdiges Völkchen: geduldig bis zur Unbegreiflichkeit, gutmütig bis zur Torheit. Wir lassen uns alles, aber auch alles gefallen, als ob es so sein müsste. Wir ertragen es ohne Murren, dass ein wichtiges Amt der Justizverwaltung von dem Judentum monopolisiert und so den Anthropopolitanern arischer Rasse unzugänglich gemacht wird. Wir dulden es schweigend, dass ein ehrenwerter anthropopolitanischer Bürger arischer Rasse von einem Juden auf öffentlicher Straße in der rohesten Weise körperlich misshandelt wird. Wir ertragen es, dass die Juden das anthropopolitanische Volk in der schamlosesten Weise bewuchern und ausbeuten – und in welch furchtbarer Weise dies allen Gesetzen zum Trotze noch geschieht, beweist die Verurteilung des Juden Cohn vor einigen Jahren zu 20 Jahren Zuchthaus und zur Vermögenskonfiskation. Wir dulden es auch, dass die Juden eine Kontrolle des christlichen Religionsunterrichts sich anmaßen – sei es! Möge die Weltgeschichte uns dereinst den Vorwurf der unverantwortlichen Langmut machen. Aber eine Grenze muss es geben, vor der auch das Judentum haltmachen muss. Diese Grenze wird einfach bestimmt durch die Moral des öffentlichen Lebens oder, vielleicht richtiger gesagt, durch die öffentliche Reinlichkeit: Hierin verstehen wir Anthropopolitaner keinen Spaß!

Der jüdische Gerichtsvollzieher unseres Staates heiratet eine Frau, die vom Erben eines schurkischen Wucherers und Volksausbeuters mit einer reichen Mitgift ausgestattet wird, erwirbt also ein Vermögen, das durch jene Schurkereien gewonnen wurde. Solches kann und darf in unserem arischen Staate vorkommen, einem Staate, der seit alters Ehre und Moral als die höchsten nationalen Güter betrachtet! Sind wir schon so tief gesunken?! Wie wird das Internationale Judentum triumphieren über diesen neuen Sieg der semitischen über die anthropopolitanische Moral!

Denn der Wucher, diese grässliche Erfindung des jüdischen Gesetzgebers Moses, ist das wichtigste Rassen- und nationale Merkmal des jüdischen Volkes. Der Judengott ist der Gott des Wuchers.

Bekannt ist, was Moses in seinem Alten Testament den Juden vorschrieb: »Wenn du Geld verleihst, sollst du mindestens 100 Prozent, von arischen Christen aber wenigstens 200 Prozent Zinsen nehmen, damit Gott der Herr dich segne und du lange lebest auf Erden!« Der Talmud verschärfte dieses Gesetz noch, indem er lehrt: »Wer weniger als 400 Prozent Zinsen von einem Arier oder Christen nimmt, ist schlimmer als ein Räuber und Mörder. Wenn der Arier aber ein Protestant ist, soll man wenigstens 500 Prozent Zinsen von ihm nehmen.« Jahrtausendelang hatten sich so die Juden in Palästina von Wucher ernährt und unermessliche Schätze angehäuft, so dass es endlich die Römer nicht länger mit ansehen konnten: Sie zerstörten das Wuchernest Jerusalem, gaben das Geld den rechtmäßigen Besitzern zurück und verpflanzten die Juden in andere Länder, um die jüdische Moral zu verbessern und die Juden an ehrliche Arbeit zu gewöhnen. Welchen Erfolg sie mit diesen Bestrebungen hatten, davon legen die letzten Ereignisse bei uns ein geradezu erschreckendes Zeugnis ab. Das internationale Judentum hält die Zeit für gekommen, uns offen herauszufordern und zu verhöhnen, uns zu beweisen, dass es die Macht hat, unsere überlieferte Moral nach Gutdünken mit Füßen zu treten. Sollen wir Anthropopolitaner auch diesen Streich geduldig hinnehmen?

Wir vermögen eine solche beispiellose, zum Himmel schreiende Langmut nicht zu befürworten. Wenn auch durch eine unbegreifliche Nachsicht Gottes dereinst Israel im Schilfmeer gerettet und seine Gegner ertränkt wurden, so kann recht wohl in unserer Zeit auch der umgekehrte Fall eintreten: dass Israel unschädlich gemacht, dagegen seine Gegner – richtiger: seine Opfer – gerettet werden. Es gibt noch andere Meere als das Schilfmeer; es gibt außerdem Flüsse, auch in unserem anthropopolitanischen Lande, mit genügendem Wasser, um das ganze Volk Israel unschädlich zu machen!

Wegen dieses Leitartikels erstattete die Jüdische Gemeinde von Anthropopolis bei der Staatsanwaltschaft Anzeige. Sie erklärte, dass er eine schwere Schmähung der jüdischen Religion und eine Aufforderung zu Gewalttaten, sogar zu Mordtaten, enthalte. Als die Staatsanwaltschaft nach längerer Erwägung zum Ergebnisse gelangte, dass eine strafbare Handlung nach dem Anthropopolitanischen Strafgesetzbuche nicht vorliege, ergriffen die Juden Beschwerde bei der Oberstaatsanwaltschaft. Letztere gab dem Antrage statt; das Bezirksgericht eröffnete nach einer langen Voruntersuchung das Hauptverfahren, und es kam zur öffentlichen Verhandlung

Der Staatsanwalt erklärte nach durchgeführter Beweisaufnahme, dass er als gerecht urteilender Justizbeamter – da der Staatsanwalt nach anthropopolitanischem Rechte keineswegs die Pflicht oder auch nur das Recht habe, unter allen Umständen die Bestrafung eines Angeklagten zu beantragen, dass es vielmehr die schöne Aufgabe der Staatsanwaltschaft sei, dem *Rechte* zum Siege zu verhelfen – die Freisprechung des Angeklagten beantragen müsse. Anders der Vertreter der Judengemeinde, die als Nebenklägerin zugelassen war; er hielt eine scharfe Anklagerede gegen den Redakteur. Jener Artikel sei ein Hetzartikel schlimmster Art, voll von Gift und Schmutz, ein Sammelsurium der abscheulichsten Unwahrheiten und Entstellungen. (Hier unterbrach ihn der Vorsitzende und ermahnte ihn, streng sachlich zu bleiben und verletzender und beleidigender Ausdrücke sich zu enthalten.) [In der Geschichte folgen die Argumente der als Nebenklägerin zugelassenen Israelitischen Gemeinde und die Verteidigungsrede des Angeklagten, die hier übersprungen werden. G. A.]

»Zwei Weltanschauungen«, so schloss der Angeklagte, »stehen sich hier gegenüber, oder sagen wir richtiger: zweierlei Moral. Auf der einen Seite die semitische beziehungsweise jerusalemitische oder talmudische – auf der anderen Seite die anthropopolitanische oder arische. Welche die höhere ist, ob die jerusalemitische überhaupt noch die ehrende Bezeichnung ›Moral‹ verdiene, darüber wollen wir kein Wort verlieren. Soll ein großherzoglich anthropopolitanischer Gerichtshof der jerusalemitischen Moral vor unserer eigenen, ehrwürdigen, uns allen teuren Moral den Vorzug geben?«

Nach kurzer Beratung verkündigte der Gerichtshof folgendes Urteil: »Der Angeklagte wird freigesprochen. Die Kosten des Verfahrens werden der anthropopolitanischen Staatskasse auferlegt, soweit sie durch die Nebenklage entstanden sind, der Jüdischen Gemeinde von Anthropopolis.« In der Begründung war ausgeführt, dass eine Religions- oder gar Gotteslästerung nicht vorliege, da die abfälligen Äußerungen des Angeklagten nur das Alte Testament und den Talmud beträfen, also Schriftwerke vor mehreren Jahrtausenden, die durch die moderne Entwicklung – und die geistige Welt (der Juden so gut wie der übrigen Menschheit) sei ebenso wie die materielle Welt der unaufhörlichen Entwicklung unterworfen – überholt und veraltet seien. Es erübrige sich daher auch die Prüfung, ob die Zitate des Angeklagten richtig seien, ob die Erklärung der Tempelzerstörung durch Titus den geschichtlichen Tatsachen entspreche usw. Allerdings enthalte der Artikel auch beleidigende Angriffe auf die jüdische beziehungsweise semitische Rasse. Aber eine Bestimmung, wonach Rassen ebenso wie Religionen vor herabwürdigenden Äußerungen geschützt seien, sei im anthropopolitanischen Strafgesetzbuche nicht enthalten; auch ein Strafantrag sei hierwegen nicht gestellt. Ein näheres Eingehen auf diese Angriffe sei sonach nicht veranlasst.

Dagegen müsse allerdings geprüft werden, ob, wie behauptet, eine Aufforderung zu Gewalttaten, ja sogar zu Mordtaten in dem der Anklage zugrundeliegenden Leitartikel enthalten sei. Die Worte: »Wir vermögen, eine solche … Langmut nicht zu befürworten« im Zusammenhange mit den zwei letzten Sätzen lassen eine solche Deutung noch keineswegs zu. Der Angeklagte selbst stelle eine solche Bedeutung entschieden in Abrede, und es sei kein triftiger Grund vorhanden, dieser Behauptung den Glauben zu verweigern. Wenn auch zugegeben werden müsse, dass seine weitere Behauptung, er habe sich von *Wohlwollen* und *Liebe* für die Juden leiten lassen, vielleicht auf Selbsttäuschung (Autosuggestion) beruhe, so sei doch von dem Mangel an Wohlwollen und Liebe zur Aufforderung zum Massenmorde ein himmelweiter Weg. Überdies sei es unverständlich, wie selbst der Rat oder die Empfehlung – angenommen selbst, die zwei letzten Sätze enthielten einen solchen Sinn! –, das Volk Israel »in Meeren oder Flüssen unschädlich zu machen«, eine Aufforderung zum *Morde* enthalten müsse. Ein solch drastisches Verfahren – wenn man es für notwendig und zulässig halten würde, was aber bei dem humanen Charakter des anthropopolitanischen Volkes ausgeschlossen sei – könnte doch auch, *müsste* wohl sogar – auf *gesetzlichem* Wege herbeigeführt werden: Die Verurteilung einer Masse von Menschen zur Todesstrafe könnte nur durch richterlichen Ausspruch aufgrund eines materiell und formell den Gesetzen entsprechenden Verfahrens erfolgen, wogegen die andere Alternative – Mord – wegfiele. Aber, wie gesagt, auch ein derartiges Gesetz wäre unmöglich.

Das eine könne nicht wohl in Zweifel gezogen werden: Der Angeklagte habe eine *Warnung* an die jüdische Bevölkerung beabsichtigt, damit diese sich nicht zur Unmoral zum Schaden der völkischen und vaterländischen Gesamtheit fortreißen lasse. Dieser Gesichtspunkt – Wahrung berechtigter Interessen, die Verfechtung vaterländischer materieller und ideeller Belange – müsste selbst dann in Berücksichtigung gezogen werden, wenn man in dem Artikel den Tatbestand einer anderen strafbaren Handlung, etwa die des groben Unfugs, finden wollte. Dass übrigens eine Verurteilung etwa wegen der letztangedeuteten Übertretung schon um deswillen nicht erfolgen könne, weil wichtige Tatbestandsmerkmale fehlen, weil namentlich niemand, auch unter den Juden nicht, bekundet habe, dass er *Ärgernis* an dem Zeitungsartikel genommen habe, sei selbstverständlich. Mit unbeschreiblicher Begeisterung, die sich rasch auf die Straßen fortpflanzte, nahm die Zuhörerschaft den Freispruch auf. 90-jährige Greise weinten Freudentränen; Mütter zeigten ihren Säuglingen den Redakteur, als dieser – auf den Händen seiner politischen Mitkämpfer, von den Heil- und Hochrufen einer zehntausendköpfigen Menge umjubelt – heimgetragen wurde, als völkischen Helden und Wohltäter des Vaterlandes. Sofort schlossen sämtliche Fabriken, Geschäfte, öffentliche Behörden usw., da der Rest des Tages als nationales Fest begangen wurde. Bei Anbruch der Dunkelheit begaben sich – gefolgt von einer riesigen Menge – zwei Gesangvereine – nämlich die auf S. 49 [hier: S. 76] unter Nr. 2 und 3 erwähnten (der gute und der mittlere) – vor das Haus, in dem der Redakteur wohnte, und brachten ihm ein Ständchen von mehreren Gesängen dar. Einige Bürger hielten zündende Ansprachen.

Der also Gefeierte erschien am Fenster und dankte in bewegten Worten. In edler Bescheidenheit lehnte er das ihm gespendete Lob ab. Nicht ihm gebühre die Ehre und das Verdienst, sondern dem anthropopolitanischen Volke, das heute erneut einen Beweis seiner Lebenskraft, seiner Lebensberechtigung, seiner völkischen Tugenden gegeben habe. Er selbst sei nur ein bescheidenes Werkzeug im Rate der Vorsehung. Was er getan, sei nur seine selbstverständliche Pflicht gewesen. Er sei aber entschlossen, seine Pflicht auch weiterhin getreu zu erfüllen. Bei seiner Mannesehre, bei den Namen der großen und verehrungswürdigen Männer der anthropopolitanischen Vergangenheit, bei der Zukunft seiner Kinder, auf deren Geburt er hoffe, bei allem, was ihm heilig und teuer sei, schwöre er, dass er im heiligen Kampfe nicht ermüden und erlahmen werde – bis zum letzten Atemzuge, bis zum letzten Blutstropfen – und die Waffen nicht eher niederlegen werde, als bis er die Macht des goldenen Kalbes gebrochen, der Giftschlange den Kopf zertreten, das Un-

geziefer mit seiner ganzen Brut vertilgt, den Riesendrachen erwürgt und so das anthropopolitanische Volk und die ganze Kulturmenschheit vor dem drohenden Untergange gerettet habe.

Mit einem Hoch auf den völkischen und Rassegedanken, auf
die völkische Moral und deren kulturelle Wirksamkeit schloss
der Redner. Hierauf begab sich die Volksmenge, trunken von
Begeisterung (und natürlich auch von Alkohol), vor die Wohnung des Gerichtsvollziehers und brachte ihm eine energische
Katzenmusik dar, während derer fortwährend stürmische Pe-
reatrufe ertönten. Nach Beendigung dieses Aktes wurden ihm
von unbekannten Tätern sämtliche Fenster eingeworfen; des-
gleichen wurden allen anderen Wohnungen jüdischer Familien
und jüdischen Geschäften viele Fenster eingeworfen. Der Po-
lizeibehörde, die hierauf sofort eine eingehende Untersuchung
eröffnete, gelang es, zweierlei in einwandfreier Weise festzustellen: 1. die Tatsache der Fenstereinwürfe; 2. die genaue Zahl der
eingeworfenen Fenster. Es waren 563$^1/_2$. Dagegen konnte nicht
festgestellt werden, welche Personen die Fenster eingeworfen
hatten; auch nicht, ob der Zusammenhang der Fenstereinwürfe
mit den Ereignissen des vorhergehenden Tages ein ursächlicher
oder nur zeitlich-zufälliger war. Als feststehend kann nur das
eine berichtet werden, dass die Folge (zeitliche und auch ur-
sächliche Folge) war, dass unser Gerichtsvollzieher sein Amt
aufgab. Dies begab sich folgendermaßen:

Da jene Nacht sehr kalt war, so fror der Gerichtsvollzieher
nach Einwurf seiner Fenster ganz empfindlich und war am
Morgen sehr geschwächt. So kam es, dass er, als er an jenem
Morgen eine Pfändung vornehmen sollte, von dem erzürnten
Schuldner die Treppe hinabgeworfen wurde! Ist ein solcher
Zustand in einem Rechtsstaate erträglich? Eine tiefgehende
Erregung bemächtigte sich aller Anthropopolitaner, die For-
derungen an Mitbürger hatten. »Wie sollen wir«, sprachen sie,
»zu unserem Gelde kommen, wenn der Gerichtsvollzieher, statt

die ihm aufgetragenen Zustellungen, Proteste, Pfändungen usw. ordnungsgemäß zu bewerkstelligen, sich die Treppe hinabwerfen lässt?« Eine Versammlung aller Gläubiger fasste eine entsprechende Entschließung und sandte an das Justizministerium und an den Großherzog Bittgesuche um Absetzung des Gerichtsvollziehers.

Gleichzeitig sandte die jüdische Einwohnerschaft, die noch mehr Fenstereinwürfe besorgen mochte, eine Abordnung an den Gerichtsvollzieher und ließ ihn bitten und beschwören, von seinem Amte zurückzutreten. Einige jüdische Kapitalisten boten ihm einen bedeutenden Kredit an, damit er ein kaufmännisches Unternehmen eröffnen könne. Der Gerichtsvollzieher willfahrte diesem Wunsche. Er bat um Entlassung aus dem Staatsdienste, welche Bitte vom Großherzog in der huldvollsten Weise erfüllt wurde.

Einige Bedenken regten sich in der öffentlichen Meinung; Stimmen wurden laut, dass hier eine schlimme »Volksverhetzung«, »religiöser oder Rassenfanatismus«, »bösartige Unduldsamkeit«, »gräuliche Ungerechtigkeit« ein unschuldiges Opfer gefordert hätten. Im anthropopolitanischen Parlamente wurde in diesem Sinne eine Interpellation eingebracht. Aus der eingehenden Erwiderung des Justizministers seien die folgenden Sätze hier wiedergegeben:

Mit der Religion oder Rasse des Beamten hatte also dessen Entlassung nicht das Geringste zu tun. Auch einem der christlichen, muselmanischen, buddhistischen oder Gott weiß welcher Religion angehörigen (große Heiterkeit) Beamten gegenüber, der so schwer sich in sein Amt hineingefunden und – um ganz offen zu reden, ohne dass ich dem Betreffenden zu nahe treten will – so mancherlei Fehler begangen hätte, wenn auch nicht aus bösem Willen, so doch aus Ungeschicklichkeit, Schwächlichkeit, übertriebener Reizbarkeit, mangelnder Fähigkeit, sich den maßgebenden Verhältnissen anzupassen – jedem derartigen Beamten gegenüber, sage ich, hätte die Justizverwaltung nichts anderes tun können, als ihm den wohlwollenden Rat zu geben, er solle seine unhaltbare Stellung lieber aufgeben, als sich und die staatlichen Interessen schwer zu schädigen. Dem genannten Beamten haben wir nicht einmal einen solchen Rat gegeben. Aus freiem Antrieb hat er um Enthebung von seinem Posten nachgesucht, zweifellos weil er selbst erkannte, dass er ihm nicht gewachsen war. Ich meine, dass dieser Entschluss von einem gesunden Ehrgefühl zeugt und ein richtiges Verständnis für die Unhaltbarkeit seiner Position beweist.

Einem solchen Wunsche gegenüber hätte die anthropopolitanische Justizverwaltung sich ablehnend verhalten sollen? Ist der Herr Interpellant sich der Ungeheuerlichkeit seiner Vorwürfe nicht bewusst? Bloß weil der Genannte sich zur israelitischen Religion bekennt, hätte die Justizverwaltung unhaltbare Zustände in ihrem Bereiche aufrechterhalten und wichtige Staatsinteressen gefährden sollen!

Die anthropopolitanische Staatsregierung hat stets das Banner der religiösen und Rassen-Duldsamkeit hochgehalten. Stets genossen die israelitischen Staatsangehörigen den vollen Schutz der Gesetze so gut wie die übrige Bevölkerung. Aber *größere* Rechte als diese, gewissermaßen Privilegien und Prärogative, können auch die israelitischen Staatsangehörigen nicht beanspruchen. »Gleiches Recht für alle« soll und muss der oberste Grundsatz sein.

Stürmischer Beifall lohnte die Rede des Justizministers; das Parlament erklärte sich mit überwältigender Mehrheit durch die Antwort als befriedigt.

Der bisherige Gerichtsvollzieher heiratete bald darauf seine Braut und eröffnete ein Herrengarderobegeschäft, das sich eines guten Zuspruches erfreute. Denn die Bevölkerung von Anthropopolitanien war gar nicht rachsüchtig und trug dem ehemaligen Gerichtsvollzieher nichts nach. Juden und Christen, auch völkische Führer, darunter der Schriftleiter der »Anthropopolitanischen Morgenröte«, zählten zu seinen Kunden. Der Letztere, dem daraus von mancher Seite ein Vorwurf gemacht wurde, rechtfertigte sein Verhalten damit, dass jenes Herrengarderobegeschäft in seiner Nachbarschaft gelegen sei und er mit seiner Zeit im Interesse der völkischen, von ihm verfochtenen Belange sparsam wirtschaften müsse. Der berühmte populärwissenschaftliche Anthropologe Aristoteles verarbeitete bald darauf das Aktenmaterial, das ihm vom anthropopolitanischen Justizministerium in der bereitwilligsten Weise zur Verfügung gestellt wurde, zu einem dreibändigen glänzenden und epochemachenden Werke: »Die Unfähigkeit der semitischen Rasse zum Gerichtsvollzieherberufe« (Erster Band: »Physische Unfähigkeit«; zweiter Band: »Geistige Unfähigkeit«; dritter Band: »Moralische Unfähigkeit«). Es ist dies derselbe Gelehrte, der mit durchschlagendem Erfolge den Standpunkt vertritt, dass anthropologische Fragen nicht auf das Geleise der sogenannten wissenschaftlichen Wahrheit, wohin sie nicht gehören, verschoben werden dürfen, sondern auf dem einzig berechtigten Geleise, dem der *völkischen Belange*, belassen werden müssen.

Eine Tatsache noch, die den geneigten Leser interessieren dürfte, will ich nicht verheimlichen – als Beleg für die tolerante Gesinnung in Anthropopolis: Das »Anthropopolitanische journal officiel« brachte einen flammenden Artikel gegen die Türkei (mit der das Großherzogtum Anthropopolitanien gerade in gespannten Beziehungen lebte), weil dort ein Justizminister armenischer Nationalität infolge Zwistigkeiten mit seinen muselmanischen Kollegen von seinem Amte hatte zurücktreten müssen. Der Artikel schloss mit dem Satze: »Ein Staat, der die heiligen Grundsätze der Rassengleichberechtigung und der Glaubensfreiheit derart mit Füßen tritt, dass nicht einmal ein andersgläubiger Justizminister auf seinem Posten verbleiben kann, hat sich selbst gerichtet. Ein solcher Staat ist reif zum Untergange! Die Kulturunfähigkeit der turanischen Rasse und der unverbesserliche Fanatismus des Islam bedürfen keines weiteren Beweises!«

Vorbemerkung von Götz Aly

In drei Schriften setzte sich Lichtenstaedter mit der Schlachttechnik des Schächtens, des Ausblutens per Halsschnitt, auseinander. Der folgende Text ist Lichtenstaedters 1927 erschienener Streitschrift »Schächtfrage und jüdische Speisegesetze. Offene Worte an Schächtgegner und Juden« (S. 18–21) entnommen. Obwohl selbst Vegetarier, verteidigte er das Schächten gegen eifernde Tierschützer. Denn er hielt diese für nur mäßig getarnte Antisemiten und verteidigte das Recht der Juden, gemäß ihren althergebrachten Regeln zu leben: »Niemals werde ich mich davon überzeugen lassen, dass unsere jüdischen Speise- und Reinheitsgesetze verschwinden oder (was nicht allzu sehr davon verschieden ist) vermodern und versumpfen dürfen.« Mit dem »Gesetz über das Schlachten von Tieren« vom 21. April 1933 verbot die Regierung Hitler das Schächten.

Die nächsten beiden Texte handeln ebenfalls vom Blut, allerdings von menschlichem, angeblich falschem Blut und folgen demselben fiktionalen Prinzip: Von zwei damals leidenschaftlich verehrten Heroen deutscher Kunst und Politik wird Ungeheuerliches herausgefunden, weshalb die politische und musikalische Geschichte Deutschlands neu geschrieben werden muss. (Zuerst veröffentlicht 1926 in dem Buch »Antisemitica«, S. 93–97 u. 99 f.)

Siegfried Lichtenstaedter
Über tierisches Blut und jüdisches Blut

Wenn man aber als absolut sicher annehmen will, dass das Schächten grausamer sei als der Gebrauch des Schussbolzenapparates, so wäre immer noch abzuwägen, ob dieser Gesichtspunkt (…) den Vorzug verdient. Ich glaube, die Antwort kann für den vernünftig Urteilenden nicht zweifelhaft sein. *Auch der Tierschutz ist nur relativ berechtigt.* Ich halte es für unbedenklich, dass wir uns auf das Gleichnis im Neuen Testamente vom Splitter im fremden, vom Balken im eigenen Auge berufen. Man beachte zum Beispiel die liebliche Auslegung der verfassungsrechtlichen Bestimmungen über die Gewissensfreiheit: »Ist den Schächtgegnern die Gewissensfreiheit durch die Verfassung nicht auch gewährleistet? Sind wir verpflichtet, unsere Tiere entsetzlichen Martern auszuliefern usw.?« (»Die deutschen Tierärzte gegen das betäubungslose Schächten«, [München 1926], Seite 12.)

Wie, wenn wir den Spieß umkehren wollten (denn wir [die Juden] sind ja doch nach den Verfassungen des Deutschen Reiches und des Freistaats Bayern immerhin, sozusagen, gleichberechtigt), also beispielsweise sagen wollen: »Die entsetzlichen Hetzjagden, die erbarmungslosen Pferderennen, die so manches arme Pferd das Leben kosten, schlagen allen menschlichen Empfindungen und den Grundsätzen der jüdischen Religionsgesetze ins Gesicht: Kraft der uns gewährleisteten Gewissensfreiheit beanspruchen wir ihre Abschaffung!

Wenn es vielleicht auch 100 000 Rohlingen (mehr als 100 000 Jäger wird es im Deutschen Reiche kaum geben) Vergnügen macht, so ist dies kein Grund, unsere *Gewissensfreiheit* zu knechten!«: Mit welchen ehrenden Bezeichnungen würden wir belegt werden?

Auch die Weisheit, die die leitende Münchener Tageszeitung ihrem Leserkreise darbietet – sogar zweimal (Nr. 81 vom 22. März 1926 und wieder abgedruckt in Nr. 260 vom 19. September 1926) –, sollte nicht der Vergessenheit überliefert werden: »Für die Forderung der Gewissens- und Glaubensfreiheit haben die ›Münchner Neuesten Nachrichten‹ seit ihrem Bestehen gekämpft (...). Die Bezugnahme auf die Gewissensfreiheit erscheint überhaupt irrtümlich. Es besteht keine jüdische Religionsvorschrift, wonach der rituelle Jude Fleisch von geschächteten Tieren essen müsse. Es besteht nur ein Speisegesetz, dass er solches von nicht geschächteten Tieren nicht essen soll. Das

Nichtvorhandensein koscheren Fleisches behindert den rituellen Juden also nicht in der Befolgung seiner religiösen Vorschriften, sondern höchstens in der Befriedigung seines Verlangens nach Fleischgenuss. Er müsste vegetarisch leben wie zahllose andere Menschen auch. Das Verbot des Schächtens (…) unter die Bestimmungen der Verfassung über Glaubens- und Gewissensfreiheit einzuordnen, dürfte also kaum stichhaltig sein.«

Verehrteste Schriftleitung! Denken Sie sich den Fall, eine gesetzliche Vorschrift solle erlassen werden, durch die den gläubigen Katholiken in München – und zwar *nur* diesen – das Biertrinken unmöglich (das heißt zur religiösen Sünde) gemacht würde. Der Fall ist irreal, menschlicher Voraussicht nach für alle Zeiten unmöglich, dies gebe ich zu, aber für die Beurteilung vom Gesichtspunkte der Logik ist dies belanglos. Würden Sie es [in einem solchen Fall] wagen zu schreiben: »Keine biblische Stelle, kein Konzilsbeschluss, kein päpstlicher Erlass befiehlt den Katholiken in München, Bier zu trinken. Also ist das neue Gesetz keine Gewissensbedrückung. Die gläubigen Katholiken sollen sich einfach das Biertrinken abgewöhnen!?« Und doch ist das Bier meiner Ansicht nach für den Menschen nicht notwendiger als das Fleisch – nach der Ansicht ungeheuer vieler Menschen, auch vieler Ärzte, sogar viel weniger notwendig.

Wenn man also schon uns vergewaltigen will, so können wir wenigstens verlangen, dass man ehrlich erklärt: »Wir haben die Macht; Macht geht vor Recht!«, und wir dürfen uns ausbitten, dass man das Unrecht nicht mit Argumenten zu bemänteln sucht, die, wenn sie von Juden gebraucht würden, jeder Judenfeind als »talmudisch« – wenn sie von Jesuiten gebraucht würden, jeder Jesuitenfeind als »jesuitisch« zu brandmarken versuchen würde, namentlich, dass man uns nicht darüber belehren will, was unsere Religion vorschreibt oder nicht.

Was jedes völkisch fühlende Herz längst geahnt, ist durch die geniale Entdeckung des völkischen Archivars Traugott Rassenspürer zur vollen Gewissheit geworden: Die Gemahlin des niedersächsischen Junkers Kuno von Bismarck, Stammmutter des »ersten deutschen Reichskanzlers«, war eine Jüdin. Sie hieß Sarah, war im Jahre 1126 als Tochter des reichen Handelsjuden Moses Levi geboren und nahm die Taufe, um, wie sie sagte und die leichtgläubigen Deutschen glaubten, dem Geliebten ihres Herzens nach kirchlicher Trauung eine treue Lebensgefährtin zu sein. Es wird sich heute schwer feststellen lassen, welche Beweggründe und Machenschaften hier in Wirklichkeit vorlagen. War es persönlicher Ehrgeiz oder Deutschenhass des Moses Levi? Oder lag schon damals ein Plan des internationalen Judentums vor, ein Element der Zersetzung und der Vergiftung in den deutschen Körper hineinzuschmuggeln? Beweise für die eine oder andere Wahrscheinlichkeit sind bis jetzt kaum zu erbringen, da das Judentum bekanntlich seine Geheimdokumente mit raffinierter Sorgfalt zu verbergen weiß. Wie dem nun sein mag: Die Wirkung des jüdischen Blutes liegt klar zutage; ein erschütternder, furchtbarer Beleg dafür, wie jede Sünde gegen das Blut sich rächt, sogar nach vielen Jahrhunderten gräuliche Verwüstungen bewirkt.

Bismarck war der größte, der furchtbarste, der erfolgreichste Feind und Verderber des deutschen christlichen Volkes. Ausgestattet mit Tatkraft, Schlauheit, Gewissenlosigkeit und namentlich der Gabe, in Wort und Schrift Gutes als schlecht, Schlechtes als gut, Schönes als hässlich, Hässliches als schön dem einfältigen Hörer und Leser darzustellen, war er wie kein Zweiter berufen, das Deutschtum zugrunde zu richten.

Das internationale Judentum, das natürlich die jüdische Abstammung des »kernpreußischen Edelmannes« und hiernach seine »Zuverlässigkeit« genau kannte, konnte so seinen Meisterstreich ausführen. In der Tat – mit größerer Geschicklichkeit wurde noch niemals ein Schurkenstreich ausgeführt. Man suggerierte dem damals schon bejahrten, willensschwachen König Wilhelm, dass dieser Jude nicht nur ein trefflicher Preuße (also Deutscher) und Christ, sondern auch von hervorragendem Geist und Charakter, in jeder Hinsicht der Mann sei, Krone und Altar zu stützen und zu schützen, die Monarchie mit neuem Glanze auszustatten, Preußen zu stärken und den Deutschen zur längst ersehnten Einigung zu verhelfen.

Natürlich aber hatte Bismarck selbst mit allen Kräften mitzuwirken, um den Monarchen in dieser Täuschung festzuhalten. In Wort und Schrift, in Miene und Haltung musste er sich als altpreußischer Junker geben und insbesondere durfte er keine Gelegenheit versäumen, um das ihm innerlich fremde und verhasste Christentum in lauten Tönen zu preisen.

Und das große Werk, die »Einigung Deutschlands«, gelang. Wie sah diese »Einigung« Deutschlands durch den Juden Bismarck aus? Das *vorher vereinte* Deutschland künstlich *zerrissen*, Millionen Deutscher in Österreich schutz- und rechtlos halbbarbarischen Völkern ausgeliefert, der Deutschenhass in der ganzen Welt mächtig gefördert, die Feinde Deutschlands geeint und zusammengeschweißt, der Raub Westpreußens, Posens, Oberschlesiens, Südtirols, die französische Okkupation des Rheinlandes, für eine geraume Zeit sogar des Ruhrgebietes und damit die französische Hegemonie in Europa vorbereitet – besser hätte selbst der wütendste Deutschenhasser unter Frankreichs Staatsmännern nicht wirken können.

Und vollends seine Politik im Innern! Ein schlichtes, arbeitsames, ideal gesinntes, gottesfürchtiges Volk waren die Deutschen beim Beginn seiner Tätigkeit. Zucht und Sitte herrschten im Volke; eine Sozialdemokratie gab es noch nicht. (Versteht ihr immer noch nicht den Zusammenhang? Lassalle, der Rassegenosse, Freund und Schrittmacher Bismarcks!) Die Luft war noch nicht vom Rauche der Schornsteine, die deutschen Flüsse und Seen noch nicht von den kotigen Abfällen der judenvollen Großstädte, das christlich-deutsche Gewissen noch nicht von der Irrlehre des Juden Marx verpestet und verunreinigt.

Das durfte natürlich nicht so bleiben, das deutsche Volk musste zur Verehrung des goldenen Kalbes erzogen, zum Materialismus verführt, an Üppigkeit, Schlemmerei, Genüsse jeder, namentlich aber gemeinster Art gewöhnt werden. Daher erpresste er von Frankreich 5 Milliarden, daher erdrosselte er das deutsche Handwerk durch die Großindustrie, daher lockte er die Jugend der deutschen Dorfbevölkerung in die Großstädte, wo sie ihrem leiblichen und sittlichen Untergang entgegenging, daher förderte er das Corpsstudententum an den Universitäten, das er zum Saufen erzog, daher »emanzipierte« er die Juden, welche so die Herrschaft in Deutschland an sich rissen.

In wahrhaft »genialer« Weise, das heißt mit der der semitischen Rasse eigentümlichen raffinierten Schlauheit, verstand er es, den Sozialismus großzuzüchten. Unerreicht in allen Zeiten ist sein Meisterstreich, das Sozialistengesetz, das nach seinem Plane die sozialistische Bewegung »ausrotten« oder wenigstens »am Fortschreiten hindern« sollte. Natürlich wusste der Jude so genau wie jeder andere Mensch, dass man mit solchen Mitteln, da jeder Druck Gegendruck erzeugt, den Gegner stärkt, dass es kein besseres Mittel gibt, um eine geistige Bewegung zu fördern und zu kräftigen, als sie durch polizeiliche Zwangsmaßregeln zu bekämpfen, dass jeder »Märtyrer« Tausende neuer Anhänger wirbt.

Ein »glänzender« Erfolg blieb diesem dreisten Trick nicht versagt. Die Sozialistenpartei nahm einen Aufschwung, der in der Geschichte der politischen Parteien geradezu unerhört ist. Man kann ruhig behaupten: Das Sozialistengesetz war die vortrefflichste Vorbereitung – nicht nur dies: Es war die unerlässliche Voraussetzung – für die materielle, geistige und moralische Zermürbung Deutschlands, für seinen militärischen, politischen, wirtschaftlichen und kulturellen Zusammenbruch. Doch damit nicht genug: Der kennt Juda schlecht, der meint, dass es sich mit dieser Fülle von Schandtaten begnüge. Der Schandtäter will für seine Schandtat belohnt sein – und zwar von seinen Opfern!

Das betrogene und gemarterte deutsche Volk schuldet seinem Peiniger Dank und Lohn! Lob und Ruhm von der Presse, von der Geschichtsschreibung, vom ganzen Volke und natürlich auch vom schmählich verratenen und verkauften Königshause – nicht zu reden von den fetten Ämtern für sich, seine Verwandten und Spießgesellen – billiger tut es der Jude nicht! Armes, betrogenes deutsches Volk, kannst du dich immer noch nicht dazu entschließen, die elenden Judendenkmäler, die diesen Götzen in Stein oder Erz darstellen, umzuschmeißen und seine Nachkommen dorthin zu verjagen, wohin sie gehören: nach Jerusalem!?

Der Jude Wagner, »rassenfremd und lächerlich«

Richard Wagner war ein »deutscher Dichter und Komponist« jüdischer Abstammung, der ein recht tadelnswertes Liebesleben führte, in seinen jüngeren Jahren sich gut auf das Schuldenmachen verstand und sich bei einem ideal gesinnten deutschen Fürsten so einzuschmeicheln wusste, dass er es bald zu »Ruhm« und »Ehren« brachte. Sein vielbewundertes »Genie« bestand darin, dass er einerseits raffinierte Zusammenstellungen von Tönen zu fabrizieren und sie in die Mode zu bringen, der großen Masse ihre »Schönheit« zu suggerieren verstand, anderseits aber und hauptsächlich darin, dass er mit meisterhafter Kühnheit eine großzügige Idee fasste und sie mit wunderbarer Geschicklichkeit durchführte: kostbare Stoffe aus dem hehren Heiligtume der deutschen Sagenwelt zu stehlen und sie zu effektvollen, reichliche Tantiemen bringenden Bühnenwerken zu verarbeiten. Aber geschrieben sind diese Bühnenwerke in einem kläglichen Stil, in dem er, der Rassenfremde, die deutsche Sprache einer erhabenen Vergangenheit in der lächerlichsten Weise nachzuahmen versuchte – ein Versuch, der naturgemäß ebenso misslingen musste, wie wenn eine Kuh den Gesang der Nachtigall nachzuahmen sich unterfängt.

Immerhin – die Gerechtigkeit gebietet anzuerkennen, dass er »glänzende«, namentlich klingende Erfolge hatte: Es gelang ihm, das Sensationsbedürfnis eines internationalen Publikums zu befriedigen und seine Vermögensverhältnisse in der günstigsten Weise auszugestalten. Alles in allem: ein ausgezeichneter Geschäftsmann, der seiner Rasse Ehre macht!

Das Internationale Judentum befiehlt daher, dass Richard Wagner einer der größten deutschen Tondichter war und dass die ganze Welt ihn laut bewundern muss, und unsere Pflicht ist es, zu gehorchen, zu glauben, mitzuschreien.

»Die herzlichsten Glückwünsche« galten im Sommer 1904 Fritz Hommel, Professor für Orientalistik in München.

Vorbemerkung von Götz Aly

Wie auf Seite 34 dargelegt, sah Lichtenstaedter lange vor dem Völkermord an den Armeniern 1915 das Verhängnis kommen – mitverursacht von den imperialistischen Mächten England, Russland, Frankreich und Italien. Sie nämlich hatten die Konflikte zwischen christlichen Griechen und Armeniern einerseits und der türkischen Mehrheit andererseits im eigenen Interesse nur allzu oft angestachelt und das Osmanische Reich immer wieder angriffen.

Die Auseinandersetzung mit den imperialistischen Kriegen und kolonialen Verbrechen der europäischen Mächte wurde für den jungen Lichtenstaedter zum prägenden Ausgangspunkt seiner politischen Analyse. Deshalb dokumentiere ich hier seine erste, 1895 erschienene Druckschrift, betitelt »Die armenischen Greuel und die englische Humanität. The Armenian Atrocities and the English Humanity. Offenes Schreiben an Herrn Gladstone«. Der Autor wandte sich an William Gladstone als einen der wichtigsten britischen Politiker in der zweiten Hälfte des 19. Jahrhunderts – 27 Jahre hatte er dem Kabinett angehört, zwölf davon als Premierminister.

Gladstone antwortete am 7. Juli 1895 ausweichend, worauf Lichtenstaedter 1896 mit einem zweiten Offenen Schreiben entgegnete, abermals in gedruckter Form. Den »Reinertrag« dieser Broschüre wollte er, wie es in einem Vorspruch heißt, unter der »durch den armenischen Bürgerkrieg geschädigten Bevölkerung – je zur Hälfte für Christen und Muselmanen –« verteilen lassen. In diesem »II. Offenen Schreiben« warnte Lichtenstaedter eindringlich davor, dass die Einmischung des christlichen Europa in die inneren Konflikte der Türkei für einzelne Minderheiten tödlich enden könnte (Seite 209 in diesem Buch).[*]

Die erklärenden Fußnoten werden in diesem Abschnitt zur Erleichterung der Lektüre unten auf die jeweilige Seite gesetzt.

---

[*] Lichtenstaedter, Die armenischen Greuel (1896), S. 94 f..

Siegfried Lichtenstaedter

1895: Offenes Schreiben an Herrn Gladstone

Ich hoffe, mir Ihren Dank zu verdienen, wenn ich, freilich nur
ein einfacher, schlichter Privatmann, der zur großen Politik
in keinerlei Beziehung steht, diese bis jetzt nur bescheidenen
Zweifel und Bedenken kurz andeute und Ihnen so Gelegenheit
gebe, dieselben gründlich zu zerstören. Denn – täuschen wir
uns hierüber nicht! – zerstört müssen diese Zweifel und Bedenken werden, nicht nur in Ihrem Interesse, sondern auch
in dem Interesse der Sache, der Sie dienen. Eine, wenn auch
kurze, bündige Erklärung von Ihrer Seite oder von Seiten Ihrer
Freunde wäre hierzu vielleicht das geeignetste Mittel.

Diese Bedenken und Zweifel betreffen zunächst die Frage:
*Handelt das englische Volk gut und recht, wenn es in der Weise,
wie es gegenwärtig geschieht, für die in Armenien angeblich verletzte Humanität eintritt?*

Zweifellos stimmen Sie mit mir in folgenden Betrachtungen
überein: Der *Humanität* kann man, wie jeder Tugend, auf zweierlei Art dienen: Erstens, indem man sie selbst ausübt; zweitens,
indem man sie von anderen fordert. Die zweite Art ist unstrei-
tig gewöhnlich die bequemere; jedoch erfordert sie eine gewisse
Behutsamkeit. Denn man pflegt von einem Sittenrichter zu
verlangen, dass er solche Handlungen, die er rügt, nicht selbst
begehe; umso mehr berechtigt ist man zu einem solchen Verlangen, je strenger der Sittenrichter auftritt.

Ein Beispiel: Wenn ich selbst – sei es auch nur wenig und
selten – stehle und einen anderen Dieb ob seiner Diebstähle
mit Schmähworten überhäufe, wie wird diese Art der Sittlichkeit bezeichnet werden? Ist nun unter diesem Gesichtspunkte
das englische Volk als berufen zu erachten, über die Türken
wegen Misshandlung der denselben unterworfenen Völker

anderer Religion und Rasse in der Weise zu richten, wie es die englische Presse tut, die die Türken mit einer Flut der heftigsten Beschimpfungen und Kränkungen überschüttet? Und zwar nach der Art und Weise, wie so viele – noch lebende und auch »ausgestorbene« – Völker in Asien, Afrika, Amerika und Australien von der englischen Rasse behandelt worden sind.

Fürchten Sie nicht, dass ich etwa die vielbesprochene englische *Menschenliebe* gegen ostindische Rebellen oder gar die englische Opiumhumanität in den Kreis meiner Betrachtungen ziehen werde. Derartig »alte« Geschichte bedecke ich, der ich selbst ein aufrichtiger Freund des englischen Volkes bin, mit dem Mantel muselmanischer Liebe und wende mich sofort zu dem zweiten, wichtigeren Punkte, der Ihre Person betrifft:

Sind Sie ein unparteiischer Richter im Humanitätstribunale der öffentlichen Meinung? Ein Tribunal, vor dem doch wohl alle Menschen ohne Unterschied der Rasse und der Religion gleich sein müssen, wenn es überhaupt zu Recht bestehen soll? Jeder Zweifel hieran ist ja zweifellos gänzlich unbegründet. Aber, offen gestanden, erklärlich ist es, wenn derartige Zweifel auftauchen, nach der ganzen Art und Weise, wie Sie die *Humanität* während der letzten 19 Jahre pflegten. Gestatten Sie mir gütigst, einige Tatsachen aus diesem Zeitraum anzuführen.

Im Jahre 1876 war es, da erhoben Sie laut Ihre Stimme für die *Menschlichkeit*, als bei den sogenannten *Bulgarian atrocities* einige Tausend Bulgaren höchst beklagenswerterweise getötet wurden. Als dagegen ein bis zwei Jahre darauf in Bulgarien das Blut der erschlagenen Muselmanen, Männer, Weiber und Kinder in Strömen floss, da erhoben Sie Ihre Stimme, wenn ich nicht irre, *nicht*, wenigstens nicht öffentlich zum Proteste gegen diese Greuel. Völlig unparteiische Gewährsmänner (zum Beispiel Freiherr v. Huhn in seinem Buche »Der Kampf der Bulgaren um ihre Einheit«* schätzen die Zahl der damals ermordeten, teilweise unter den grässlichsten Martern ermordeten Türken auf mehr als 100000 ... – aber Sie schwiegen. Als bei Geok Tepe die Weiber und Kinder der Turkmenen massenweise von den Kosaken niedergesäbelt wurden, fanden Sie ebenfalls keine Veranlassung, für die verletzte *Menschlichkeit* einzutreten, sondern schwiegen.**

Erinnern Sie sich noch der Berichte von den traurigen Vorfällen in der *Wounded Knee Battle?* Zweifellos, denn es sind ja noch nicht fünf Jahre seitdem verflossen, dass die Truppen der nordamerikanischen Union eine große Anzahl Weiber und Kinder der aufständischen Sioux niederschossen.*** Ich will es nur gestehen: Ich begriff damals noch nicht, wie ein auf seine Kultur stolzes Volk so handeln könne, und ich dachte mir: »Der große alte Mann in England wird sicherlich seine Stimme zugunsten dieser Unglücklichen erheben.« Aber der große alte Mann – schwieg ...

Sie schwiegen auch, als vor mehreren Jahren nach übereinstimmenden Zeitungsberichten die mexikanischen Truppen eine große Schar indianischer friedlicher Männer, Weiber und Kinder, die in eine Kirche geflüchtet waren, niedermetzelten, so dass man in der Kirche und auf der Straße im Blute waten

---

* Arthur v. Huhn, Der Kampf der Bulgaren um ihre Nationaleinheit, Berlin 1886.

** Gemeint ist die Schlacht um die Festung Geok Tepe (1881) im heutigen Turkmenistan im Zuge der russischen Eroberungen des muslimischen Zentralasiens. Nach dem Bericht des kommandierenden Generals töteten Kosaken und Dragoner nach der Kapitulation der osmanischen Verteidiger »8000 Menschen beiderlei Geschlechts«; Schätzungen gehen weit darüber hinaus.

*** Das erst viel später weltbekannt gewordene Massaker begingen Soldaten der 7. US-Kavalleriedivision am 29.12.1890. Dabei starben fast 300 indianische Männer, Frauen und Kinder.

konnte … Und hat jemand schon davon gehört, dass Sie über die grauenhaften Vorfälle in Tonkin sich entrüstet hätten? Auch hierüber haben Sie stets beharrlich geschwiegen.*

Wir wissen von Lumholtz und anderen, dass in vielen Gegenden Australiens das »black fellow shooting« als eine Art Sport von Engländern betrieben wird.** Es steht längst außer Zweifel, dass die Gesetze zum Schutz dieser Eingeborenen nur auf dem Papiere stehen: Wann und wo haben Sie Ihrer Entrüstung gegen diese Art von *Humanität* Ausdruck gegeben? Und welche »Reformen« haben Sie in Ihrer langfristigen Wirksamkeit durchgesetzt, um derartigen Greuel unmöglich zu machen?

Und wenn ich nun gar von Afrika reden soll! Erst vor wenigen Monaten erklärte ein englischer Minister öffentlich mit Bezug auf die Grausamkeiten, ohne welche eine afrikanische Expedition heutzutage undenkbar sei: »Was soll ein Vorwurf gegen ein bestimmtes europäisches Volk? Er träfe Sie wohl alle!«

Und das muss wahr sein. Zwar dringt nur wenig von den europäischen Scheußlichkeiten in die Öffentlichkeit – den armen Eingeborenen steht ja nicht, wie den Armeniern, die englische Presse für ihre begründeten und unbegründeten Klagen zur Verfügung; dennoch kann man aus dem, was bisweilen von Europäern aus der Schule geschwatzt wird, Schlüsse auf die grauenhaften Zustände ziehen, die in vielen Teilen Afrikas – selbst-

---

* Die von französischen Truppen geführte Tonkin-Kampagne galt Aufständischen im heutigen Nordvietnam und dauerte von 1883 bis 1886. Die französische »Befriedung« und koloniale Unterwerfung des Landes kostete Zehntausende Menschen das Leben.

** Carl Lumholtz (norwegischer Forschungsreisender und Ethnologe), Among Cannibals. An Account of Four Years' Travels in Australia and of Camp Life with the Aborigines of Queensland, London 1889.

verständlich nur im Interesse der Kultur und Humanität – von gewissen europäischen Völkern geschaffen worden sind.

Da Sie sich für *Humanität* interessieren, sind Ihnen sicherlich die Veröffentlichungen des Bischofs vom Ubanghi oder des Herzogs von Uzès – beide erst im vorigen Jahre – nicht unbekannt geblieben.* Sicherlich wissen Sie, dass im letzten Matabelekriege keine Gefangenen gemacht wurden, ja, dass sich Engländer sogar dessen gerühmt haben.**

Darf ich Sie vielleicht an die hochherzige Erklärung der englischen Regierung im Unterhause am 19. September 1893 bezüglich des Kapitäns Lendry erinnern, der einen Negerhäuptling mit 22 anderen Negern zum Zeitvertreib ermordet hatte? Diese *tadelnswerte Handlung*, hieß es, sei nur deswegen straflos geblieben, weil 18 Monate seit derselben verflossen waren. Und man möchte glauben, dass auch Ew. Exzellenz von dieser Erklärung befriedigt worden seien; denn Sie schwiegen …

Und Greuel mögen von Europäern verübt werden in Süd- oder in West-, in Ost- oder in Innerafrika, Sie entrüsten sich nicht, Sie schweigen … Erst jetzt, nachdem in der Türkei Greuel verübt worden sein sollen, erhoben Sie Ihre Stimme wieder im Interesse der *Menschlichkeit*, für die Sie so begeistert sind, dass Sie gar nicht das Ergebnis der eingeleiteten Untersuchung abwarten, sondern schon während derselben die Türkei verurteilen. Ew. Exzellenz! *Humanität* ist eine herrliche Tugend, aber

---

*   L. thematisiert die Massenmorde im Kongo. Der »Bischof vom Uganghi[-Fluss]« ist der französische Missionar und spätere Bischof von Brazzaville Prosper Philippe Augouard, der koloniale Gewalttaten publik gemacht hatte. Jacques Marie Géraud de Crussol, duc d'Uzès (1868–1893) war ein französischer Forschungsreisender. Posthum: Duchesse d'Uzès, Le voyage de mon fils au Congo, Paris 1894.

**   Gemeint ist das mörderische britische Vorgehen gegen aufständische Matabele im heutigen Simbabwe, ehedem Rhodesien.

doch nur dann, wenn sie um ihrer selbst willen geübt wird. Eine Humanität, die nur als Mittel zum Zwecke dient, wäre, wie mich dünkt – namentlich wenn der Zweck die Befriedigung des Hasses ist, sei es auch nur gegen den »unaussprechlichen« Türken –, keines großen Lobes würdig.

Fürchten nun Eure Exzellenz nicht, dass Ihre edlen Absichten verkannt und missdeutet werden können, wenn Sie über türkische Greueltaten ein lautes Jammergeschrei erheben, die Greueltaten anderer Völker dagegen, und namentlich des englischen, nur mit stiller Verachtung strafen?

Ich habe immer noch gehört, dass der wahrhaft sittliche Mensch unsittliche Handlungen desto tatkräftiger bekämpfen muss, je näher ihm der unsittlich Handelnde steht. Wenn Angehörige meiner Familie ein Unrecht begehen, so werde ich mich mit mehr Entrüstung dagegen wenden, als wenn Fremde sich verfehlen. Sollte es im Leben der Völker anders sein? Sollte es der internationalen Sittlichkeit des englischen Volkes entsprechen, Türken und andere fremdartige Völker über die Pflichten der Sittlichkeit zu belehren und wegen Verletzung dieser Pflichten zu schmähen, dagegen für Menschen europäischer und namentlich englischer Abstammung eine möglichst große *Ungebundenheit* zu beanspruchen?

Ich bin auf einen Einwand gefasst: In den von mir angedeuteten Beispielen, die leicht um das Hundertfache vermehrt werden könnten, waren die Opfer bestialischer Rohheit ausschließlich Menschen von nichtarischer Rasse, zum größten Teil nicht einmal Christen. Aber diesen Einwand, den vielleicht einige Ihrer eifrigen Freunde erheben könnten, werden Eure Exzellenz selbst sicherlich mit Entschiedenheit zurückweisen. Denn nach den Lehren der *Humanität* und – wenn ich nicht irre – auch des Christentums so gut wie des Islams ist auch die Ermordung eines unzivilisierten heidnischen Negers ein abscheuliches Verbrechen. Aus all dem folgt nach meiner bescheidenen Ansicht, dass ganz besondere, schwerwiegende Gründe für Sie maßgebend sein müssen, wenn Sie englische oder anderer europäischer Völker Greueltaten öffentlich gar nicht erwähnen, dagegen angebliche türkische Greueltaten auf das Heftigste verurteilen. Welches diese Gründe sind, ist mir völlig rätselhaft; nur so viel ist mir klar, dass sie nur auf dem Gebiet der Ethik liegen dürften. Politische Erwägungen oder Leidenschaften können es nicht sein, da dies mit der Lauterkeit Ihrer *humanen* Gesinnung und Ihrer Wahrhaftigkeit im Widerspruche stünde.

Dass Sie diese Gründe in überzeugender Weise öffentlich darlegen, liegt in Ihrem eigenen Interesse: Denn nichts vermag einen Greis, der am Rande des Grabes steht, mehr zu verunzieren als der Anschein der Verstellung und der Pharisäerei. Es liegt aber auch im Interesse der von Ihnen vertretenen Sache: Ihr Kampfruf für die *Humanität* gegen die Türkei wird weit wirkungsvoller erschallen, wenn Sie die Zweifel und Bedenken, die immer kühner ihr Haupt erheben, in ihr Nichts zerstreuen. Eine genügende Erklärung sind Eure Exzellenz aber auch Ihren Anhängern und Freunden schuldig, die Sie laut ob Ihres hohen Sinnes für Menschlichkeit und Gerechtigkeit preisen.

Selbst das englische Volk hat ein Interesse daran: Denn ist nicht zu befürchten, dass die Weltgeschichte das Bild des größten Engländers des 19. Jahrhunderts wegen der anscheinend bedeutenden Widersprüche entstellt wiedergeben könnte?

Ich hoffe – so fest, als ich von der Gerechtigkeit der türkischen Regierung eine strenge Bestrafung aller derer erhoffe, die etwa Grausamkeiten gegen die Armenier begangen haben –, dass Eure Exzellenz es nicht verschmähen werden, meine bescheidenen Zeilen mit einer Erwiderung zu beehren, die alle Zweifel gründlich zerstreut.

I am your most obedient servant
Dr. Mehemed Emin Efendi

In seinem zweibändigen Werk »Das neue Weltreich – Ein Beitrag zur Geschichte des 20. Jahrhunderts« (1901 und 1903 erschienen) setzte Lichtenstaedter Diplomaten, Staatsmänner, Parlamentarier, Reporter und Leitartikler in Szene. Er legte ihnen erfundene Texte in den Mund oder diktierte sie ihnen in die Feder. Mal ließ er einen britischen Journalisten über die muselmanische »Unkultur« herziehen, dann einen russischen Minister namens Skrupellosow oder einen erotomanen französischen Botschafter die Werte des christlichen Europas beschwören. So entstand eine prognostische Dokumentation aus erfundenen, jedoch häufig zutreffenden Texten.

Nicht zuletzt machte sich Lichtenstaedter Gedanken über Krieg und Frieden. Im Dezember 1899 hatte er den ersten Band seines Werkes mit folgenden Worten angekündigt: »Psychologische und politische Phantasien« – »Ein Blick in die Zukunft bietet wohl für jedermann ein prickelndes Interesse«. Die Gegenwart »scharf« beobachtend, führe der Autor den Leser »in eine Werkstätte sittlicher Falschmünzerei« und lade zu »eingehenden psychologischen Studien« ein. Den »effektvollen Umschlag« hatte der Münchner Zeichner und Kunstmaler Max Mandl gestaltet.[71] Die folgenden Texte sind dem zweiten, 1903 ausgelieferten Band entnommen (S. 59–70, 37–44, 105–110). Angehängt habe ich einen Abschnitt aus der Broschüre »Die Zukunft Palästinas« (S. 33–38), die Lichtenstaedter 1918 in Reaktion auf die Balfour-Deklaration verfasste.

Siegfried Lichtenstaedter
1903: Geschichtsvorhersage bis 1945

Ostdeutsche Rundschau, Wien, den 25. Juni 1939: Die gestrige herrliche, in jeder Beziehung wohlgelungene Sonnwendfeier der Deutschen Hochschülerschaft legte vollgiltiges Zeugnis dafür ab, dass deutsche Art und Sitte in unserem lieben Wien trotz der Befleckung durch die slawischen Eindringlinge noch immer die Oberhand haben.

In Scharen strömte nach dem Kahlenberg die deutsche Jugend hinaus, unter der besonders in ihren echtdeutschen Trachten die Neuburschenschaften Ziu, Wotan und Donner auffielen. Dass jene Verbindungen, die noch nicht richtig vom deutschen Geiste durchdrungen sind und jedes deutsch-volkliche Gefühl durch ihre veralteten welsch-jüdisch-weibischen Namen »Germania«, »Danubia« usw. tief verletzen, von der Beteiligung hatten ausgeschlossen werden müssen, ist selbstverständlich. In unseren ernsten Zeiten ist für die Lauen und Halben kein Raum mehr. Wann wird endlich die Erkenntnis sich allgemein Bahn gebrochen haben, dass es deutscher Männerbünde unwürdig ist, sich solcher Namen zu bedienen, während die deutsche Heldengeschichte überreich an den herrlichsten deutschen Männernamen ist!

Auf dem Kahlenberge – im weiten Garten des gutdeutschen Gasthauses »Zum deutschen Blitz« – entwickelte sich bald ein echtdeutsches, feuchtfröhliches Treiben. Die herrlichen Reden, die vor den Feuern gehalten wurden und einen wahren Beifallssturm entfesselten, werden wir im nächsten Blatte wiedergeben. Unbeschreiblichen Jubel erregte es, als das neueste deutsche Trutzlied »Wenn Wanzenvölker uns bedrohen« angestimmt wurde. Einige tschechische und slowenische Lümmel in der Nähe, die sich getroffen fühlten und in frecher Weise grinsten, wurden in gebührender Weise bestraft.

Unter allgemeiner Begeisterung wurde später »Die Wacht am Rhein« gesungen. Auch hier machte sich slawischer Übermut in lästiger Weise bemerkbar, indem einige Tschechen ganz laut äußerten: »O wenn nur alle Deutschen aus Österreich an den Rhein ziehen möchten!« Selbstverständlich wurden auch diese Buben in handgreiflicher Weise über die Pflichten des Anstandes belehrt.

Erst in früher Morgenstunde wurde der Rückweg nach Wien angetreten. Auf dem ganzen Wege und in der Stadt selbst musste gegen slawische Unverschämtheit gekämpft werden. Die Prügel, die hierbei von deutschen Fäusten ausgeteilt wurden, waren von sehr gediegener Art. Es war ein herrlicher Tag, der allen Teilnehmern unvergesslich bleiben wird.

Wiener Deutsche Zeitung, Wien, den 2. Oktober 1939: Durch eine Sonderausgabe vom Gestrigen sind unsere Leser bereits von den Ruhestörungen in den Mittelpunkten der slawischen Hetzereien unterrichtet worden. Mit diesen Vorfällen haben die slawischen Anmaßungen offenbar den Gipfelpunkt, zugleich aber den verdienten Sturz in die Tiefe erreicht, und die frohe Hoffnung ist begründet, dass nunmehr, nach dieser derben Züchtigung, die Wühlereien und Hetzereien ein für alle Mal ihr Ende erreicht haben.

Woher die slawischen Führer die Keckheit hernahmen, ihren Volksgenossen Steuerverweigerung anzuraten, ist nicht ohne weiteres einzusehen. Die Wut darüber, dass sie aus den gesetzgebenden Versammlungen hinausgeworfen worden sind und dadurch eine regelmäßige geordnete Arbeit dortselbst wieder ermöglicht worden ist, kann für sich allein doch nicht zu solchen wahnwitzigen Schritten genügt haben.

Wie es scheint, spukt in den Köpfen dieser Helden die sonderbare Einbildung, Russland werde ihnen in ihrer gesetz- und sittenwidrigen Unbotmäßigkeit Unterstützung leihen. In dieser Hinsicht werden sie bald eines Besseren belehrt werden. Wie wir bereits wiederholt hervorgehoben haben, ist es eine nichtswürdige Verleumdung der russischen Staatsleitung, ihr eine derartige völkerrechtswidrige Absicht zuzutrauen. Russland ist – das hat die Geschichte längst gezeigt – viel zu friedfertig und ist sich der Wichtigkeit freundschaftlicher Beziehungen zu unserem Staate viel zu sehr bewusst, als dass seine Staatsleitung jemals daran denken könnte, gemeinsame Sache mit solchen Hochverrätern zu machen.

Wir beglückwünschen unsere Staatsleitung dazu, dass sie endlich mit Festigkeit und Mut den Weg beschritten hat, der aus den Wirren herausführt. Nach den unseligen Zeiten, die mit den Namen Taafe und Badeni verknüpft sind, nach dem schwächlichen und zaghaften Hin- und Hertasten eines Körber endlich ein sicheres, entschiedenes Auftreten![72]

Nur so kann Friede und Ordnung eintreten, wenn die *Hetzer* die ganze Strenge des Gesetzes fühlen müssen; mit den *Opfern* selbst wird man immerhin Mitleid empfinden.

Für das Blut, das gestern in Prag, Laibach usw. floss, mögen sich die unwissenden, betörten slawischen Pöbelhaufen bei ihren »Führern« bedanken. Wer Wind säet, wird Sturm ernten. Noch ist es für die slawischen Volklichkeiten Zeit, auf den richtigen Weg umzukehren und ehrlichen Frieden mit dem Staate und dem deutschen Volke zu schließen. Unerlässliche Voraussetzung hierfür ist freilich, dass die slawischen Volklichkeiten jene Volksaufwiegler und Berufshetzer preisgeben, die sich dem Frieden widersetzen. Dann wird endlich dauernde Ordnung und Beruhigung in unser liebes Vaterland einziehen.

Rede des Deutschen Reichskanzlers, Berlin, den 2. April 1940, im Deutschen Reichstag zur Vereinigung mit Deutsch-Österreich. (…) Rein *duldlich** wollen wir uns bei der Neuordnung der Dinge nicht verhalten. Wir erachten es als eine einfache Pflicht, die uns unsere Beziehungen zu Österreich und unsere Stammesverwandtschaft zur deutschen Bevölkerung auferlegen, die Wahrnehmung der ureigensten Nützlichkeiten derselben nicht lediglich fremden Händen zu überlassen, sondern auch unse-

---

* Offenbar eine Verdeutschung für »passiv« (Anm. des Herausgebers) [d. i. Lichtenstaedter, G. A.].

rerseits Anteil zu nehmen an der Umgestaltung und Wiederaufrichtung dieses Staatengefüges.

Wir reichen alten, lieben Bruderstämmen die Hand, indem wir deutsche Heeresteile über die österreichische Grenze senden, und wir hoffen, dass die Folgen für beide Teile ersprießliche und segensreiche sein werden (tiefe Bewegung).

Dass dieses Vorgehen seine Grenze an der Ausdehnung des deutschen Volkstums finden wird, liegt in der Entstehlichkeit der Sache; ich habe bereits vorhin hervorgehoben, dass es unsere Absicht nicht ist und nicht sein kann, uns in slawischen Landesteilen auszudehnen. Wir haben mit Polen und anderen fremdsprachigen Völkern so eigenartige Erfahrungen gemacht (lebhafte Heiterkeit), dass wir kein Verlangen darnach tragen, deutsche Bildung und Gesittung noch anderen Bevölkerungen aufzunötigen (lebhafter Beifall). (…) Im Wesentlichen – darüber herrscht wohl jetzt schon Einigkeit – handelt es sich also um eine richtige Abgrenzung der Volklichkeitengebiete, und ich zweifle nicht daran, dass bei allseitigem guten Willen eine Einigung leicht zu erzielen sein wird. Meine Herren! Ich habe Ihnen in großen Zügen unsere Absichten und Vorhabnisse dargelegt. Dass dieses Bild jedermann ohne Ausnahme befriedigen wird, erwarte ich selbstverständlich nicht.

1912: Nationalismus, britisch befeuert

Telegramm des Reuterschen Telegraphen-Bureaus, Trapezunt, den 5. Juni 1912: In Erzerum sollen schwere Ruhestörungen infolge von Streitigkeiten zwischen Armeniern und Muselmanen stattgefunden haben. Einzelheiten fehlen noch.

Daily News, London, den 7. Juni 1912: Von unserem Korrespondenten, den wir nach Armenien sandten, und der eben vor Ausbruch der Unruhen in Erzerum dortselbst eintraf, erhalten wir den folgenden telegraphischen Bericht, den wir sofort hier wiedergeben, uns freuend, unsere Leser so rasch über diese Vorfälle ausführlich unterrichten zu können:

Erzerum, den 4. Juni 1912: Heute Abend kam es hier zu bedeutenden Unruhen, die aber, so bedauerlich sie auch scheinen mögen, die Wirkung eines luftreinigenden Gewitters haben werden. Schon seit geraumer Zeit herrschte hier eine dumpfe, schwüle Stimmung, die jeden Augenblick das Schlimmste befürchten ließ. Von Tag zu Tag zeigte es sich mehr, dass, solange der überwiegende Teil der Bevölkerung aus Muselmanen besteht und Muselmanen zu hohen Ämtern in der Armee und in der Zivilverwaltung zugelassen werden, an eine Beruhigung des Landes nicht zu denken ist. Durch einen an sich ganz unbedeutenden Vorfall wurde vor einigen Tagen der muselmanische Fanatismus grell beleuchtet.

Am 1. Juni spielte ein vornehmer Muselman mit einem hochangesehenen Armenier auf einem öffentlichen Platze vor einem Kaffeehause eine Partie Tricktrack. Wie es bei solchen Gelegenheiten wohl vorkommen kann, hatte sich eine große Menge neugieriger Gaffer angesammelt, welche dem Spiele zuschaute. Als sich das Spiel dem Ende näherte, behauptete plötzlich ein muselmanischer Fanatiker, der Armenier habe falsch gespielt. Selbstverständlich war hieran kein wahres Wort, vielmehr war es Tatsache, wie mir von vertrauenswürdiger Seite mitgeteilt wurde, dass der *Muselman* falsch spielte. Aber für den Pöbel war die Verleumdung Grund genug, sofort den Armenier zu beschimpfen, so dass das Spiel beendigt werden musste, und es entstand eine wüste Schlägerei, wobei eine Anzahl Christen schwer misshandelt wurde.

Eine gedrückte schwüle Stimmung blieb in der Stadt. Auf christlicher Seite machte man es dem Armenier zum Vorwurfe, dass er sich dazu herbeigelassen hatte, mit einem anrüchigen Muselman, von dem sich die Spatzen auf den Dächern die schlimmsten Dinge erzählten, öffentlich zu spielen, aber man unterdrückte diese Regungen des Unmuts im Interesse des Friedens. Die Muselmanen aber, statt dieses beispiellose Entgegenkommen dankbar zu würdigen, scheuten sich nicht, noch ihrerseits gegen den Armenier die schändlichsten Verleumdungen zu verbreiten und ihren Glaubensgenossen dafür zu bedrohen, dass er mit jenem gespielt habe. Auf jede erdenkliche Weise wurde die christliche Bevölkerung beschimpft und bedroht. Als vollends heute Nachmittag der muselmanische Pöbel ohne jeden Grund und Anlass eine Anzahl Christen meuchlings niederschoss, machte sich endlich die Erbitterung gewaltsam Luft. Man ergriff die Hauptverbrecher und vollzog an ihnen in sehr summarischer Weise einen Akt der Lynchjustiz,[*] der ja vielleicht nach westeuropäischen Begriffen nicht vollständig regulär ist, aber hier nach dem einstimmigen Urteil aller unbefangenen Kenner absolut notwendig war.

Jedoch auch bei dieser Gelegenheit zeigte sich die weise Mäßigung der armenischen Bevölkerung im schönsten Lichte. Nachdem an ein paar Dutzend Übeltätern die Strafe vollzogen war und der muselmanische Pöbel eingeschüchtert, heulend sich in seine Wohnungen verkroch, war sofort die Ruhe wiederhergestellt. Eine Reorganisation der Verwaltung, um derartige Vorfälle künftig unmöglich zu machen, wird zweifellos die Folge sein. Gegenwärtig durchzieht eine nach Tausenden zählende begeisterte Menschenmenge unter patriotischen Gesängen die Stadt. Es herrscht allseits eine gehobene Stimmung.

Daily News, London, den 8. Juni 1912: Wie unseren Lesern bereits kurz mitgeteilt, hatte sich in die Beobachtungen und Mitteilungen unseres Korrespondenten in Erzerum ein bedauerliches Missverständnis eingeschlichen, indem er die christ-

---

[*] Vgl. Dr. Mehemed Emin Efendi »Kultur und Humanität«, S. 92–95 (Anm. des Setzers) [so im Original, G. A.].

liche mit der muselmanischen Bevölkerung verwechselte. Dieses Missverständnis wird nunmehr von gewissen Blättern in der gehässigsten Weise ausgebeutet, obwohl es einerseits bedeutungslos für die psychologische Beurteilung der Sache, andererseits sehr wohl erklärlich und entschuldbar ist.

Wie unseren Lesern bekannt, war unser Korrespondent gerade vor Ausbruch der Unruhen in Erzerum angekommen, so dass er natürlich mit den Verhältnissen dortselbst noch nicht bekannt war, zumal da er die einheimischen Sprachen nicht vollkommen beherrscht. Misslicherweise beherrschten auch die einheimischen Personen, welche unserem Korrespondenten Informationen lieferten, die englische Sprache nur höchst ungenügend. Dass unter solchen Umständen Missverständnisse möglich waren, wird nur der nicht begreifen können, dem orientalische Verhältnisse vollständig fremd sind.

In seinem unübertrefflichen Pflichtgefühl wollte aber unser Korrespondent keine Zeit versäumen und meldete uns daher durch den Telegraphen unverzüglich die Vorfälle so, *wie er sie eben aufgefasst hatte*, ohne sich zuvor von der Richtigkeit dieser Auffassung durch Vergleichung mit den Darstellungen anderer Europäer vergewissern zu können.

Es ist übrigens ein glänzender Beweis für die geradezu divinatorische Begabung unseres Berichterstatters, dass er trotz dieser bedauerlichen Verwechslung sofort mit genialem Blick klar erkannte, dass die Schuld an den Vorfällen ausschließlich den muselmanischen Fanatismus traf.

Soweit sich unser Korrespondent geirrt hat, hat er diesen Irrtum als echter Gentleman sofort unumwunden eingeräumt und uns drei neue, vollständig zutreffende Berichte gesandt, aus denen wir das Nachfolgende mitteilen:

Daily News, Erzerum, den 4. Juni 1912: Seit Verkündung der Autonomie fehlte es unter der muselmanischen Bevölkerung nicht an Aufreizungsversuchen, und diese Bestrebungen der

Fanatiker fielen beim Pöbel auf fruchtbaren Boden. Seit Wochen begegneten die Christen nur finsteren Gesichtern bei den Muselmanen. Oftmals wurden nicht einmal die Grüße christlicher Bürger von Muselmanen erwidert; ja sogar Schmähungen und Beleidigungen kamen vor, nicht nur in abgeschlossenen Wohnungen, sondern selbst in der Öffentlichkeit.

Gestern Abend hatte sich infolge dieses Benehmens der Muselmanen der armenischen Bevölkerung gegenüber eine solche Aufregung und Unruhe bemächtigt, dass einige armenische Jünglinge der unhaltbaren Lage ein Ende machen wollten und daher in der Absicht, sich zu verteidigen und die muselmanischen Fanatiker von ihren schlimmen Vorsätzen abzuschrecken, einige Schüsse in die Luft abfeuerten. Hierbei wurden einige der schlimmsten Fanatiker, die gerade in die Schusslinie liefen, zufällig durch Kugeln getroffen, was die Verwundung bzw. den Tod derselben zur Folge hatte. Von anderer Seite wurde übrigens – was ich nicht verschweigen will – behauptet, dass die Abfeuerung der Schüsse bzw. die Tötung der Fanatiker durch Geheimagenten des Sultans erfolgte, natürlich nur zu dem Zwecke, um den Pöbel aufzustacheln.

Sofort wurde denn auch dieser Vorfall vom muselmanischen Pöbel als Vorwand benutzt, um ein grauenvolles Blutbad anzurichten. Von allen Seiten stürzten die Fanatiker heran, teilweise sogar nur mit den primitivsten Waffen versehen, und begannen zu morden. Mehr als 1000 Christen wurden so auf entsetzliche Weise hingeschlachtet. Dass nicht noch schlimmere Greuel vorkamen, war lediglich der Friedensliebe der armenischen Bevölkerung zu verdanken, die beim Ausbruch der Metzeleien sofort sich in ihre Wohnungen zurückzog und dem Pöbel die Herrschaft auf den Straßen überließ. Heulend und johlend durchzieht der Pöbel die Straßen der Stadt, in der nun eine wahre Schreckensherrschaft besteht. Der muselmanische Teil der Garnison machte sofort mit dem Pöbel gemeinsame Sache und schloss die christlichen Truppen in ihre Kasernen ein. Der Fürst mit seinem Hofe ist nach Trapezunt übergesiedelt.

Daily News, Erzerum, den 5. Juni 1912: Es tritt immer klarer zutage, dass man es bei dem gestrigen Massacre mit einer wohlorganisierten Verschwörung* der niedrigsten und schlechtesten Volkselemente unter den Muselmanen zu tun hatte, und wer die Fäden dieser Verschwörung in den Händen hält, lässt sich unschwer erraten, wenn man bedenkt, dass einige Tage vorher ein Mann aus Brussa in der Stadt eintraf, in dem kundige Personen mit aller Bestimmtheit einen Verwandten eines hohen türkischen Hofbeamten und intimen Vertrauensmann des Sultans zu erkennen erklärten.

Dieser Wüterich aus dem Yıldız Kiosk,[73] der nun in Brussa seine finsteren Taten fortsetzt, hat offenbar gehofft, durch die Ermordung der Christen in Armenien seine fluchwürdige Herrschaft dortselbst wieder aufrichten zu können. Hoffentlich wird sich bald zeigen, dass hierin wenigstens der Elende sich getäuscht hat. Europa, das derartige Schändlichkeiten zu bestrafen wissen wird, hat nunmehr die Pflicht, einzuschreiten. Ganz besonders erstaunlich aber an der ganzen Sache ist die absolute Unfähigkeit des Islam zu jedem sittlichen und kulturellen Fort-

---

* Derartige *Verschwörungen* wurden auch im 19. Jahrhundert von der europäischen Presse mit großem Scharfsinne und unwiderlegbarer Logik entdeckt. Ich erinnere z. B. an die Vorfälle in Kandia am 6. September 1898: Einige Muselmanen waren von englischen Soldaten niedergeschossen worden, woraufhin die muselmanische Bevölkerung – größtenteils halb verzweifelte Flüchtlinge, die seit Jahren ihrer Habe beraubt von milden Gaben kümmerlich lebten – zu den Waffen griff und nach einem mörderischen Kampfe die Engländer aus der Stadt vertrieb! Entsetzt riefen die großen europäischen Blätter: »Dieser elende, abscheuliche, muselmanische Pöbel, mehr Tiere als Menschen! Wie kann dieser Pöbel so schlecht handeln und englische Soldaten ermorden? Hier liegt offenbar eine *Verschwörung* vor, die vom *Sultan* angezettelt worden ist!« (Anm. des Herausgebers).

schritte, die sich hier wieder in wahrhaft erschreckender Weise gezeigt hat. Die unter dem Banne des Islam Stehenden befinden sich heute noch auf der nämlichen tiefen sittlichen Stufe wie ihre Voreltern vor 1000 Jahren. Und solchen tiefstehenden Geschöpfen wollen Humanitätsschwärmer die Gleichberechtigung mit Angehörigen der zivilisierten Welt einräumen!

Daily News, Erzerum, den 7. Juni 1912: Die blutigen Vorfälle dahier sind nicht vereinzelt geblieben. Aus allen Teilen des Landes kommen die schlimmsten Nachrichten über jähe Ausbrüche des muselmanischen Fanatismus. Überall, wo die Mehrzahl der Mitglieder der Gerichtshöfe Muselmanen sind, ist es für die Christen geradezu unmöglich, zu ihrem Rechte zu kommen. Während die rechtschaffensten und angesehensten Christen als Zeugen keinen Glauben finden, ja sogar sich eine kränkende Behandlung vor Gericht gefallen lassen müssen, ist es etwas ganz Gewöhnliches, dass auf das Zeugnis eines anrüchigen Muselmanen von denkbar schlechtestem Charakter ein Armenier verurteilt wird. In der Stadt Charput ging den Armeniern wegen dieser Behandlung endlich die Geduld aus und sie beschlossen, die unfähigen und parteiischen Richter zu *entfernen*. Als sie aber in dieser Absicht zum Gerichtsgebäude zogen, wurden sie vom muselmanischen Pöbel meuchlings überfallen und zum großen Teil ermordet. Und nicht genug damit – erdreisten sich die Muselmanen ihrerseits, über eine schlechte und ungerechte Behandlung seitens christlicher Gerichtshöfe zu klagen und laute Drohungen auszustoßen. Angsterfüllt fragen sich nun alle besseren Elemente im Lande: Wie soll dies enden?

Proklamation der provisorischen serbischen Regierung an das serbische Volk, Belgrad, den 15. August 1919: Serben! Die Weltgeschichte lehrt, dass nur diejenigen Völker Anspruch auf eine Existenz und auf eine Zukunft haben, die den Willen und die Kraft besitzen, ihre Pflichten zu erfüllen. Von diesem Gedanken durchdrungen, hat das serbische Volk nie gezögert, trotz der furchtbarsten Gefahren und Bedrängnisse, sein Blut für die heiligsten Güter zu verspritzen; seine besten Söhne opferten freudig ihr Leben für die Freiheit, für den wahren Glauben, für die nationale Ehre.

Wir, die Enkel jener Helden, denen das serbische Volk und die Menschheit so viel verdanken, haben als heiliges Vermächtnis die Pflicht übernommen, das Werk, das unsere Vorfahren begonnen, fortzusetzen; die Pflicht, uns würdig des großen serbischen Namens zu erweisen, der Welt zu zeigen, dass das serbische Volk nicht gewillt ist, sein Wirken als mächtiger Kulturfaktor auf der Balkanhalbinsel aufzugeben.

Aber – täuschen wir uns darüber nicht: Nicht leicht wird dem serbischen Volke die Erfüllung dieser heiligen Pflichten. Auch hierin sind wir durch die Geschichte belehrt worden: Auf ein Verständnis seiner idealen Bestrebungen bei fremden Rassen und Völkern darf das serbische Volk nicht hoffen. So schmerzlich es für uns sein mag, wir müssen es uns eingestehen, dass das serbische Volk nur allzu oft schnöden Undank für seine Verdienste geerntet hat, mit den grausamsten Verfolgungen für seine herrlichsten Bestrebungen bestraft worden ist.

Nur die *slawische* Rasse hat ein fühlendes Herz, nur die slawische Rasse besitzt Gerechtigkeit und Verständnis genug, einem aufstrebenden Volke den Besitz seiner heiligsten Güter zu gönnen. Ergibt sich nicht schon hieraus mit Naturnotwendigkeit für uns die Pflicht, uns inniger und fester an unsere

Bruderstämme anzuschließen? Gott sei Dank, dass er uns diese Bruderstämme geschenkt hat. Verzweifeln müsste das serbische Volk, wenn es gegenüber den mächtigen Widersachern nicht auf edle und mächtige Freunde zählen könnte.

Fast auf allen Seiten von feindlichen Völkern eingeschlossen, von den Magyaren bedrängt, von den Rumänen beleidigt, von den Albanesen unter Italiens Herrschaft bedroht – was bleibt uns übrig, als Schutz und Rückhalt da zu suchen, wo wir ihn auch früher fanden, wenn Gefahr uns drohte, beim mächtigen Russland, das noch stets und zu allen Zeiten dem Schwachen die rettende Hand willig und uneigennützig darbot?

Auch unsere *wirtschaftlichen* Interessen fordern gebieterisch den Anschluss an ein großes Wirtschaftsgebiet. Nicht länger vermögen wir abseits vom großen Weltverkehr ein kümmerlich beschauliches Dasein zu fristen, von allen Seiten mit hohen Zollschranken umgeben, die unseren Ackerbau und Gewerbefleiß zu ersticken drohen! Auch hierin dürfen wir von der russischen Brüderlichkeit und dem Großmut des Zaren weitgehende Begünstigungen erhoffen.

Serben! Mit freudigem, begeistertem Herzen hat sich das bulgarische Volk an die Brust der slawischen Mutter geworfen. Soll das serbische Volk zurückstehen? Folgen wir dem Rufe unserer nationalen Pflicht und unserer nationalen Ehre!

Die Dynastie der Karageorgiewitsch hat sich des Vertrauens des serbischen Volkes nicht minder unwürdig erwiesen als jene der Obrenowitsch: Getäuscht und betrogen sah sich das serbische Volk in seinen teuersten Hoffnungen. Verwirkt haben daher die Karageorgiewitsch den Thron Serbiens für jetzt und für alle Zeiten. Unsere Blicke wenden sich nunmehr auf den allslawischen Zaren; lasst uns einstimmig den begeisterten Ruf erheben: Es lebe unser allgnädigster Herr und Zar Nikolaus IV.!

(gez.) Skrupellosowitsch, (gez.) Ubitscha, (gez.) Ajduk

Toleranzedikt für die befreiten westslawischen Länder, Prag, den 1. Oktober 1945: Mit tiefem Schmerze hat unser erhabener Gebieter und Zar vernommen, dass die Annäherung und Assimilation der befreiten westslawischen Völker an die slawische Kulturwelt nicht in dem Maße sich vollzieht, wie es die gemeinsamen slawischen Kulturinteressen erfordern, und dass Russlands schwere Opfer vielfach mit einem Undanke belohnt werden, den jedes slawisch fühlende Herz ehedem für unmöglich gehalten hätte.

Schon der Umstand hat das Befremden Seiner Majestät erregt, dass selbst die angesehensten und vornehmsten russischen Einwanderer, ja sogar russische Beamte und Offiziere vielfach – und zwar gerade von solchen Bevölkerungsklassen, von denen ein anständigeres und würdevolleres Benehmen zu erwarten gewesen wäre – geradezu gemieden werden; dass ihnen der Zutritt nicht nur zu den Familien, sondern auch zu den Vereinen und Gesellschaften versagt wird, und dass sich diese gesellschaftliche Ächtung sogar auf die besten einheimischen Bürger erstreckt, denen nichts anderes zum Vorwurfe gemacht werden kann als das patriotische Bestreben, dem gemeinsamen slawischen Vaterlande und dem Zaren zu dienen.

Noch mehr Entrüstung aber musste bei Seiner Majestät die traurige und beschämende Tatsache erregen, dass es Elemente in den befreiten Ländern gibt, die sich nicht scheuen, das heiligste Gut des russischen Volkes, dessen Glauben, nicht nur geringzuschätzen, sondern sogar zu beschimpfen. In erschreckender Weise haben mehrere Gerichtsverhandlungen gezeigt, mit welch maßlos gehässiger und sittenwidriger Dreistigkeit der orthodoxe Glaube von nichtswürdigen Menschen gelästert und verleumdet wird.

Wenn nun auch der Zar fest darauf vertraut, dass die Bevölkerung in ihrer großen Mehrheit dieses Treiben verurteilt und sich der Befreiung würdig erweist, so konnte sich Seine

Majestät doch andererseits der Wahrnehmung nicht verschließen, dass einzelne Individuen, unruhige Köpfe, ehrgeizige Charaktere, bösartige Aufwiegler durch verbrecherische Umtriebe ungeheuren Schaden und unheilvolle Verwirrung anstiften, ja sogar das mühsam vollbrachte Werk der Befreiung vollständig infrage stellen könnten, wenn diesen Umtrieben nicht rechtzeitig und mit Nachdruck begegnet würde. Es kann nicht geduldet werden, dass der Friede und die Wohlfahrt der befreiten Länder durch fanatische und beschränkte Köpfe gefährdet wird. Soll die Tat des russischen Volkes reiche Früchte tragen, soll das von Russland für die slawischen Brüder verspritzte Blut nicht umsonst vergossen sein, so muss das ganze westslawische Volk mit Hand anlegen an dem großen Werke der slawischen Einigung und gemeinsamen Kulturarbeit.

Eindringlich ermahne ich daher alle friedlichen Einwohner, sich von der sogenannten antirussischen Agitation nicht betören zu lassen und sich jeder Provokation zu enthalten, die bisherigen Vorurteile gegen den orthodoxen Glauben abzulegen und sich eines duldsamen, anständigen Benehmens gegen die Religion des russischen Volkes zu befleißigen.

Dringend fordere ich alle gutgesinnten Bürger auf, nicht nur den Hetzereien jener schlechten Elemente das Ohr zu verschließen, sondern dieselben auch schonungslos den Behörden anzuzeigen, damit einem solchen gefährlichen Treiben rechtzeitig gegengesteuert werden kann, außerdem aber namentlich die russischen Einwanderer, insbesondere Offiziere und Beamte, die das große Opfer für die befreiten Völker bringen, ihre russische Heimat zu verlassen, in freundlicher Weise aufzunehmen und ihnen den Aufenthalt in ihren neuen Wohnorten möglichst angenehm zu machen.

Indem ich sonach hoffe, dass die westslawischen Völker nicht etwa durch ihr Verhalten dartun werden, dass sie für die mit ungeheuren Opfern von ihnen errungene Freiheit noch nicht reif seien, mache ich bekannt, dass nach dem Willen Seiner Majestät unseres erhabenen Herrn und Zaren an den altbewährten Grundsätzen der *Toleranz* auch fernerhin festgehalten werden wird. Namentlich soll nach wie vor volle *Glaubens-* und *Sprachenfreiheit* herrschen, wenn dieselbe auch nicht dahin ausarten darf, dass die religiösen und nationalen Gefühle und Interessen der slawischen Volksgemeinschaft verletzt oder gefährdet werden.

Im Einzelnen bestimme ich mit Genehmigung Seiner Majestät des Zaren Folgendes: [Hier ausgelassen der Passus über die Glaubensfreiheit.]

Der Grundsatz der Sprachenfreiheit bleibt gewahrt. Alle Einheimischen haben das volle Recht, sich im Privatverkehre ihrer gewohnten Mundart zu bedienen, sei es im Verkehre mit ihrer Familie oder mit anderen Personen, mündlich oder schriftlich, im Hause oder auf der Straße [soweit es ohne öffentliches Ärgernis geschehen kann].[74] Ebenso können sie sich, falls sie der russischen Sprache nicht mächtig sind, im mündlichen Verkehre mit den *Behörden* ihrer Muttersprache bedienen, zu welchem Zwecke eine ausreichende Anzahl beeidigter Dolmetscher, soweit dies noch nicht geschehen, aufgestellt werden wird. Damit jedoch die Bevölkerung der befreiten Länder und die heranwachsende Jugend die Gelegenheit erhält, die russische Sprache zu erlernen und so ein nützliches Glied der slawischen Gemeinschaft werden und an der gemeinsamen Kulturarbeit teilnehmen kann, wird verfügt, dass in allen Schulen der befreiten Länder vom 1. Januar nächsten Jahres an die russische Sprache als Unterrichtssprache eingeführt wird.

Eine Ausnahme bilden lediglich die beiden untersten Klassen der Volksschulen, in denen nach wie vor die einheimischen Mundarten als Unterrichtssprache dienen werden und das Russische nur Unterrichts*gegenstand* sein wird. Daneben werden aber, wo ein Bedürfnis hierfür besteht, auch solche Abteilungen dieser ersten Klassen errichtet werden, in denen das Russische sofort als Unterrichtssprache dienen wird.

Um die unselige Zersplitterung der slawischen Stämme nicht wiederkehren zu lassen und der slawischen Kulturwelt die für ihre Existenz unumgänglich notwendige *einheitliche Schriftsprache* zu sichern, wird weiter verfügt, dass vom 1. Januar nächsten Jahres an Druckschriften aller Art – Bücher, geographische Karten, Musikalien, Zeitungen etc. – nurmehr in russischer Sprache hergestellt werden dürfen; Ausnahmen können bezüglich solcher älteren Werke zugelassen werden, welche lediglich philologischen, historischen oder sonstigen *wissenschaftlichen* Zwecken dienen sollen.

Die vor dem 1. Januar 1946 hergestellten Druckschriften dürfen bis zum 31. Dezember 1946 verkauft werden; die bereits im Privatbesitz befindlichen noch 30 Jahre benutzt werden.

Hierbei mache ich besonders darauf aufmerksam, dass diese Vorschriften auch für die *verbotenen* Schriften gelten, dass also auch Schriften unsittlichen, ketzerischen und aufrührerischen Inhalts ohne Ausnahme in *russischer* Sprache abgefasst werden müssen, widrigenfalls die Zuwiderhandelnden bei ihrer Deportation nach Nowaja Semlja aller Wohltaten und Vergünstigungen, die hierbei gewährt zu werden pflegen, verlustig gehen werden. Im Übrigen werden Zuwiderhandlungen gegen dieses Edikt nach den Bestimmungen des Strafgesetzbuches über die Verbrechen und die Vergehen gegen die staatsbürgerliche und religiöse Toleranz – im Wiederholungsfalle mit 50 Prozent Straferhöhung – geahndet.

Der Kaiserlich Russische Kommissär für die Verwaltung der befreiten Länder, (gez.) Graf v. Skrupellosow

Setzen wir uns auch über die letzten Bedenken, setzen wir uns über alle erörterten Bedenken zunächst hinweg. Der Judenstaat wird Bestand haben, alle Gefahren und Schwierigkeiten werden überwunden werden – sei es durch übernatürliche Wunder, sei es ohne solche, sei es, dass die Völker der Erde ihren Egoismus in einen Altruismus umwandeln, oder dass ihr [die Zionisten] alle Angreifer und Feinde zurückschlägt und im Zaume hält.

Wie soll nun dieser jüdische Staat in Palästina beschaffen sein? Sicherlich lautet eure selbstbewusste Antwort: Er soll ein in jeder Hinsicht moderner Staat sein, der mit allen Errungenschaften der Neuzeit ausgestattet ist (oder auch, wenn der Ausdruck nicht ein bisschen veraltet scheint: »Er soll mit an der Spitze der Kultur marschieren!«).

Schon damit ist, wie mich dünkt, das vernichtende Urteil über die ganze Idee mit unerbittlicher Notwendigkeit ausgesprochen. Palästina als »modernes« Land! Kann man sich eine größere Pietätlosigkeit, eine schlimmere Abgeschmacktheit, eine gräulichere Verirrung – ich möchte fast sagen: sündhaftere Barbarei – denken?!

Ja, »Barbarei« ist wohl nicht zu viel gesagt. Der Halb- oder Viertelkulturmensch oder auch der Barbar mag sich freuen, wenn er hört: In Palästina hat die Kultur ihren Einzug gehalten. Überall Eisenbahnen und Straßenbahnen, die Straßen und Wege von Automobilen und Radfahrern, die galiläischen Seen von Dampfbooten und Motorfahrzeugen belebt, der Jordan mit seinen Wasserkräften mustergültig ausgenützt, am Libanon Gasthöfe mit einem auserlesenen internationalen Publikum, mit einer Küche, mit Weinen, mit allem Komfort, wie sie in Berlin oder Paris nicht besser zu finden sind. Und nun erst in Jerusalem! In Berlin hört man Wagner'sche und Strauß'sche Opern nicht in so vollendeter Aufführung wie im Jerusalemer

Opernhause. Will man geistreiche Kampfesreden hören, nirgends besser als im dortigen Parlament! Dazu eine Presse, die an Schnelligkeit der Berichterstattung von keiner anderen übertroffen wird, die an neuen Ideen, in formvollendetem Stil jede andere übertrifft, illustrierte Witzblätter, die in Wort und Bild von Geist und Witz sprühen ... ich will das Bild nicht weiter ausmalen (denn ihr werdet mir nicht bestreiten können, dass dies alles, ja noch viel mehr und noch Gemeineres zum Wesen der »modernen Kultur« gehört).

Der wahre Kulturmensch wird weinend sein Haupt verhüllen. Er wird anklagend klagen: »Das Heilige Land existiert nicht mehr, der Zauber ist für immer verwischt, die Flammenschrift verlöscht!«

Ich darf wohl an ein bekanntes, relativ kleines Beispiel aus der Neuzeit erinnern, um dieses psychologische Gesetz zu beweisen: das Heidelberger Schloss! Von einem gewissen Zeitpunkte ab erschien dem deutschen Volke dieser Bau gerade als Ruine, nur als Ruine lieb und teuer, die Wiederherstellung für die Zwecke des praktischen Lebens eine Entweihung, eine Profanation, eine Herabwürdigung des zum Heiligtum erhobenen alten Gemäuers, so dass man die Wiederherstellung sogar als die schlimmste Zerstörung – schlimmer als die Tat des französischen Feldherrn Mélac – brandmarke. Und was ist das herrlichste Schloss mit seiner jahrhundertealten Vergangenheit gegen das »heilige Land« mit seiner in die graueste Urzeit zurückreichenden Geschichte?

Palästina soll seiner Eigenart entkleidet werden! Die Reste früherer Natur und Kultur, mit denen das biblische Judentum innig verwachsen war, sollen zurückgedrängt werden oder gar verschwinden! Nach den plumpen, dummen Grundsätzen der Assimilation oder Uniformierung sollen die nämlichen Gesetze, die das (sogenannte) Glück der Völker in Europa und Amerika begründeten, auch in Palästina herrschen; auf den Gebieten der Politik, der Volkswirtschaft, der Kunst, der ganzen Lebensanschauung und Lebensauffassung soll die jeweilige Mode herrschen, nachdem alles, was ihr im Wege stand, erwürgt und erstickt worden ist …

Für jeden warm Empfindenden, für jedermann, der Sinn und Gefühl für wahre Kultur hat, für alle, denen die Rücksicht der Pietät noch etwas gilt, kann es für die Frage, was mit Palästina geschehen soll, nur eine Antwort geben:

Palästina soll ein Naturschutzdistrikt werden, oder sagen wir es mit einem Fremdwort, das hier sehr am Platze sein dürfte: ein Sanktuarium, vor dessen Toren die moderne Kultur mit ihrer abscheulichen Uniformierungssucht, mit ihrer grausamen Unterdrückung jeder Eigenart, mit ihrer stupiden Verständnislosigkeit gegenüber anderen Kulturstufen und Kulturformen haltmachen muss!

Keine Großstädte mit Banken und Börsen, keine Warenhäuser und Mietskasernen (nicht einmal Opernhäuser und Kinos, meine ich), keine Fabriken mit Schornsteinen, keine neuen Eisenbahnen, keine Dampfschiffe auf dem Jordan und den Seen, soweit möglich auch keine Automobile, keine landwirtschaftliche Massenproduktion – denn das alles schickt sich nicht für das Heilige Land!

Der Zauberhauch einer Vergangenheit, die die mächtigsten, erschütterndsten Eindrücke auf die Menschheit hervorgebracht hat, soll nicht von plumpen Barbarenhänden verwischt werden! Der Hirte und einfache Bauer, der Handwerker, der Fischer, Karawanenführer – sie alle mögen in bescheidenen Grenzen ihr Unterkommen dort weiter finden, natürlich auch die Geistlichen, Lehrer und Kultusdiener der verschiedenen Bekenntnisse mit ihren Gotteshäusern und Lehrhäusern. Der Einsiedler mag dort seine Heimat suchen, wo er Herzensfrieden und inneres Glück zu finden hofft, auch Klöster mögen dort ihren Platz behaupten – christliche wie muselmanische; mir ist es aber nicht ganz klar, weshalb nicht auch jüdische Klosteransiedlungen entstehen sollen; gegen den Geist der jüdischen Religion würden solche doch wohl nicht verstoßen! Auch Forschern, Gelehrten und Künstlern soll das Land zugänglich sein – freilich nur unter der Sicherheit, dass sie nichts von dem zerstören und entwenden, was erhalten und geschützt werden soll.

Der ernsten Erwägung und Erörterung bedarf es also – nicht, wie die Einwanderung und Modernisierung gefördert werden kann, sondern umgekehrt – ob und wie und bis zu welchem Grade die Auswanderung aus Palästina gefördert, Handel und Verkehr dort beschränkt werden sollen! Kurz – das Losungswort kann nur sein: Schützt Palästina vor der Modernisierung, vor der Industrialisierung, vor der Kolonisierung! Rettet die halb zerstörten heiligen Orte vor der völligen Zerstörung!

Das mag unserem plump und einfältig fühlenden Publikum heute noch wunderlich und lächerlich erscheinen, aber ich glaube, schon in zehn Jahren, wenn der Naturschutzgedanke weitere Fortschritte gemacht hat, wird die öffentliche Meinung der ganzen Kulturwelt und insbesondere der Judenheit es als selbstverständlich betrachten.

Nachbemerkung von Götz Aly: Ende 1936 besuchte Lichtenstaedter seine Schwester Nanette und deren Kinder in Palästina: »Wie soll ich meine Eindrücke beschreiben? Die großartigen Hafenbauten in Tel Aviv, die nicht genug anzuerkennenden Leistungen der jüdischen Landwirtschaft, die gute Ordnung im Verkehr usw. in Tel Aviv, die seelische (und wohl auch körperliche) Erstarkung des jüdischen Menschen, vor allem aber: das in der Geschichte der Menschheit einzig dastehende Wunder der Wiederauferstehung einer toten Sprache. All dies Große und Herrliche scheint mir bei weitem das Kleine und Hässliche, das ich sah und hörte, zu überragen. Aber, aber – wird nicht dieser ganze Bau der Zerstörung und dem Raub anheimfallen?«[75] Siegfried Lichtenstaedter reiste damals nach Deutschland zurück, weil er als alter, zur harten körperlichen Pionierarbeit nicht mehr fähiger Mann seinen Verwandten nicht zur Last werden wollte.

1933: Leserbrief in der Zeitschrift
»Muttersprache« (H. 11)

Welcher Unfug wird mit dem Worte »Minderheit« getrieben!
Vor mehreren Jahren ist allen Ernstes die Frage aufgeworfen
und verneint worden, ob die Friesen in Deutschland eine
Minderheit seien. Aber tatsächlich sind sie eine Minderheit,
ihr dürft euch darauf verlassen! Nämlich im Verhältnisse zu
den Nicht-Friesen – so gut wie die Berliner eine Minderheit
sind, nämlich im Verhältnisse zu den Nicht-Berlinern, oder
die Blinden, nämlich im Verhältnisse zu den Sehenden usw.
Richtig wäre: ob die Friesen ein *Volk* (und nicht lediglich ein
Volksstamm) seien, was mit der anderen Frage zusammenfällt,
ob das Friesische eine *Sprache* oder nur eine Mundart sei.

Schuld an dem Missbrauch sind in diesem Falle wohl die
Feindmächte, die die Friedensverträge und die Nachkriegs-
verträge über den Schutz der »Minderheiten« verfassten. Den
Ausschlag gibt nicht die Volkszahl, sondern die rechtliche Stellung einer *Volksgruppe*. Die Schwarzen in Südafrika oder die
Indianer in Mexiko, die verhältnismäßig eine Mehrheit bilden,
haben eine rechtliche Stellung, die mit der Stellung der europäischen »Minderheiten« verglichen werden kann, d. h. sie sind
nicht das Staatsvolk; ihre Sprache ist nicht die Staatssprache.

Statt »Minderheit« wäre daher richtiger »Nicht-Staatsvolk«
oder, da dieses Wort hart und unschön klingt, »Fremdvolk«
oder »Nebenvolk« oder noch besser »Sondervolk«. Will man
im Sinne jener völkerrechtlichen Verträge auch die religiöse
oder »rassische« Eigenart berücksichtigen, so könnte man
»religiöse Sondergruppe«, »rassische Sondergruppe« sagen.

Dr. S. Lichtenstaedter, München, Arcisstraße 39/I

Vorbemerkung von Götz Aly

Zentrales Motiv des deutschen Antisemitismus war seit 1880 der lange Zeit so überaus sichtbare Bildungsvorsprung der deutschen Juden. Der Spiritus Rector des Berliner Antisemitismusstreits, Heinrich von Treitschke, hatte es 1879 in seinem Aufsatz »Unsere Aussichten« so zugespitzt: Die ostjüdischen Zuwanderer kämen als »Schar strebsamer hosenverkaufender Jünglinge« ins Land, deren »Kinder und Kindeskinder« dereinst »Deutschlands Börsen und Zeitungen beherrschen sollen«. Will sagen: Jüdische Kinder schafften den sozialen Aufstieg kraft Bildung – also entsprechend dem bürgerlichen Leistungsprinzip – viel schneller als christliche.

Die preußische Bildungsstatistik bestätigte das in aller Klarheit: 1886 brachten 46,5 Prozent der jüdischen Schüler in Preußen einen höheren als den Volksschulabschluss nach Hause, bis 1901 stieg der Anteil auf 56,3 Prozent. Im selben Zeitraum kroch das christliche Streben nach höherer Bildung von 6,3 auf 7,3 Prozent. Gemessen an christlichen Schulkindern erreichten die jüdischen rund achtmal so häufig mittlere und höhere Schulabschlüsse. Nichtjüdische Reformpädagogen wie Friedrich Dittes rühmten die »hervorragende Begabung und das lebhafte Interesse für die intellektuelle Arbeit« der israelitischen Kinder und deren »sehr eifriges« Lernen.

In der Folge wurde Juden nicht nur in Deutschland der Zugang zum öffentlichen Dienst versperrt oder sehr erschwert, um den nichtjüdischen Konkurrenten diese Positionen zu sichern. Der damals linksliberale Soziologe Professor Werner Sombart befand 1912: Die Juden seien im Durchschnitt »sosehr viel gescheiter und betriebsamer als wir«, und rechtfertigte damit deren weitgehenden Ausschluss von Hochschullehrerstellen. Im Interesse der Wissenschaft, so Sombart, müsse man bedauern, wenn von zwei Bewerbern fast nie der jüdische, sondern im Allgemeinen »der dümmere gewählt« werde. Gleichwohl hielt er die Schutzmaßnahme für geboten, weil andernfalls »sämtliche Dozenturen und Professuren an den Hochschulen mit Juden – getauften und ungetauften, das bleibt sich natürlich gleich – besetzt« würden.[76]

In der Weimarer Republik fielen die Barrieren für die Juden im öffentlichen Dienst nicht überall und sofort, doch wurden sie niedriger. Das verstärkte, im Rückblick analysiert, den Antisemitismus. An diesem Punkt setzt die folgende Geschichte Lichtenstaedters an. Zuerst 1926 in dem Buch »Antisemitica« (S. 112–116) veröffentlicht und satirisch ausgeschmückt, beruht sie im Kern auf einer tatsächlich im Bayerischen Landtag gehaltenen Rede, die ich im Anschluss auszugsweise dokumentiere.

Siegfried Lichtenstaedter
Die Juden, »eine begabte Rasse«

Es gab einmal eine Zeit, in der man so dumm war zu meinen, das Interesse des Staates (also auch des Volkes) erfordere es, den rechten Mann auf den richtigen Posten zu stellen (die Beamten sind für die Ämter, nicht aber die Ämter für die Beamten vorhanden), so dass in erster Linie geistige, sittliche, körperliche Tüchtigkeit, nur in zweiter Linie die Abstammung in Betracht gezogen werden dürfe. Selbst ein Bismarck huldigte diesem Irrtum und vergaß so weit die nationale Würde, jüdische Mitarbeiter zu seiner Tätigkeit heranzuziehen. Dank der völkischen Bewegung wird nunmehr diese Verirrung überwunden. Die Abstammung, die Rasse, das Blut oder das Geblüt ist es, was für den Staatsmann das Entscheidende ist!

Wenn auch – innerhalb der richtigen und guten Rasse – die geistige, sittliche und körperliche Tüchtigkeit durchaus kein Hindernis für Staatsanstellungen bilden soll, sogar – ceteris paribus – den Vorzug gewähren soll, so darf natürlich eine fremde, minderwertige Rasse hieraus unter keinen Umständen einen Vorteil ziehen.

Denn das eine muss hier nachdrücklich betont werden gegenüber neuen Verirrungen: nur keine Halbheiten! Keine Kompromisse mit unvölkischen, veralteten Vorurteilen! Der völkische Gedanke darf nicht verflacht oder gar verwässert werden! Soll die arische Rassenidee siegreich sich durchsetzen, so muss sie bis zum Ende, bis zur alleräußersten Konsequenz durchgedacht, durchgekämpft, durchgedrückt werden – selbst wenn Juda vor Wut schäumt, selbst wenn der Teufel sich in den Weg stellt. Der Arier darf unter keinen Umständen *verdrängt* werden.

Der Schuft muss vor dem Ehrenmanne, der Idiot vor dem Genie, der Faulenzer vor dem Fleißigen, der Lüderjahn vor dem Gewissenhaften bevorzugt, vor der Verdrängung geschützt werden, wenn der Erstere ein Arier, der Letztere ein Semit ist. Die richtige, gute Rasse ist das Entscheidende, das Segen und Heil Bringende. Wenn wir nach diesen heiligen Grundsätzen verfahren und sie unentwegt durchführen, wird Deutschland bald an der Spitze der Kulturwelt stehen!

An der Münchner Hochschule soll demnächst eine Professur für Mathematik erledigt werden. Aus unterrichteten Kreisen verlautet, dass für die Wiederbesetzung drei Anwärter infrage stehen:

1. Moses Cohn, Privatdozent für Mathematik, von jüdischen Eltern, Großeltern und Urgroßeltern stammend, schwarzhaarig, 1,60 m groß, dessen wissenschaftliche Leistungen und Lehrbegabung hervorragend sein sollen, Kriegsteilnehmer, schwer verwundet, E. K. I. Kl. [Eisernes Kreuz I. Klasse];

2. Christian Müller, Gymnasialprofessor für Mathematik, dessen Großmutter mütterlicherseits Jüdin war, blondhaarig, 1,65 m groß, dessen wissenschaftliche Leistungen und Lehrbegabung gut sein sollen, Kriegsteilnehmer, schwer verwundet, E. K. I. Kl.;

3. Alois Hinterhuber, Friseurgehilfe, ausweislich der pfarramtlichen und standesamtlichen Geburtsregister ausschließlich von christlichen Vorfahren stammend, schwarzhaarig, 1,55 m groß, also von reinarischer Rasse, der die Volksschule und erste

Realschulklasse mit befriedigendem Erfolge besucht hat, fehlerfrei addieren und subtrahieren kann und auch einige Kenntnisse im Multiplizieren und Dividieren besitzen soll, während des Weltkrieges unabkömmlich zur Aufrechterhaltung des Friseurbetriebes.

Man ist allgemein gespannt, wie die Entscheidung fallen wird. Sollte es nicht gelingen, was natürlich mit allen Kräften zu versuchen ist, für die unter 1) und 2) Genannten andere (arische) Kräfte ausfindig zu machen, so wird die philosophische Fakultät, falls sie sich ihrer völkischen Pflichten bewusst ist, ihren Vorschlag in der Reihenfolge Hinterhuber, Müller und Cohn machen müssen, das bayerische Kultusministerium wird die einzig mögliche Lösung finden: Es muss den Erstgenannten, der in Wort und Tat seine völkische Gesinnung einwandfrei bewiesen hat (einmal prügelte er einen Ostjuden fast tot und einmal rief er nachgewiesenermaßen in einem Wirtschaftslokal: »Dem Rathenau ist's viel zu gut ganga; nit derschossen, sondern lebendig verbrennt hätt er g'hört für seine Erfüllungspolitik, der Saujud, der Saupreuß!«), der also die für einen Universitätslehrer wichtigste Fähigkeit besitzt, die Jugend mit völkischem Geist zu erfüllen; das Kultusministerium, sagen wir, muss und wird Hinterhuber zum Universitätsprofessor ernennen. Denn ein solcher Mann darf nicht durch den oder jenen Semiten, der zufälligerweise ein größeres Maß toten Wissens sich angeeignet hat, *verdrängt* werden!

Vorstehendes ist – der äußeren Schale nach Dichtung, dem Kerne nach Wahrheit – die Übersetzung der Ideen und Ideale bayerischer Antisemiten in die Wirklichkeit. Wer dies nicht glauben will, der vernehme die Stimmen zweier Koryphäen der völkischen Bewegung:

1. Dr. Rutz, Landtagsabgeordneter, am 1. August 1924 im bayerischen Landtag (Stenogr. Berichte, S. 512): »Es wurde gesagt, die Juden seien eine begabte Rasse … Ja, da sieht man wiederum, dass der springende Punkt in dieser ganzen Angelegen-

heit auch von den Vertretern der Staatsregierung nicht erkannt worden ist ... Der Gesichtspunkt der *Verdrängung*, der *Evakuierung* ist es, der noch nicht aufgegangen ist denjenigen, die immer den Einwand von der begabten Rasse bringen. Wir müssen bedenken, dass jeder jüdische Professor, jeder jüdische Beamte *einen Abkömmling des deutschen Volks verdrängt*. Dieser Verdrängunsgesichtspunkt ist es ja, auf den es ankommt ..., es handelt sich hier ... darum, positiv die Abkömmlinge *des deutschen Volkes zu fördern und zu schützen vor der Verdrängung.*«

2. Dr. med. (sic!) et phil. (sic!) Wilhelm Rohmeder,[77] Stadtschulrat (sic!) und Rektor a.D. (sic!), außerdem Ehrenmitglied des Vereins für das Deutschtum im Auslande (sic!), der Erste Vorsitzende der Hammergemeinde München,[78] in einer Eingabe an den Bayerischen Landtag vom 17. Juli 1924, welche verlangt, dass Juden als akademische Lehrer nicht zugelassen werden, ferner, »dass jüdische Studierende nicht mehr zugelassen werden«, ferner, dass »auch solche Persönlichkeiten arischer Herkunft vom akademischen Lehramt auszuschließen sind, welche fremdstämmig, besonders jüdisch verheiratet oder sonst nahe versippt sind«: »An der Universität handelt es sich nicht bloß um die Mitteilung von Wissen und um Unterweisung in der Methode der Forschung. Von größerer Wichtigkeit noch ist der erzieherische Einfluss der Lehrerpersönlichkeit auf die Hörer. Wie kann ein deutscher Jüngling sich hingezogen fühlen zu einem Lehrer, dessen geistige Einstellung dem deutschen Wesen todfeindlich gegenübersteht!«

Betrachtungen eines ernsten Lesers: »Ist es nicht erstaunlich und erschütternd, dass seitens der ›arischen‹ Interessenten (namentlich der ›arischen‹ Anwärter auf Hochschullehrstühle) kein entrüsteter Protest hiergegen laut wird? Fühlen sie nicht, welch schwerer Schimpf ihnen durch diesen *Verdrängungsstandpunkt* zugefügt wird? Oder sind wir schon so weit, dass ein Schimpf, der mit materiellen Vorteilen verbunden ist, kein

Schimpf ist? Eine andere Erklärung wäre, was hin und wieder behauptet wird: dass die Personen, die den akademischen Lehrerberuf anstreben, geistig und moralisch minderwertig seien. Aber das glaube ich nicht, kann ich nicht glauben, darf ich nicht glauben.«

Ottmar Rutz
Rede im Landtag – ein Dokument

Vorbemerkung von Götz Aly: Der von Lichtenstaedter zitierte Dr. Ottmar Rutz (1881–1952) war Rechtsanwalt in München und wurde im April 1924 in den Bayerischen Landtag gewählt. Er gehörte dem Völkischen Block an, der nach dem Verbot der NSDAP im Januar 1924 als Ersatzpartei gegründet worden war. Am 1. August 1924 hielt er jene Rede im Bayerischen Landtag, die Lichtenstaedter zu seinem Text von der »begabten Rasse« anregte. Diese Rede wird hier in Teilen dokumentiert, weil sie einen exemplarischen Einblick in den antisemitischen Münchner Zeitgeist jener Jahre eröffnet und den Erfahrungsraum sichtbar werden lässt, in dem Lichtenstaedter seine düsteren Prognosen entwickelte. Der um Zwischenrufe und wiederholende Passagen gekürzte Text folgt dem amtlichen Sitzungsprotokoll des Bayerischen Landtags vom 1.8.1924, S. 505–514.

Meine Herren und Frauen! (…) Franz Liszt hat in seinen Schriften ausgeführt: Die Frage, ob der Jude zu belassen oder auszuweisen sei, sei eine Frage für die anderen Völker auf Leben und Tod. So hat dieser berühmte Mann vor Jahrzehnten geurteilt. Wenn er die Ereignisse der Revolution besonders 1918, erlebt hätte, wäre sein Urteil noch viel schärfer geworden und er hätte mit dem Zeigefinger auf die Gefahren hingewiesen und auf das Verhängnis, das gerade dem deutschen Volke von den Abkömmlingen des jüdischen Volkes oder der jüdischen Rasse droht, all das Verhängnis, das wir seit 1918 mit seinen Vorboten vorher schon erlebt haben. Die Anträge, die Ihnen heute zur Beschlussfassung vorliegen, sind also der Not und den Gefahren entsprungen, die zu einem großen Teil auf das jüdische Volk zurückzuführen sind. (…) Die Wege, die da gewiesen werden – so wünschen wir Völkischen –, möchten von einer verantwortungsbewussten Staatsregierung auch betreten werden, und wir benutzen die Gelegenheit heute, um in Kürze die Öffentlichkeit, insbesondere die Teile, die bisher, unkundig der Gefahren, an diesen vorbeigegangen sind, auf diese Gefahren mit erneutem Nachdrucke hinzuweisen und zu warnen und die Warnungen zu wiederholen, die schon seit langen Jahren, seit Jahrhunderten, von den erlauchtesten Geistern der Menschheit überhaupt im Hinblick auf die Abkömmlinge des jüdischen Volkes geäußert wurden.

Ich möchte noch ganz kurz auf die Motive zu sprechen kommen, die bei der Stellung der Anträge geherrscht haben. Das oberste Prinzip für ein Volk ist, das Volkstum überhaupt zu erhalten. Wir stehen auf dem Standpunkte, dass es die höchste Pflicht jeder deutschen Reichsregierung ebenso wie jeder Landesregierung ist, das Volkstum positiv zu erhalten. Das ist das höchste Recht der Selbsterhaltung für das Volk. Die Staatsregierung ist deshalb verpflichtet, im vollen Gefühle dieser Verantwortlichkeit Sicherungen zu treffen, dass das deutsche Volk in seinem Lande nicht durch Abkömmlinge eines fremden Volkes mehr und mehr auf allen wichtigen Gebieten verdrängt werde. Die Abkömmlinge des jüdischen Volkes oder der jüdischen Rasse sind – ich kann mich da kurzfassen und auf bekannte Tatsachen verweisen – wegen ihrer *Staatsgefährlichkeit* und *Deutschfeindlichkeit* in der Geschichte bekannt. (…) Ich verweise ferner auf den oft und oft geäußerten Hass von Abkömmlingen des jüdischen Volkes gegenüber dem deutschen Volkstum, deutschen Gebräuchen und Einrichtungen. Ich erinnere beispielsweise an die Ausbrüche des Hasses, die aus gewissen

Schriften des *Chaim Bückeburg*, mit dem Dichternamen *Heinrich Heine* genannt, hervorgehen.[79] (...)

Was den Begriff *Volkstum* angeht, so wird von Gegnern bemerkt, man könne sich unter Volkstum nichts Bestimmtes vorstellen. Das ist eine vollkommen irrige Meinung. Wir dürfen auf die Tatsache hinweisen – und da ist mal der Jurist ganz gut, der hier im Hause ja gern ein bisschen beschimpft wird –, dass der Begriff der *familienrechtlichen Zusammengehörigkeit* eine der wichtigsten Tatsachen des Rechtslebens bezeichnet. Genau in diese Kategorie der Familienzusammengehörigkeit gehört der Begriff »Volkstum«, der Begriff »natio« im richtigen und wirklichen Sinne, wie wir ihn eben wiederum verstehen lernen müssen. *Natio* bedeutet für den Römer in den Zeiten, wo er das Wort noch richtig verstand und noch nicht zu dem verwässerten Staatsbürgerbegriff des »civis Romanus« kam, die *Verwandtschaft durch Geburt*, durch »*natus*«. Zum deutschen Volke gehören alle die, die durch Blutverwandtschaft miteinander verbunden sind. (...)

Ich habe mich gewundert, dass von mancher Seite behauptet wurde, es lasse sich dies alles, der Begriff, ob jemand zur jüdischen Rasse, zum jüdischen Volkstum gehöre, praktisch nicht feststellen. (...) Man kann das feststellen, indem man Zeugen einvernimmt, indem man Polizeikommissäre, Kriminalkommissäre in Tätigkeiten setzt, Gemeindemitglieder einvernimmt, soweit es sich um kleinere Orte handelt, indem man Urkunden einsieht, Standesregister, die übrigen Register, die aus früherer Zeit aufbewahrt werden und die in den Archiven liegen: Wozu haben wir denn die vielen Archive? Wir haben außerdem die Möglichkeit, aufgrund der Kirchenbücher die Abstammung ganz genau festzustellen. (...) Ich gehe nun zu den einzelnen Ziffern des Antrages selbst über. In Ziff. 1 wird beantragt:

»Die Staatsregierung ist zu veranlassen, den Angehörigen der jüdischen Rasse die Genehmigung zur Änderung des Familienvornamens nicht mehr zu erteilen sowie die unterstellten Behörden anzuweisen, auch die Genehmigung zur Änderung des Vornamens Angehörigen der jüdischen Rasse zu verweigern. Seit 1. August 1914 genehmigte Namensänderungen von Angehörigen der jüdischen Rasse sind rückgängig zu machen.« Diese Verwaltungspraxis, die da beantragt wird – es handelt sich auch da nicht um einen gesetzgeberischen Akt – hat ihre Begründung in folgenden Tatsachen: Es gehört zu den merkwürdigen *Anpassungseigenschaften*, den *Mimikryeigenschaften* der Abkömmlinge des jüdischen Volkes oder der jüdischen Rasse, sich dem deutschen Volke, soweit Deutschland infrage kommt, möglichst äußerlich anzupassen. Um dann die andere Seite darüber hinwegzutäuschen, dass es sich um Abkömmlinge des jüdischen Volkes handelt, werden möglichst deutsch klingende Namen angewandt.

Ein Schulbeispiel ist der vorhin genannte Chaim Bückeburg, der sich Heinrich Heine nennt; ein Herr namens W. Adler, in Krakau geboren, der seinen Namen änderte in Wadler, und zwar mit Genehmigung der Staatsregierung, kurze Zeit vor dem Kriege, wobei eine besonders hohe Protektion mitgespielt haben soll. Es werden manchmal auch andere Namen angewandt, die in Deutschland schließlich Beachtung finden. So ist es bekannt, dass der eine Mitbegründer des Marxismus, der Jude *Beit Lasel*, sich nicht gescheut hat, den französischen Adelsnamen Lassalle anzunehmen. Der Jude *Mordechai* hat sich, weil es schöner klingt, Marx genannt. Der Dirigent *Schlesinger* nennt sich Walther. Ein Jude namens *Ruben Joel ben Kahn* nennt sich *Robin Robert* und hat Anstellung gefunden im hiesigen Staatstheater als Spielleiter. (…) Gegenüber diesen Manövern will die in Ziff. 1 beantragte Verwaltungspraxis einen Riegel vorschieben.

In Ziff. 2 unseres Antrags wird dann verlangt: »Die Staatsregierung ist zu veranlassen, sofort genaue Erhebungen anzustellen und das Ergebnis raschestens vorzulegen, wo und wie viele Angehörige der jüdischen Rasse sich in Diensten des bayerischen Staates, sei es als Beamte oder Vertragsangestellte, befinden.« Auch dagegen hat man es fertiggebracht, Bedenken vorzubringen. Zum Glück aber liegt ein sehr wichtiger Vorgang aus dem Jahre 1901 vor. Damals hat bekanntlich der Abgeordnete des Zentrums, der jetzige Angehörige der Bayerischen Volkspartei, Geheimrat Dr. Heim[80], einen ganz ähnlichen Antrag gestellt, welcher lautete: »Es sei an die Königliche Staatsregierung die Bitte zu richten, Israeliten möglichst nur im Verhältnis der israelitischen Bevölkerung zur Gesamtbevölkerung in die Justizverwaltung aufzunehmen.« (…)

Der Antrag »Dr. Heim« ist dann, obwohl man versucht hat, insbesondere von liberaler Seite, Schwierigkeiten zu machen, mit ziemlicher Mehrheit durchgegangen und die Staatsregierung hat dann ohne irgendeinen Anstand die erbetene Statistik vorgelegt und sogar auch auf die Rechtsanwälte erweitert, was ja praktisch ziemlich wichtig ist. Es hat sich damals schon herausgestellt, dass der Prozentsatz der Leute jüdischer Abstammung in der Justizverwaltung sehr hoch ist, ein Umstand, der besonders deshalb misslich ist, weil das jüdische Richtertum für Angehörige des deutschen Volkes stets und immer eine höchst missliche Sache ist. Ich darf dabei auf ein Wort *Bismarcks* verweisen, der gesagt hat, dass es ihm geradezu unerträglich erscheine, wenn der Vertreter der Staatsautorität ein Jude sei.

Zu dieser Ziff. 2 möchte ich noch kurz bemerken: Ich glaube also, und das ist wohl nach dem Ausschussantrag ohne weiteres zu erwarten, dass gar kein Bedenken vorliegt, diese Ziff. 2 anzunehmen, dass die Staatsregierung es sich dann wirklich angelegen sein lassen möge, die Erhebungen so zu pflegen, dass die jüdische Abstammung ohne Rücksicht auf Konfession oder Konfessionslosigkeit festgestellt wird. Wir müssen immer wieder betonen: Es handelt sich um Volkszugehörigkeit und nicht um Feststellung der Konfession. (…)

Ich gehe nun über zu Ziff. 3, die lautet: »Die Staatsregierung wird beauftragt zu veranlassen, dass zu den Staatsprüfungen und zum Vorbereitungsdienst aller Art Angehörige der jüdischen Rasse nicht mehr zugelassen werden.«

Auch dies ist eine Verwaltungsmaßnahme. Ich kann im Voraus bemerken – ich will meine juristischen Ausführungen alle zusammengefasst möglichst kurz am Schlusse bringen –, dass auch nicht die geringste Vorschrift besteht, wonach die Staatsregierung verpflichtet wäre, zu den Staatsprüfungen und zum Vorbereitungsdienst Angehörige der jüdischen Rasse oder sonst einer Rasse oder eines fremden Volkstums zuzulassen, auch nicht des eigenen Volkstums. Jede Regierung hat das Recht, sich vorzubehalten, wen sie zu einer Prüfung zulassen will. Ich gehe nun über zu Ziff. 4, die lautet: »Die Staatsregierung wird beauftragt

a) die Zahl der Angehörigen der jüdischen Rasse an den bayerischen Hochschulen entsprechend dem Hundertsatz der jüdischen Bevölkerung nach der letzten Volkszählung festzusetzen, ausländische Studierende jüdischen Volkstums aber zum Studium an den bayerischen Hochschulen nicht mehr zuzulassen.«

Dieser Buchstabe a umfasst also 2 Punkte: Zunächst einmal die Kontingentierung der einheimischen Angehörigen der jüdischen Rasse an den bayerischen Hochschulen entsprechend dem Hundertsatz der bayerischen Bevölkerung, und im anderen Punkte den völligen Ausschluss von ausländischen Juden. Auch diesem Punkte steht so wenig wie den anderen Ziffern irgendeine gesetzliche Bestimmung, insbesondere keine Verfassungsbestimmung entgegen, wie ich jetzt schon im Voraus bemerken kann. Der Staat hat das Recht, völlig souverän darüber zu entscheiden, wen er an seinen Hochschulen zulassen will.

Weiterhin verlangt Ziff. 4 unter Buchst. b), »an den bayerischen Hochschulen Angehörige der jüdischen Rasse als Lektoren, Privatdozenten, außerordentliche Professoren und ordentliche Professoren nicht mehr zuzulassen«,

weiterhin unter Buchst. c bis e: »c) den Zugang zum bayerischen Staatsdienst für Angehörige der jüdischen Rasse zu sperren, d) in den Personalakten der Staatsbeamten und Staatsdienstanwärter die Zugehörigkeit zur jüdischen Rasse zu vermerken, e) die Angehörigen der jüdischen Rasse, die in den Staatsdienst bereits aufgenommen sind, abzubauen.«

In Ziff. 5 wird nun eine gesetzgeberische Maßnahme zur Sicherung der Ernährung verlangt: »Zur Sicherung der Ernährung wolle dem Landtag ein Gesetzentwurf vorgelegt werden, der den landwirtschaftlichen Grund und Boden vor dem Erwerbe durch Rassenfremde sicherstellt und die Enteignung von landwirtschaftlichem Grund und Boden, der bereits in die Hände von Rassefremden übergegangen ist, vorsieht.« (…)

Ziff. 6 verlangt: »Die Staatsregierung ist zu veranlassen, alle seit dem 1. August 1914 zugewanderten Juden« – darunter fallen besonders die Ostjuden – »sofort auszuweisen. Ihre Wohnungen sind zugunsten der Kriegsverletzten und Kriegshinterbliebenen sofort zu beschlagnahmen. Ihr Vermögen, soweit es das bei der Einwanderung mitgebrachte Vermögen übersteigt, ist zugunsten der Kriegsverletzten und Kriegshinterbliebenen einzuziehen.«

Man hat nun gegenüber diesen Anträgen Bedenken und Einwände vorgebracht, verfassungsmäßige Bedenken und Bedenken bezüglich der technischen Durchführbarkeit. Man hat zunächst einmal auf Art. 136 der Reichsverfassung hingewiesen. Ganz allgemein möchte ich da betonen: Man flickt so gern den Juristen am Zeug. Ich habe aber immer gefunden, dass diejenigen, die nicht studierte Juristen sind, am allerkleinlichsten sind, wenn es sich um die Auslegung gesetzlicher Bestimmungen handelt. Art. 136 der Reichsverfassung steht unseren Anträgen auch nicht im Geringsten entgegen. Dieser Artikel bezieht sich auf die Ausübung der Religionsfreiheit. Da heißt es: »Die bürgerlichen und staatsbürgerlichen Rechte und Pflichten werden durch die Ausübung der Religionsfreiheit weder bedingt noch beschränkt.« Und: »Der Genuss bürgerlicher und staatsbürgerlicher Rechte sowie die Zulassung zu öffentlichen Ämtern sind unabhängig von dem religiösen Bekenntnis. Niemand ist verpflichtet, seine religiöse Überzeugung zu offenbaren.«

Nun kommt die Praxis, wie sie bei den Behörden gehandhabt wird, und die Ansicht der Wissenschaft. Da darf ich kurz darauf hinweisen, erstens, dass hier in diesem Artikel ausdrücklich nur von dem »*Bekenntnis*« die Rede ist; es steht da kein Wort von der *Abstammung*. (…) Ich muss schon sagen, ich wundere mich, wie von Seiten der Staatsregierung, die doch dazu da ist, die Interessen des *deutschen* Volkes in Bayern zu vertreten, diese Bestimmungen uns überhaupt vorgehalten werden können, Bestimmungen, die in gar keiner Weise gegen unsere Anträge nach logischen Verstandesgründen überhaupt vorgebracht werden können. Die Gewissensfreiheit und Glaubensfreiheit hat mit unserem Antrage gar nichts zu tun.

Von Seiten des Herrn *Kultusministers* sind dann wiederum diese sämtlichen Artikel angeführt worden. Er hat, scheint es, in ziemlich ironischer Weise versucht, die Anträge zu behandeln; er ist sich augenscheinlich der Größe der Stunde, der Wichtigkeit der Angelegenheit in keiner Weise bewusst geworden. Ich muss schon sagen, ich wundere mich, dass er in der Weise die Artikel der Reichsverfassung und der bayerischen Verfassung gegen unsere Anträge wie Geschütze hat auffahren lassen, wenn man daran denkt, wie er seinerzeit leichten Herzens vom »*Preußen Ludendorff* und seinem Anhang« gesprochen hat. Wir vermissen es, dass er es nicht gewagt hat, eventuell von dem »*Juden Rathenau und seinem jüdischen Anhang*« zu sprechen.

Wir wundern uns, dass die Vertreter der Staatsregierung nicht den offenen Mut, nicht den Bekennermut, finden, endlich einmal für die *deutschen* Interessen einzutreten, für die Interessen des deutschen Volkes, die durch die Staatsregierung zu vertreten sind gegenüber den Interessen eines ausländischen Volkes, eines fremden Volkes wie des jüdischen Volkes. Ich habe von jeher, schon seit 1919 und 1920, in diesen völkischen Sachen den Standpunkt vertreten, dass es Pflicht des deutschen Mannes ist, auf all die drohenden Gefahren hinzuweisen. Es ist Pflicht des deutschen Mannes, hier nicht darum herumzugehen und sich nicht hinter Gesichtspunkten zu verschanzen, die nicht hierher passen, sondern man muss endlich auf diese Gefahren hinweisen und praktisch die Möglichkeit finden, diese Gefahren zu beseitigen, und diese praktische Möglichkeit wird zu einem Stück – es ist gewiss nur ein kleines Stück in dieser großen Frage – durch unsere Anträge gegeben.

Von Seiten des Kultusministeriums wurde dann darauf hingewiesen, man könnte zu einem großen Teil der Anträge überhaupt kaum Stellung nehmen, oder wenn man Stellung nehmen wollte, müsste erst die Verfassung geändert werden. Das alles sind durchaus irrige, falsche Auffassungen, die durch die vorliegenden Bestimmungen in ihrem *Wortlaut* und fernerhin durch das Recht der Wissenschaft, durch die wissenschaftliche Praxis vollkommen widerlegt sind. (…)

Dann wurde noch gesagt, es handle sich da um Dinge, die die Rassenhygiene angehen. Da muss ich schon betonen, es handelt sich doch vor allem um Angelegenheiten der Abstammungslehre, der Rassenforschung. Ich verweise auf die bekannten hochwissenschaftlichen Bücher von *Bauer-Lenz* usw. über Erblichkeitslehre usw. Hier wird die Staatsregierung, wenn sie sich überhaupt einmal mit dem tatsächlichen Material beschäftigen will, die nötigen Unterlagen finden, und zwar in hochwissenschaftlicher Weise, wie ich das schon betont habe. Es liegt da noch sehr viel mehr vor, aber ich kann hier nicht die ganze Literatur bringen. Wir haben auch noch andere grundlegende Werke, die zum Teil durch die Forschung geändert sind, von *Darwin*, die Lamarck'sche Abstammungslehre usw. Das sind alles Tatsachen, die durch keinerlei Floskeln von Radauantisemitismus und Antisemitismus widerlegt werden können, das sind wissenschaftlich begründete Tatsachen, die kann man uns mit keiner Wortfechterei wieder wegeskamotieren.

Ich habe mich vorhin sehr gewundert, in den Ausschussverhandlungen zu lesen, dass von Seiten des Herrn Kultusministers betont wird, die Juden seien finanziell besser gestellt, und deshalb komme es vor, dass verhältnismäßig mehr Juden als einheimische junge Leute an den Hochschulen studieren. Ich halte es für geradezu unerhört, wenn man in der heutigen Zeit, wo man gerade den Notleidenden und Schlechtsituierten, wenn sie Angehörige des *deutschen* Volkes sind, die Möglichkeit gewähren sollte, zu studieren, das als eine Tatsache hinstellt, die man eben hinnehmen müsse, dass eben der bessergestellte Jude, der Abkömmling eines fremden Volkes, zu studieren habe und dass es technisch nicht möglich sei, eine Einschränkung, eine Kontingentierung, eventuell den Ausschluss der ausländischen Studierenden jüdischen Volkstums durchzuführen. (...)

Im Zusammenhange mit dieser Ziff. 4 des Antrags auf Beilage 19 möchte ich auch in möglichster Gedrungenheit einer *Eingabe der Hammergemeinde* Erwähnung tun. Es handelt sich hier um die Eingabe der Hammergemeinde München und der Arbeitsgemeinschaft des Bundes Völkischer Lehrer an den Volks-, Mittel- und Hochschulen Deutschlands. Gegenüber den statistischen Angaben, die von Seiten des Herrn Kultusministers gebracht wurden, möchte ich betonen, dass wir große Zweifel hegen, ob die statistische Aufmachung, die uns da geboten wurde, auch tatsächlich stimmt. Ich möchte der Befürchtung Ausdruck geben, dass die Angaben des Herrn Kultusministers sich unzulässigerweise auf die *konfessionelle* Zugehörigkeit zum mosaischen Glauben gestützt haben. Wir legen aber Wert darauf, dass die Abstammung festgestellt wird. Ich kann darauf hinweisen, dass beispielsweise ein Mann mit polnischem Namen an der hiesigen Universität jüdischer Abstammung, aber katholischer oder evangelischer Konfession ist. Ich vermute, dass dieser Mann vom Herrn Kultusminister nicht mitgezählt worden ist. Nach den Erhebungen, wie sie durch die Hammergemeinde in äußerst verdienstlicher Weise gepflogen werden, befinden sich in der juristischen Fakultät unter 19 Lehrenden 5 Juden, in der medizinischen Fakultät unter 20 Lehrenden 12 Juden, in der philosophischen Fakultät I. Sektion 12 Juden gegenüber 83 Lehrenden, in der II. Sektion 7 Juden gegenüber 62 Lehrenden, im Ganzen also unter 328 Lehrenden 36 Juden, das sind 11 Prozent.

Diese Prozentzahl ist – und ich könnte wörtlich all das wiederholen, was der Abgeordnete *Heim* 1901 gesagt hat –, vollkommen ungerechtfertigt, sie steht im schreienden Widerspruch zu den Interessen des deutschen und des bayerischen Volkes. Es ist ja auffallend, wenn man so das Vorlesungsverzeichnis liest und die Namen findet, die auf -asky oder -etzny usw. ausgehen. Also wenn in der einen Ziffer unserer Anträge der *Abbau des Lehrkörpers*, die Reinigung von diesen fremden Elementen verlangt wird, so ist das eine verdienstliche Sache im Interesse des deutschen Volkstums, sehr viel verdienstlicher als manche Abbauangelegenheiten, die wir in den letzten Monaten erlebt haben. Hier wäre es notwendig, einmal abzubauen. Ich darf auch auf die Lehrkräfte hinweisen, die an der hiesigen Handelshochschule gewesen sind und die dann an die Technische Hochschule übernommen worden sind, wo es nur so wimmelt von Namen mit dem Ausgang auf -burger wie Frankenburger, Rheinstrom usw. Es wurde gesagt, die Juden seien eine begabte Rasse und es sei ein hoher Prozentsatz unter den

Wissenschaftlern Juden. Ja, da sieht man wiederum, dass der springende Punkt in dieser ganzen Angelegenheit auch von den Vertretern der Staatsregierung nicht erkannt worden ist. Wir wissen doch, dass unter den Angehörigen des französischen, des italienischen Volkes sehr viele begabte Leute sind, dass man das französische Volk als ein sehr begabtes bezeichnet; wir wissen, dass die Japaner ein sehr begabtes Volk sind, aber diese Tatsache der Begabung ist doch kein Grund, dass wir diese Leute in einer übermäßigen Anzahl oder überhaupt bei uns an den Hochschulen oder überhaupt im Staatsbetrieb anstellen. Wir haben doch unsere Staatsstellen für die Abkömmlinge des *eigenen* Volkes. Der Gesichtspunkt der *Verdrängung*, der *Evakuierung* ist es, der noch nicht aufgegangen ist denjenigen, die immer den Einwand von der begabten Rasse bringen.

Wir müssen bedenken, dass jeder jüdische Professor, jeder jüdische Beamte *einen Abkömmling des deutschen Volkes verdrängt*. Dieser Verdrängungsgesichtspunkt ist es ja, auf den es ankommt. Es kommt nicht darauf an, dass man irgendwie Abkömmlinge des jüdischen Volkes *beleidigt* oder *angreift*; mit all dem hat das nichts zu tun und haben diese Anträge nichts zu schaffen. Es handelt sich hier nicht darum, Juden zu verunglimpfen oder zu kränken, sondern darum, *positiv die Abkömmlinge des deutschen Volkes zu fördern und sie zu schützen vor der Verdrängung*, die in so weitem Ausmaße nun schon seit Jahrzehnten bei uns auf allen Gebieten der Kultur, der Politik wie in der Wirtschaft, überall, eingetreten ist. (…)

Es war natürlich einem Vertreter der Demokratie vorbehalten, auch nun wiederum zu behaupten, dass es sich hier um antisemitische Propaganda usw. handle. Es wurde da auch die Redewendung gebraucht, der größte Teil der geistigen Führer des deutschen Volkes sei dem Antisemitismus zugetan gewesen. Es tut einem wirklich in der Seele leid, wenn man sieht, dass gewachsene und gestandene Männer immer wieder auf dieses von der feindlichen Seite geprägte Schlagwort des *Antisemitismus* hereinfallen, wie kleine Buben, denen man irgendetwas vorsagt. Es handelt sich ja bei unseren Anträgen darum, dass man *in positiver Weise das Lebensrecht des deutschen Volkes* währt. Darum dreht es sich, das ist die positive Aufgabe der völkischen Bewegung, und diese positive Aufgabe mit Antisemitismus deswegen zu bezeichnen, weil man zufälligerweise, weil eben gerade die Abkömmlinge des jüdischen Volkes in trautem Vereine mit den Abkömmlingen der Tschechen und Franzosen immer dem deutschen Volk im Wege stehen, weil man da auch einmal von Juden sprechen muss, wird nun der Gesichtspunkt des Antisemitismus hereingeworfen.

Antisemitismus bedeutet ja so, wie die Feinde das Wort benutzen, immer eine Art frivoler, unbegründeter, unsittlicher, unchristlicher Angriffsweise gegenüber den »armen Abkömmlingen dieses vertriebenen Volkes«. Das ist eben der falsche Gesichtspunkt, der immer hereingebracht wird. Es handelt sich ja für uns um die *Abwehr* all der Angriffe von fremden Völkern und darunter des jüdischen Volkes. (…)

Und nun gestatten Sie mir noch angesichts der Wichtigkeit der Sache im Interesse des deutschen Volkes einige Worte über die Eingabe des *Centralvereins deutscher Staatsbürger jüdischen Glaubens*, Landesverband Bayern, die ja jedem von Ihnen zugegangen ist. Diese Druckschrift ist ein typisches Zeichen der Umwertung der Werte, der völligen Verkennung dessen, was die völkische Bewegung und was unsere Anträge bezwecken, und der Motive, die vorliegen. Es wird da behauptet, wiederum in durchaus unrichtiger Weise, die Beschlüsse des Verfassungsausschusses wendeten sich gegen die Verfassung – scheinbar ist die Reichsverfassung gemeint –. Ich habe Ihnen schon ausgeführt, dass das vollkommen falsch ist. Dann wird behauptet, es liege eine unverdiente Kränkung der jüdischen Bevölkerung vor. Das habe ich ausdrücklich festgestellt, dass die Anträge in gar keiner Weise irgendwie in beleidigender Form sich bewegen. Außerdem wird behauptet – was auch schon widerlegt ist –, dass hier, in dem Falle das jüdische Volk, unter ein Ausnahmerecht gestellt werden solle. Es wird dann weiterhin in völliger Verkennung der Tatsachen behauptet, dass gerade Abkömmlinge des jüdischen Volkes es waren, die ins Feld hinausgezogen seien usw. Man muss nur daran denken, wie die Verhältnisse tatsächlich lagen. Ich habe hier – es ist das sehr interessant – die Anzeige einer Berufsvereinigung. Da lesen Sie: Dr. A., Abkömmling der jüdischen Rasse, stellvertretender Lazarettinspektor. Da lesen Sie: Dr. Pfl., stellvertretender Lazarettinspektor, Dr. T., stellvertretender Proviantamtinspektor. Da lesen Sie: Dr. Rh., Beamtenstellvertreter, König Ludwigskreuz. Da lesen Sie: Dr. soundso, Pionier, Unteroffizier, zurückgekehrt. Der war scheinbar nie im Felde. Wir können also feststellen, dass immer gerade die Leute dieser Rasse ihr kostbares Leben daheim geschont haben, ähnlich wie ein Herr namens S., ein Angehöriger der marxistischen Partei, der als freiwilliger Kanonier und Krankenträger in der Heimat das deutsche Vaterland verteidigte.

Dann wird, was zur Charakterisierung der Eingabe des Centralvereins der Staatsbürger jüdischen Glaubens dient, die Vaterlandsliebe der Abkömmlinge des jüdischen Volkes betont. Demgegenüber verweise ich auf die ganze Tendenz dieses Vereins. Der Verein hat, wie in dem Urteile des Landgerichts Berlin in der Sache Centralverein der Staatsbürger jüdischen Glaubens gegen Staegemann[81] festgestellt worden ist, die Tendenz, eine *Kampforganisation gegen das Deutschtum* zu sein. Da ist die Tendenz dieses Vereins, der die Vaterlandsliebe in seiner Eingabe an Sie alle so sehr betont hat. Es ist ausgerechnet Rechtsanwalt Levinger[82] hier in München am Frauenplatz, der diesen Wisch da verschickt. (…)

Ich sage nochmals, das ganze Volk muss lernen, dass es sich hier um die *Erhaltung des deutschen Volkstums* dreht. Es ist nicht die Aufgabe des Vertreters der Staatsregierung, die Interessen des jüdischen Volkes wahrzunehmen. Das wäre eine vollkommene Verkennung der Zwecke, der Aufgaben der Staatsregierung. Es handelt sich hier um eine Lebensfrage des deutschen Volkes. Die Motive zu unseren Anträgen sind in jeder Richtung hieb- und stichfest. Gegenüber gewissen Zwischenrufen von vorhin möchte ich betonen, dass unsere Anträge in der völkischen Anschauung, aus der sie geboren sind, ebenso wie naturwissenschaftlich, rechtsphilosophisch und staatswissenschaftlich begründet sind. Das oberste Gesetz des Volkes ist, sich selbst zu erhalten. Das ist das allgemeine, auch völkerrechtlich anerkannte Recht der Selbsterhaltung, mag man es Notrecht, Recht der Notwehr oder des Notstandes nennen. Dieses Recht steht über allen gemachten Gesetzen, es steht auch über allen Verfassungsbestimmungen.

Ich verweise auf *Bismarck*, der in einer seiner Reden darauf hingewiesen hat, dass, wenn man an Verfassungen, an Gesetzen kleben bleibt und sich denkt, wir halten am Gesetze fest, mag auch das Volk, der Staat zugrunde gehen, dass das eine »tötende Gesetzlichkeit« ist und dass demgegenüber das Recht der Selbsterhaltung und die Aufgabe der Staatsbehörde darin besteht, dieses Recht der Selbsterhaltung wahrzunehmen. Es ist notwendig – und diese Anträge sollen das ja im ganzen Lande bezwecken –, dass das *Volksbewusstsein* und das *Volksgefühl*, das den Deutschen so vielfach abhandengekommen ist, wieder lebendig wird. Es ist Ihnen jetzt zu einer Tat in dieser Beziehung Gelegenheit gegeben. Sichern Sie durch die Annahme der Anträge, insbesondere auch durch die Annahme des Abänderungs- und des Zusatzantrags, dass in diesen Punkten, die in den Anträgen niedergelegt sind, nun endlich das deutsche Volk in Bayern sichergestellt wird. Aus diesem tiefen *Verantwortungsgefühl* heraus bitte ich Sie, die Anträge so zu behandeln, wie ich mich bemüht habe, sie heute vor Ihnen zu begründen.

Parallel zu den »Antisemitica« mit der tragenden Satire vom jüdischen Gerichtsvollzieher veröffentlichte Lichtenstaedter gleichfalls 1926 das Buch »Briefe an einen antisemitischen Freund«. Dafür wählte er das sprechende Pseudonym U.R. Deutsch. Auch dieses Werk ist fiktiv gehalten, setzt sich jedoch nicht satirisch, sondern streng argumentativ mit dem urdeutschen Antisemitismus auseinander. Der erfundene Rahmen ist simpel. Mit seinen Briefen will der angebliche Autor U.R. Deutsch als angeblich geläuterter, angeblich im thüringischen Saalfeld lebender ehemaliger Antisemit seinen weiterhin antisemitischen Studienfreund Rudolf, seines Zeichens ebenfalls Jurist, vom Judenhass abbringen. Der folgende, auf den 1. März 1926 datierte Brief ist diesem Werk entnommen (S. 56–71). Antisemiten werden darin häufig schlicht als Antis bezeichnet.

Siegfried Lichtenstaedter
Brief an einen antisemitischen Freund

Lieber Rudolf! Deinen lieben Brief als Antwort auf den meinen vom 25. Februar erhielt ich heute. Es scheint ja, als ob Du im Allgemeinen in Deinem Gerechtigkeitsgefühl Dich meinen Gründen nicht entziehen könntest. In Bezug auf die Ursache der Judenverfolgungen scheinst Du noch der Meinung zu huldigen, dass sie auf jüdischer Seite liegt. Ich habe über die Schuld kein Urteil abgegeben, sondern nur festgestellt, dass wir uns der Verfolgungen und besonders der Art und Weise derselben zu schämen haben. Es dürfte auch hinreichend wahrscheinlich – was die Juristen eine »Vermutung« nennen – sein, dass Konkurrenzneid, Verschuldung und wirtschaftliche Umwälzungen, bei denen die Juden den Deutschen ebenso wie heute eine Nasenlänge voraus waren und sich schneller danach um- und einstellten, sehr viel dazu beigetragen haben.

Du meinst aber, das jetzige plötzliche Emporkommen der Juden aus ihrer früheren Tiefe könne unmöglich mit rechten Dingen zugehen. – Damit kommst du meinen Gedankengängen entgegen. Denn wunderbar ist immerhin der schnelle Aufstieg dieses Volkes, von der Emanzipation in Frankreich bis zum eigenen Staat, ja, wie manche wissen wollen, zur geheimen Weltherrschaft. Es ist staunenswert, was erreicht worden ist. Wenn ich versuchen will, mir dies zu erklären, so muss ich allerdings von dem letzten und tiefsten Grunde, der in Gottes Rat begründet ist, schweigen. Ich will nur versuchen, mir in weltlicher, logischer Weise klarzumachen, wodurch es den Israeliten gelungen ist, die heutige Machtposition zu erlangen.

Beachte zunächst die Kürze der Zeit für ein Volk. Es sind kaum 135 Jahre her, in denen dies alles geschaffen ist. Mit einer durch fast zweitausendjährige Unterdrückung nicht geschwächten, sondern eher gestärkten Energie geht das Volk daran, als die Gelegenheit vorhanden ist, sich aufzurichten und den Weg zu beschreiten, der zur Wiederherstellung des alten Reiches allein führen kann. Die vorhandenen Mittel werden benutzt, nichts wird versäumt, die entgegenstehenden Hindernisse zu besiegen. Und wenn die Beobachtung ihres Ringens eines lehrt, dann dies, dass sie einmütig und allesamt daran arbeiten, einer dem anderen helfend, ihn unterstützend, tragend, beschützend, schirmend, unter Umständen auch opfernd, aber immer mit dem großen Ziel vor Augen, immer mit Mut und Hoffnung in der Brust. Sie wissen Niederlagen zu ertragen, sich ihren Wirkungen zu entziehen, Feinde als Werkzeuge ihrer Pläne zu benutzen und immer mit der größten Klugheit zu Werke zu gehen. Dabei lässt ihre unwissende Menge sich lenken, leiten und beneidet nicht die hervorragende Stellung derer, die durch Glück oder eigene Tüchtigkeit weit über dem großen Haufen stehen. Der verbissenste jüdische Kommunist wird in seinem Eifer vor den Schätzen eines Rothschild oder Morgan haltmachen.

Sind denn das Fehler eines Volkes? Sollte nicht der Feind diese Tugenden achten und ehren, wenn die Juden schon unsere Feinde sein sollen? Man wirft den Juden vor, sie kämen mit dem Bettelsack über dem Rücken nach Deutschland, in ein paar Jahren seien sie so wohlhabend, dass sie mindestens ein eigenes Geschäft mit eigenem Laden besäßen. Sie brächten es auch noch weiter in pekuniärer Beziehung. Ihre Söhne studierten und nähmen den unsrigen die besten Plätze in den Hörsälen und später die Praxis in der Heilkunde oder in dem Rechtsleben fort. Sie seien im Hundertsatz der Bevölkerung zu stark auf den höheren Schulen und auf den Universitäten vertreten, sie hätten das meiste Geld und die schönsten Mädchen, sie seien die Verführer des Volkes, raubten den Bauern aus und nähmen uns die Moral. Kurz, alles Übel in Deutschland käme von den Juden. Und nun kommt das Merkwürdige: Trotzdem glaubt man, sie verachten zu sollen, glaubt man in germanischem Stolz sich hoch über sie erhaben.

Lass uns die Anklagen teilen und erwägen. Da sind erstens die Klagen in Bezug auf ihre geschäftliche Tätigkeit. Ich frage Dich nun: Kennst Du nicht das Sprichwort »Ein Grieche betrügt 100 Juden und ein Armenier 100 Griechen«? Man sagt auch, die Juden arbeiteten nicht. Wie blödsinnig diese Behauptung ist, kannst Du an der einfachen Frage erkennen, ob denn die deutschen Kaufleute nicht arbeiteten? – Das ist eben die Art und Weise der Mehrzahl der in Deutschland lebenden Juden, dass sie mit dem Kopf arbeiten und weniger mit den Händen. Wenn sie noch als Hausierer umhergehen, dann arbeiten sie auch genug mit den Füßen – fleißig, unverdrossen. Wie kann man denn mit Fug und Recht den Juden aus ihrem Vorwärtskommen einen Vorwurf machen? Wer macht sie denn in Deutschland angeblich so reich? Sind es nicht die deutschen Männer und Frauen, die so gern von ihnen kaufen, dass sie es eben vorziehen, lieber von ihnen als von den Landsleuten ihre

Waren zu beziehen? Du wirst einwenden, sie legten schließlich die Kunden doch herein. Das mag einzeln vorkommen, aber im Verhältnis nicht mehr als bei deutschen Kaufleuten. Die leben bekanntlich auch nicht von der Philanthropie, sondern, genau wie alle Menschen, besonders wie alle Warenvermittler, vom Verdienst. Aber ich will Dir sagen, woran es m. E. liegt, dass man vielfach lieber bei den Juden als bei den Deutschen kauft. Zunächst verstehen die Juden, ihre Kunden besser zu nehmen. Ich schließe von mir auf andere. Ich sage das ganz offen. Mir ist es noch nie passiert, dass, wenn ich unbekannt in ein jüdisches Geschäft trat, ich fremd und unhöflich behandelt wurde. Im Gegenteil! Mit ganz besonderer Zuvorkommenheit wurde ich behandelt. Du wendest ein: Ja, der Jude wittert in Dir eben einen neuen Kunden, deshalb ist er so freundlich. Nun? Und? Ist denn das irgendwie unrecht? Ist das ein Verbrechen? Ist es nicht die Sache des Kaufmanns, neue Kunden heranzuziehen? Warum tut das der Deutsche nicht?

Ich war auch ein solcher Narr, dass ich eigentlich prinzipiell bei Juden nichts kaufen wollte. Ich hatte mehrere Paar Stiefel für die Frau und Kinder zu kaufen und gehe also in einer Stadt von 70 000 Einwohnern zu einem Deutschen. Es kostete Mühe, ihn aufzufinden, denn er hatte zwar ein ziemliches Lager, aber in einer abgelegenen Straße. Da ich in der Stadt genügend antisemitische Freunde hatte, so war ich darüber orientiert, dass die glänzenden und guten Läden in den Hauptstraßen allesamt in jüdischen Händen waren. Schön also – ich komme in den dunklen Laden. Der Inhaber erscheint. Er ist unrasiert und macht den Eindruck eines biederen Handwerkers. Er ist von einer unheimlichen Unhöflichkeit; es scheint, er lässt seine Schuhe nur aus Gnade ab, dabei war es die Zeit nach dem Kriege und die Inflation machte sich noch nicht so bemerkbar. Andere Kunden kommen, sie werden zuerst und freundlich bedient, ich darf warten. Ich warte, bis es dem deutschen »Bruder« gefällt, wieder von mir Notiz zu nehmen. Trotz des plumpen Wesens kaufe ich drei Paar, bezahle sie bar. Man öffnet mir nicht die Tür, man kennt augenscheinlich Höflichkeit nicht. Ich bin noch zweimal da gewesen. Ein klein wenig wurde ich ja dann besser behandelt, aber das Ende war dies, dass meine Frau erklärte, die gekauften Sachen seien nichts wert. Also trotz biederster, deutscher, unhöflicher Behandlung noch schlecht gekauft! Das war der Schluss. Von dem biederen Wesen der lieben Deutschen habe ich überhaupt so eine eigene Meinung. Wenn man an die ehrlichen Landbewohner denkt, wie sie in den Kriegsjahren hintenherum schoben, nie etwas zu verkaufen hatten, es sei denn, man zahlte weit über den Preis oder in Ware, so wird einem ganz besonders zu Mut. Wer mehr geschoben hat in den Kriegs- und Nachkriegszeiten, ob der Jude oder der Deutsche, dürfte die Frage sein. Ja, sagt der Anti, das haben die Deutschen erst von den Juden gelernt! So! Sie scheinen aber darin recht gelehrige Schüler geworden zu sein. Man leistet bekanntlich nichts in einer Sache, wenn man nicht Anlage, Lust und Liebe dazu hat. Mir scheint, an diesen drei Eigenschaften hat es den edlen Germanen nicht gefehlt.

Doch zurück zu den Gründen des raschen Emporkommens der Juden! – Es war unzweifelhaft ihre geschäftliche Geschicklichkeit, ihre Begabung auf diesem Gebiet, welche die materielle Grundlage legte. Ohne Geld kein Vorwärtskommen, keine Bildung, keine irgend höhere Stellung. Die Kultur und Zivilisation beruht auf dem Dienstmädchen. Wer sich das nicht leisten kann, der kommt von höherer Stufe unfehlbar zurück, nie von unterer herauf. – Ich weiß auch nicht recht, wie denn strebsame Menschen, welche von unten anfangen müssen, anders heraufkommen sollen, als indem sie es genauso machen wie die gehassten Juden. Nämlich jeden Vorteil wahrnehmen, fleißig sein von früh bis spät, nichts an sich wenden, keine Früh-, Dämmerungs- und Abendschoppen mitmachen, früh ins Bett und früh wieder hinaus; keine anderen Gedanken haben als die des Geschäftes, des Erwerbes, nicht eine große Rolle spielen wollen, bevor man die Mittel dazu hat. Vorsichtig von Stufe zu Stufe steigen, in allem Unwesentlichen sich zurückhalten, auf das Wesentliche sehen!

Ich las vor langen Jahren einmal im »Reichsboten«, einem sicherlich nicht von den Juden abhängigen Blatte, bekannt sogar als »Pastorenblatt«, eine Beschreibung des Berliner Zoologischen Gartens. Besonders wurde seine Schönheit während der Morgenstunden hervorgehoben. Dann wurde über die verhältnismäßig geringe Anzahl der Besucher berichtet, die sich zu dieser Zeit sehen ließe, und bemerkt, dass dies fast nur Juden seien, während die lieben Deutschen sich zu der Zeit von ihren Abendschoppen und nächtlichen Gelagen ausruhen müssten. – Ich war damals schon ein strammer Anti, aber ich muss sagen, diese Ausführung machte auf mich doch einen starken Eindruck. – Sicherlich ist viel Wahres in den Bemerkungen jenes Aufsatzes. Die Bevorzugung jüdischer Läden durch das Publikum wird vielfach darauf geschoben, dass die Aufmachung eine bessere sei, dass jene es verstünden, durch blendende Auslagen in den Schaufenstern, durch eine geschmackvolle Dekorierung, durch eine gewaltige Reklame in den Zeitungen, durch billige Lockartikel etc. die urteilslosen Kunden anzuziehen. Am Rande bemerkt: Das sonst »sehr geehrte« Publikum ist von dem Augenblick an »urteilslos«, »dumm«, »blödsinnig«, wenn es die wenig geschätzte Konkurrenz mit seinem Besuche beehrt. Doch nun eine ganz bescheidene Frage: Warum machen denn die Deutschen es nicht ebenso? Liegt denn darin irgendein Unrecht? Ist es denn dem Kaufmann verboten, seine Waren anzupreisen, seine Schaufenster reich und gefällig auszustatten, einige Artikel zum Selbstkostenpreis abzugeben und die Kunden durch höfliches, zuvorkommendes Wesen zu fesseln? Ich vermag das nicht einzusehen.

Die Hauptsache ist diese: Es liegt dem Deutschen nicht, sich viele Mühe in diesen Sachen zu machen. Dazu ist er zu stolz, zu bequem, zu ungelenk. Er meint, die Güte seiner Ware müsse es allein schaffen. Aber dem ist nicht so. Ich will Dir aus Deiner Vaterstadt ein Beispiel sagen. Da sind, irre ich nicht, drei Drogerien in dem Städtchen. Ich kaufte zuerst meine Artikel in diesem Fach in dem Geschäft am Markt. Du weißt, es ist ein rein deutscher Name über der Tür; ich wurde zwar nicht hervorragend bedient, aber die Ware unterschied sich in nichts von der anderer derartiger Geschäfte. Die Inhaber aber sahen durchaus jüdisch aus. Ich ging verschiedenen Males hin, bis mein Verdacht zur Gewissheit wurde, indem Ihr mir erzähltet, das sei ein jüdisches Geschäft. Infolgedessen mied ich es und kaufte in einer anderen Drogerie, in der mich ein ehrwürdig aussehender Deutscher bediente. Dass ich höflicher behandelt wäre, kann ich nicht sagen. Vielleicht ein klein wenig schlechter. Indessen unhöfliche Behandlung scheint ja nun einmal eine nationale Eigentümlichkeit der Deutschen zu sein. Kurz – ich kam mit dem Mann ins Gespräch und riet ihm, seine Schaufenster besser zu dekorieren und tüchtig zu annoncieren. Er lehnte beides ab. Er hat drei kleine, sehr unansehnliche Fenster, wahllos gefüllt mit Artikeln seiner Branche; für ein empfindendes Auge sind sie einfach ein Greuel. Das Annoncieren lehnte er sehr einfach aus dem Grunde ab, weil *andere* ja genug in den Blättern anzeigten! »Seine Kundschaft« wisse dann, dass sie dasselbe auch bei ihm kaufen könne. Ich erlaubte mir, ihm meine bescheidenen Zweifel an der Richtigkeit seiner vorgetragenen Weisheit zu äußern, und ging dann meines Weges.

Ja, lieber Rudi, Du kennst diesen Herrn ja doch. Was soll man über die Rückständigkeit des Mannes sagen? Er überlässt in echter Bauernschlauheit das Annoncieren den sehr geschätzten Konkurrenten und glaubt in seiner Borniertheit, jene Männer bezahlten ihm die Anzeigen! Was diese empfehlen, das werde seine Kundschaft unfehlbar bei ihm suchen und finden! Ich habe aber festgestellt, dass er nicht alle Artikel hat, welche andere in den Blättern empfehlen. Ich vermute, »seine Kundschaft« wird sich mit der Zeit verkrümeln und schließlich in Wohlgefallen auflösen. Die statistischen Berechnungen der Geschäftsleute der ganzen Welt haben doch den Nutzen der Zeitungsanzeige ein für alle Mal festgestellt.

Es kam die Weihnachtszeit, und ich war auch einige Male in Eurem Städtchen und beobachtete das Geschäft und ganz besonders die Auslagen, ihren Geschmack und auch den Umstand, ob denn unsere lieben Landsleute es verständen, in der Fensterreklame mit der beklagten Konkurrenz der Juden Schritt zu halten. Ich muss ja sagen, ich fand im Allgemeinen keinen großen Unterschied. Du weißt, Ihr seid da ein helles Völkchen. Einige Deutsche hatten ganz niedliche Auslagen. Deren Geschäfte gehen auch. Wer aber vor allen andern den Vogel abschoss, das war der Drogist am Markt, der Jude. Er allein hatte eine Lichtreklame in der ganzen Stadt. Sie war einfach. Auf einem großen Schild erschien in Abständen von etwa zehn Sekunden die Inschrift: Geschenkartikel. Sehr einfach, praktisch, vielsagend. Denn was kann man nicht alles schenken! Auf Eurem dunklen Markt, auf dem ein hochwohlweiser Magistrat nach Möglichkeit die Kosten der Beleuchtung spart, berührte mich und wohl einen jeden schon der Umstand, dass diese Reklame Licht in die Dunkelheit brachte, höchst angenehm. Jedem, der da am Abend und in der ganzen Nacht über den Markt ging – und Du weißt, bei Euch gehen sehr viele sehr spät nach Hause –, musste die Inschrift auffallen. Sie war nicht zu übersehen, sie erleuchtete Euren ganzen Markt, sie musste die Gedanken auf Geschenke und auf dies Geschäft lenken – absolut, unabweislich, mit dem Gefühle der Dankbarkeit für das Licht und die Intelligenz der Geschäftsinhaber, welche die Lichtreklame sich dienstbar gemacht hatten. – Sicherlich hat sich diese Ausgabe sehr bezahlt gemacht. – Bei nächster Gelegenheit werde ich wieder hingehen. Tüchtigkeit findet immer Anerkennung.

Ein anderer, sehr beliebter Einwand gegen die jüdischen Geschäfte ist der, dass man in ihnen doch in letzter Linie über das Ohr gehauen wird. Nach meinem Dafürhalten und meiner langjährigen Erfahrung ist das durchaus nicht der Fall. Große Geschäfte können sich nicht halten, wenn sie ihren Kunden nicht eine preiswerte Ware liefern. Das ist ausgeschlossen. Wenn man freilich mit einem mageren Geldbeutel in einen Laden geht und meint, für ein Billiges die besten oder auch nur gute Sachen kaufen zu können, dann ist man betrogen, aber nicht durch andere, sondern durch sich selber. – Mir speziell ist es merkwürdig ergangen. Mit geheimem Ärger habe ich oft festgestellt, dass Waren, zum Beispiel Schuhe, Stoffe, die ich in jüdischen Geschäften gekauft hatte, sehr gut waren und viel länger hielten, als meine antisemitische Gesinnung eigentlich erlaubte. – Ja, lieber Rudolf, ich glaube, ich war ein rechter Narr! –

Was die Vorwürfe betrifft, dass im Verhältnis zu der deutschen Bevölkerung zu viele Juden die höheren Schulen besuchten und später studierten, so liegt das m. E. daran, dass diese eben meistens in den Städten wohnen und dass bekanntlich die höheren Schulen für die Besucher oder ihre Eltern Geld kosten. Wie die Dinge liegen, haben nun einmal die Juden verhältnismäßig mehr bares Geld an der Hand wie die Deutschen. Sie wissen augenscheinlich auch den Wert der formalen Bildung sehr zu schätzen. So sind diese beklagten Umstände eigentlich die sehr natürliche Folge der eingetretenen Lage. Bekanntlich reifen die Juden als Semiten auch etwas schneller als die Deutschen, hören aber dafür in der Entwicklung desto eher auf, wodurch es kommt, dass scheinbar die Juden einen Vorteil haben. Es ist aber nur scheinbar meines Erachtens, und wer den Juden aus ihrer schnelleren Entwicklung und früheren Reife einen Vorwurf machen will, der möge ihn doch lieber gleich an die richtige Adresse bringen, nämlich Gott im Himmel anklagen, der sie so geschaffen.

Was das Wegnehmen der besten Plätze in den Hörsälen betrifft, so habe ich darüber einige eigene Gedanken. Selbstverständlich sollen nicht Ausländer sich in übergroßer Zahl vordrängen und die deutschen Studenten von den guten Plätzen vertreiben. – Aber es gibt auch eine sehr natürliche Erklärung der betr. Klagen. Ich fürchte nämlich, dass sehr viele deutsche Studenten den Weg zum Belegen der Plätze sehr spät finden. Vielfach werden sie durch die Begrüßung der Freunde, Kneipen, Antrittskommerse und Frühschoppen bis in die Nacht hinein davon abgehalten sein, sich zeitig genug um die Erlangung guter Plätze zu kümmern. Ich rede wohl nicht für mich allein, wenn ich ausspreche, dass manche deutschen Väter es beklagen, dass ihre Herren Söhne nicht die Mühe der Erziehung, die Entbehrungen der Eltern und die Kosten zu schätzen wissen, welche angewandt werden, damit die Söhne einstmals eine angesehene und nützliche Stellung im Leben ausfüllen. Wie viele Söhne gehen als verbummelte Studenten um die Ecke, wie viele lassen sich unnötig Zeit, vergeuden und vertrödeln ihre besten Kräfte mit Nichtigkeiten und Allotrien, die als Beigaben sehr schön sein mögen, von vielen aber als Hauptsachen betrieben werden. – Ja, mein lieber Rudi, wir beide wissen davon ein Lied zu singen. Mir scheint, der junge Jude weiß eher, worum es sich beim Studium handelt, er sieht ein Ziel vor Augen. Seine frühere Reife mag ihm dabei zustattenkommen, aber die Tatsache wird bestehen bleiben, dass seinesgleichen wohl sehr selten verbummelt und seine Zeit vertrödelt. – Dass dies nun ein berechtigter Vorwurf gegen dies Volk sein sollte, vermag ich beim besten Willen nicht einzusehen.

Dass heutzutage die jüngeren Juden auf den Universitäten und im Erwerbsleben mehr Geld haben als die Deutschen, glaube ich gerne. Auch dass die käuflichen oder zugänglichen

Mädchen sich lieber der Gesellschaft des reichen Mannes als des armen hingeben, ist eine zu natürliche Sache, als dass man sich darüber wundern sollte. Eine kleine Zwischenfrage bei der Gelegenheit: Welchen Stammes, welcher Art sind denn die Mädchen, welche sich so hingeben? Sind es Jüdinnen oder Deutsche? Wer lässt sich also gerne verführen? Wenn Zucht und Sitte in unserem Volk herrschen würden, dann wäre manches eben nicht möglich.

Ich erinnere mich, in einem der Bücher von Dr. Dinter gelesen zu haben, dass ein jüdischer Einjähriger[83] sich gerühmt habe, 19 deutsche Mädchen verführt zu haben. Es kommt auf die genaue Zahl nicht an. Gesetzt nun, das sei wahr, was da berichtet wird, dann erheben sich vor meinem Geist zwei Fragen. Einmal, ob es denn dem jungen Mann schwer geworden sein muss, dies tun zu können? Die andere wäre, ob er dies erzählt hat, um sich des Beifalls zu erfreuen oder um Entrüstung im Kreise seiner damaligen Kameraden hervorzurufen. Nach meiner Kenntnis vieler Kreise der männlichen Jugend hält sie nur der Mangel an Geld ab, unbedenklich ähnliche Wege zu gehen. Und wenn erzählt wird, die Juden hätten immer die schönsten Mädchen in den Restaurants und den verschwiegenen Weinstuben, so wird mir keiner weismachen, dass nicht ein großer Teil pursten Neides dahintersteckt. Man verbirgt ihn aber hinter einem sehr durchsichtigen moralischen Mäntelchen.

Weißt Du noch, lieber Freund, wie Du mir einst erzähltest, Du habest auf der Reise die Bekanntschaft einer jungen jüdischen Dame gemacht, sie ins Gespräch gezogen, sie überredet, mit Dir eine Stadt gemeinsam zu besehen und schließlich mit Dir in einem Hotel zu übernachten? Dabei bist Du der Schlechteste noch lange nicht, aber wo bleibt Dein Recht, Dich über andere zu entrüsten? Ich fürchte sehr, den meisten Kritikern an der Moral der jungen Juden geht es ähnlich wie Dir. – So beklagenswert vom moralischen Standpunkt solche Vorkommnisse sind, so haben wir kein Recht, den Pharisäer zu spielen. Das wirkt nur lächerlich.

Doch kehren wir zu unserem Faden zurück! – Die Juden haben die ihnen einzig zu Gebote stehenden Mittel in zähester Weise benutzt, um reich zu werden und damit sich die Unterlage für ihre Bestrebungen zu schaffen. Sie beherrschen einen großen Teil der Produktion heute, und besonders haben sie den Wert des mobilen Kapitals, den Geldwert an sich, rascher und früher erkannt als die Deutschen. Auch haben sie den Nutzen der Verbindungen, der geschäftlichen und persönlichen, mit der ganzen Welt viel eher begriffen als wir. Die Deutschen klagen über den internationalen Zusammenhang der Juden! Ja, warum haben wir denn nicht einen internationalen Zusammenhang der viel zahlreicheren Germanen geschaffen? Wo war die deutsche Beeinflussung der Presse der gesamten Welt, als der Krieg ausbrach und länger und länger dauerte? Mir kommen diese Klagen lächerlich vor, wenn wir den Juden das als Fehler, ja als Verbrechen anrechnen, was zu tun wir versäumt haben. Was die Juden jetzt erstreben und z. T. erreicht haben, als Mittelpunkt ihres Volkes ein unabhängiges Reich, das hatten wir doch vor 1914 in vollstem Maße. Und wie ist es benutzt worden? Hatte der Deutsche im Auslande überhaupt irgendeinen Wert in den Augen der deutschen politischen Vertretungen? Wenn er nicht mit einem Diplomatenpass kam oder sonst als reicher Kaufmann oder offizieller Reisender, war er doch nur eine lästige Erscheinung im geschäftlichen Betriebe der Gesandtschaft oder des Konsulats. Ausnahmen bestätigen die Regel.

Man fand im Konsul nicht den Anwalt, sondern den Richter, nicht den Freund, sondern die Polizei, nicht den Beschützer, sondern den Warner. Auf diese Weise wurde das deutsche Gefühl bei Tausenden mit Gewalt totgeschlagen. Es ist ein trauriges Kapitel. Die Juden machen es anders. Und darüber entrüsten wir uns! Ein weiterer Vorwurf gegen die Juden besteht darin, dass man es ihnen zum Vorwurf macht, sie hätten sich der Presse bemächtigt und dito eines großen Teiles des Verlagsgeschäftes. Ich gebe kein Urteil ab über die Richtigkeit oder Unrichtigkeit der Behauptung. Nehmen wir an, sie sei wahr. Wem macht man dann damit einen Vorwurf? Den Juden, die doch ein Recht haben, ihre Interessen zu vertreten durch alle nicht ungesetzlichen Mittel, oder den Deutschen, welche sich den Einfluss in der Presse haben entgleiten lassen? Ist Dir diese Alternative noch gar nicht aufgefallen, lieber Freund? Gesetzt, die sehr verehrten Franzosen nehmen uns eine Festung ab durch List oder Gewalt oder werfen uns aus einem Schützengraben heraus, willst Du ihnen daraus einen Vorwurf machen? Den Vorwurf kannst Du doch nur denen machen, welche die Festung ausgeliefert, den Schützengraben verloren haben! Um die Logik ist es aber eine heikle Sache. Mancher, der den Mund recht voll nimmt und wunderbar reden kann, hat nicht die geringste Ahnung von ihr.

Die Juden haben eben den Einfluss der Presse, der Volksversammlungen, der ganzen politischen Bearbeitung des Volkes, der Notwendigkeit, sich populär zu machen, viel früher erkannt als wir. Ob das heute herrschende parlamentarische System ein richtiges ist, ob seine Zeit nicht schon sich dem Ablaufe nähert, das ist etwas, worüber ich kein Urteil abgebe. Mir kommt es nur darauf an, ein ungerechtes Urteil und unberechtigte Anschauungen, weil ich sie für mein deutsches Volk für gefährlich und verderblich halte, in Deinem Kopf aufzuheben. – Die Juden verstehen sich auch bedeutend besser auf die Einfühlung mit der Seele des oder der Menschen, mit denen sie zu tun haben. Dazu sind wir stolzen Deutschen meist zu schwerfällig. Wir meinen, jedermann müsse zu uns kommen, und lehnen es ab, zu anderen zu gehen. Denke nur an das Musterbeispiel des Drogisten in Deiner Vaterstadt, der die Zeitungsanzeige ablehnt! Denke an unseren heute noch herrschenden Kastengeist! Wie man sich um kleiner Verschiedenheiten willen ausschließt, nicht ansieht, einander verklagt und verurteilt! Das ist echt deutscher Geist. Ein jeder will mit seinem dicken Kopf durch die Wand. Ein jeder Deutscher ist so klug und weise, besonders am Stammtisch, dass er nicht allein Stadt, Staat und das Reich, sondern auch die ganze Welt beglücken kann. Daher die deutsche Einigkeit, von der so viel geredet und gesungen wird.

Wir haben nun die Tatsache vor uns – lieber Freund, es ist eine Tatsache –, dass die Juden das bare Geld zum größten Teil kontrollieren, dass sie einen großen Teil der Presse direkt und indirekt beeinflussen, dass sie in Handel und Wandel eine äußerst wichtige Rolle spielen, dass sie in der Medizin, in der Jurisprudenz, in der Kunst und Wissenschaft einen bedeutenden Teil stellen, kurz, dass sie einen integrierenden Teil des deutschen Volks-, Wirtschafts- und Geisteslebens ausmachen. – Mit Tatsachen muss man sich eben abfinden, wenn man sie nicht ändern kann. Wir haben uns ja mit der Tatsache, dass wir den Weltkrieg verloren haben, auch abgefunden. Es kommt nur darauf an, dass man die alten Fehler nicht wiederholt und sich vor neuen Fehlern hütet.

Es scheint mir ein großer Mangel zu sein, dass man von gewisser Seite noch heute diese Tatsachen nicht anerkennen will. Ich will nur noch eines sagen oder vielmehr fragen: Warum werden denn die Engländer, Amerikaner, Franzosen und Italiener mit den Juden fertig und wir nicht? Warum denn die Holländer, Schweizer und Belgier, die übrigen südamerikanischen Staaten und gerade ausgerechnet wir nicht? Du wirst nach der Weise aller Antis sagen: Weil wir Deutschen eben den edelsten Teil der Menschheit darstellen, die Juden aber einen so niedrigen Typus – Theodor Fritsch winkt da sogar mit dem Verbrechertypus[84] –, dass ein Vertragen gänzlich ausgeschlossen ist. Kurz gesagt, weil unsere Tugenden so groß sind, darum können wir mit den Juden nicht fertigwerden! Das ist aber doch der Sinn der Rede. Sie ist auch höchst schmeichelhaft für uns, diese Erklärung. Das muss man ja wohl zugeben. Etwas anderes ist es, ob sie richtig ist. Und darauf käme es schließlich an.

Nun will ich als Deutscher nicht in Abrede stellen, dass wir hohe und gute Eigenschaften haben. Darauf können wir stolz sein und könnten ruhig noch etwas bewusster dieser Eigenschaften innewerden. Aber nicht die Stärke einiger Bastionen macht den militärischen Wert einer Festung aus, sondern dieselbe ist genauso stark, als ihr *schwächster* Punkt ist. Soviel ich weiß, ist dies ein Grundsatz der Strategie. Und ich habe Dir schon genügend schwache Punkte der Deutschen aufgezeigt, an denen wir kranken. Nicht unsere Tugenden, sondern unsere Fehler und Laster haben uns in diese Position gebracht. Das sollte man beherzigen. Es ist ein bitteres, aber wahres Wort. Es wird vielen nicht gefallen. Es ist auch viel bequemer, auf die Juden zu schimpfen, als sich zu bessern.

Gestützt auf ihre errungene Position in der ganzen Welt, nachdem sie alle bewusst oder unbewusst entgegengestellten Hindernisse zu beseitigen gewusst haben, sind die Israeliten nun darangegangen, sich des Landes ihrer Vorfahren zu bemächtigen. Ist dies denn eine Tat, die man ihnen verdenken kann? Ist sie nicht vielmehr allen Rühmens wert? Eine Kluft von 1800 Jahren trennt sie von dem Besitz ihres alten Landes. Sie haben es nicht vergessen, sie erinnern sich desselben, seines Heiligtums, seiner Geschichte, seiner Kämpfe, seiner Lage, seiner Fruchtbarkeit und seines Friedens.

Meinst Du, die Führer hätten es nötig, von uns die Aufklärung zu erhalten über die Schwierigkeiten, denen sie entgegengehen, bis sie den Besitz in Wahrheit völlig angetreten haben? Glaubst Du, sie wüssten nicht, dass sie nur erst einige Schritte auf dem Wege zurückgelegt haben, der das Land wieder völlig zu dem ihren macht? Ich wünschte, ich könnte die geheime Geschichte der ersten Pläne, der stillen Vorbereitungen, der ersten Beratungen mit den Mächten lesen, bis Letztere endlich beschlossen, dass Palästina wieder eine Heimstätte für das heimatlose Volk der Juden werden solle, bis der erste Vizekönig jüdischen Blutes in Jerusalem seinen Einzug halten könnte. Eines ist mir als Christen vollkommen klar, dass dies überhaupt nur geschehen konnte, weil es Gottes ganz besonderer Wunsch und Wille ist.

Er lenkt die Geschichte der Völker, auch des jüdischen und deutschen Volkes. Seine wiederholten Zusicherungen, dass jenes Land Abraham und seinem Samen »ewiglich«, »zu einem ewigen Besitztum« gegeben werden solle, dass Er sein Volk bis auf den letzten Mann aus der Fremde wieder in das verheißene Land führen werde, können nicht gebrochen werden. Hast Du denn auch nur eine leise Ahnung davon, dass die künftigen Grenzen des Landes, die künftige Einteilung desselben unter die 12 Stämme, die Stellung der Priesterschaft, der Leviten und des künftigen »Fürsten« in der Schrift genau bestimmt sind? Dass die Maße angegeben sind für den nie mehr zu zerstörenden Tempel, die Ausdehnung der Stadt, kurz, dass alles bis ins Kleinste geweissagt worden ist, wie es in der Hauptsache, im Gottesdienst und seinem Mittelpunkt werden soll? Sieh, lieber Rudi, da fordert Gottes Wort wieder einmal die Menschen in die Schranken. Wie schon früher der Prophet Jesaia, so später der Prophet Hesekiel. So gewiss die Vorhersagungen jenes Mannes sich erfüllt haben, so gewiss erfüllen sich die Aussprüche des Letzteren, und wir, die wir den Anfang der Erfüllung mit sehenden Augen erleben, sollten auch nicht zweifeln, dass der Rest in Erscheinung treten wird.

Aber es geht auch heute wie schon früher: Sie haben Ohren und hören nicht, sie haben Augen und sehen nicht. – Man sollte aber doch denken, dass das Streben der Juden, nach dem Lande ihrer Väter zu gelangen, allgemeine Achtung und eine gewisse Rührung auslösen müsse bei den Deutschen. Wir haben uns für die edlen Polen begeistert, von denen wir zwar nicht den Monotheismus, sondern Brand, Mord, Plünderung durch viele Jahrhunderte, viele kleine Tierchen von rührender Anhänglichkeit und den wunderbarsten Dank für ihre Befreiung von der russischen Knute erhalten haben. Wir begeisterten uns einst für Griechenland, und manche edlen und einfältigen Seelen für die Neger in Timbuktu. Warum wollen wir nicht freudig zusehen, wenn Gott sein Volk aus der Fremde in die Heimat führt? Wenn ein gequältes und gejagtes Volk zur Ruhe eingeht?

Es wird ja eines Tages der Traum aller Antis erfüllt werden, die Juden werden wieder in ihr Land zurückkehren, aber ich glaube, es wird, da Gott sie führt, eine Rückkehr in allen Ehren sein – so wie der Auszug aus Ägypten – und unter schweren Strafen für ihre Bedränger.

Die leitenden Kreise der Juden wissen vermutlich so gut wie wir, dass ein großer Teil ihres Volkes für den Gedanken der Rückkehr auf den nationalen Boden noch nicht reif ist. Aber das hindert sie nicht, ihre Pläne ins Werk zu setzen. Bei den Juden regiert der Pöbel augenscheinlich nicht. Übrigens ist es Gottes Sache, die Mittel herbeizuführen, welche Israel zur Heimkehr bringen. Tatsache ist jedenfalls, dass dieselbe dicht vor der Türe steht. Meines Wissens hatte Jerusalem vor etwa dreißig Jahren nur etwa 4000 jüdische Einwohner. Heute 50 000 und mehr! Der Grund und Boden ist im Heiligen Lande fast gänzlich aufgekauft. Es ist sehr schwer, in Palästina ein Stück Land zu erhalten. Kurz, dem aufmerksamen Beschauer bietet sich eines der wunderbarsten Bilder dar, die nur ein denkender Mensch erleben kann, nämlich das Schauen eines offenbaren Wunders. Wer hätte vor auch nur 15 Jahren daran gedacht, dass die Ereignisse sich vorbereiten, welche die Juden wieder in den Besitz ihres Landes bringen sollten? Wer in der Kriegszeit hat mit einem Gedanken auch nur geahnt, dass alles dazu dienen musste, Israel wieder rechtlich in den Besitz seines Landes zu bringen? Rechtlich besitzt es sein Land. Tatsächlich noch nicht, aber das ändert sich in wenigen Jahren, kann über Nacht sich ändern. Bald wird infolge der umfassenden Erschließung des Landes dasselbe imstande sein, mehr Bewohner zu ernähren. Die Kristallisationspunkte der Besiedlung sind schon vorhanden, und die Welt wird in einigen Jahren mit der Tatsache zu rechnen haben, dass dort eine alte Nation wieder ihre Stätte gefunden hat.

Die Zukunft des neuen israelitischen Nationalstaates wird nach den Worten der Heiligen Schrift eine schöne und großartige sein. Das hängt mit gewissen anderen Dingen zusammen, über welche ich nicht schreiben will, weil es zu weit führen würde. Jedenfalls haben die Juden eine Verheißung für die Zukunft. Es ist das einzige Volk, das eine solche hat. Auch wir Deutschen haben im Worte Gottes keine spezielle. Und das müssen wir eben hinnehmen, mein lieber Rudi, darunter müssen wir uns beugen. Wenn Du aber, wie Du behauptest, an das Neue Testament glaubst, dann solltest Du wissen, dass wir »Abrahams Same« nicht dem Fleische, aber dem Geiste nach sind. Auch dies, dass die eingepfropften Schösslinge sich nicht über die natürlichen Zweige erheben sollen. Aber bei den Antis ist zwar die Behauptung, dass sie das Neue Testament bekennen, immer auf den Lippen, wenn es aber darauf ankommt, dann verleugnen sie es ganz nach ihrem Belieben, ziehen sich hinter eine faule Auslegung irgendeines liberalen ungläubigen Professors zurück und bestehen mit einem Aberglauben, der bemerkenswert ist, auf einem freien »deutschen« Christentum. Du wirst den Einwand zu schätzen wissen, wenn ich sage: Hätten wir nicht ein universales Christentum für alle Nationen, dann wäre diese Religion schon längst zugrunde gegangen. Der Ausdruck »deutsches Christentum« ist gerade so berechtigt, als wenn die Heringe von ihrem »Heringsteich« sprechen und damit die Weltmeere meinen. Wenn Du in der Geschichte der christlichen Religion einigermaßen Bescheid wüsstest, dann würdest Du wissen, dass alle herrschenden Strömungen sich mit dem Kirchenglauben auseinanderzusetzen haben und dabei versuchen, ihre spezielle Lehre, ihr modernes Steckenpferd irgendwie mit dem christlichen Glauben zu vereinigen. Dabei kommen die wunderbarsten Gebilde heraus. Diesmal eine »deutsche« Kirche mit einer Religion für sich selber und vermutlich mit einer besonderen Ecke im Himmel, wo die Helden Walhallas sich zur Belustigung der übrigen Himmelsbewohner täglich die Köpfe spalten. – Alle solchen Seifenblasen vergehen natürlich sehr schnell. – Ich überlasse es Narren, da mitzumachen.

Zu meinem Erstaunen finde ich, dass ich mit der Geschichte der Juden so weit fertig bin, dass ich sie sogar bis in die Zukunft verfolgt habe, was von allen Völkern nur bei diesem aufgrund des göttlichen Wortes möglich ist. – Eines wirst du zugestehen: Unehrenhaft ist die Geschichte nicht. Im Gegenteil, es liegt ein großer Zug in ihr: tiefe Tragik und unverwüstlicher Glaube, ein Sturz aus aller Höhe und ein langsames Wiederaufkommen, scheinbar vergebliches Arbeiten und überraschender Erfolg. Bei der Betrachtung ist ein Wort angebracht, dass so oft den Lippen entflieht, ohne dass man sich etwas dabei denkt, nämlich das Wort: »Wunderbar!«

Damit will ich für heute schließen, um, wenn Du die Güte hast, meinen Brief zu beantworten, im nächsten Schreiben ein kurzes Bild der deutschen Geschichte zu geben. Natürlich wesentlich kürzer und nur in einigen Punkten, damit wir endlich zu einem Vergleich kommen. – Eines hoffe ich schon heute, nämlich dass Dir der Gedanke eines Vergleiches nicht mehr so unmöglich erscheint als wahrscheinlich zuerst. Das wäre ja ein Fortschritt.

Nun, ich werde sehen und bleibe inzwischen mit den besten Empfehlungen an die Deinen und mit vielen Grüßen an Dich – Dein treuer Freund U. R. Deutsch

Götz Aly
Antistupidinin für Edeldeutsche

Anhand der Lichtenstaedter'schen Schriften lässt sich der spezielle deutsche Antisemitismus, lassen sich wichtige Voraussetzungen des Holocaust verstehen. Lichtenstaedter schrieb als sehr genau beobachtender Zeitdiagnostiker. Deshalb sind seine Analysen vielen nach 1945 geschriebenen Aufsätzen und Monographien zum deutschen Antisemitismus überlegen. Anders als die meisten nachgeborenen Interpreten betrachtete er die rassentheoretische Staffage deutscher Judengegner als Sichtblende, die man beiseiteschieben muss, um die dahinter verborgenen Gründe zu erkennen. Und siehe da, sie waren nicht wissenschaftlicher, sondern wohlbekannter und banaler Natur: ein Gemisch aus Versagensangst, mäßig getarntem Neid, Bosheit und Habsucht. Der Autor beobachtete all das im Münchner Alltag und erkannte früh, dass die landsmannschaftlich, religiös, sozial und parteilich vielfach gespaltenen Deutschen im Antisemitismus ein einigendes Band fanden, das weit über die Wählerschaft der NSDAP hinausreichte.

Lichtenstaedter sah »viel Ungerechtigkeit gegen die Juden« in Deutschland.[85] Schon als Neunzehnjähriger hatte er den wichtigsten Grund dafür während seiner kurzen Studienzeit in Berlin begriffen. Dort war er im Herbst 1884 in die Redeschlachten vor den Reichstagswahlen vom 28. Oktober geraten. Sofort besuchte er die Versammlungen führender Antisemiten. Sie hießen Adolf Stoecker, Adolph Wagner und Christoph Joseph Cremer und kandidierten unter dem Dach des Conservativen Central Comités, einer staatssozialistischen, antiliberalen und, damals sehr ungewöhnlich, konfessionsübergreifenden christlichen Gruppierung. Den Reden dieser Herren attestierte Lichtenstaedter beachtlichen Schwung, während der liberale Kandidat Professor Rudolf Virchow einen »äußerst schwachen Eindruck« auf ihn machte. Der bekämpfe zwar den Judenhass, spreche jedoch »sehr wenig sachlich«, »phrasenhaft und ziemlich langweilig«. Alles in allem sei Virchow ein Mann, »der besser daran täte, sich ausschließlich seiner Wissenschaft zu widmen«.

An den Berliner Antisemiten fiel dem wissbegierigen Zuhörer auf, dass sie sich immerzu als »kleiner David« präsentierten, der gezwungen sei, sich gegen den (jüdisch-liberalen) Riesen Goliath zur Wehr zu setzen – ein Duell auf Leben und Tod. »Es ist überhaupt charakteristisch«, schrieb Lichtenstaedter in einem seiner wenigen erhaltenen Briefe an einen Studienfreund, »dass (Cremers) liebstes Bild das des Kämpfers, Boxers usw. ist.«[86] Beim protestantischen Agitproppastor Stoecker klang das, was Lichtenstaedter hier beobachtete, so: »Der den Juden eigene Trieb nach sozialer Bevorzugung, nach höherer Ausbildung verdient an sich die höchste Anerkennung; nur bedeutet er für uns einen Kampf um das Dasein in der intensivsten Form. Wächst Israel in dieser Richtung weiter, so wächst es uns völlig über den Kopf.«[87]

Damals erkannte Lichtenstaedter den Kern des ihn umgebenden modernen Antisemitismus, »nämlich, dass die klugen Juden den Wechsel der Zeitumstände und der Macht eher bemerkten – und sich demgemäß einstellten – als die schwerfälligen Deutschen«, wie er 1926 schrieb.[88] Der neue, von Stoecker und Genossen popularisierte Antisemitismus folgte dem Gefühl, den agilen Juden nicht gewachsen zu sein. Allerdings galt es, den als peinlich empfundenen Unterlegenheitskomplex zu verbergen. Diesem Drang entsprach der nur sekundäre Kunstgriff, die eigene Blöße mit völkischen und rassenbiologischen Hüllen zu überdecken. So entstand die um 1880 entwickelte, später von der NSDAP ausgebaute Propaganda: Die Schwachen, die risikoscheuen urdeutschen Nachzügler und Spätzünder verleumdeten die Juden als minderwertige Untermenschen –

Eine Seite aus dem nebenstehend zitierten Brief Lichtenstaedters an seinen Studienfreund Georg Wolff vom 14. November 1884, der vom Wahlkampf der Berliner Antisemiten handelt und von Rudolf Virchows wenig beeindruckenden Versuchen, der antisemitischen Propaganda zu widersprechen.

fürchteten sie jedoch als lebenskluge, gebildete, geistig reaktionsschnelle und schlagfertige Übermenschen.

Das Besondere am deutschen Antisemitismus

Einer von Lichtenstaedters Zeitgenossen, der konservativ-protestantische Antisemit Dr. Wilhelm Stapel (1882–1954), drückte diese Furcht 1932 so aus: »Juden gehen anderen Völkern auf die Nerven, sobald sie mit ihrer Moral, also mit ihrer Gerechtigkeit, Geistigkeit und Menschlichkeit – die uns ungerecht, ungeistig und unmenschlich anmuten – penetrant und präpotent werden. (…) Immerfort haben sie an unserer natürlichen Sittlichkeit etwas auszusetzen. (…) Darum ist die jüdische Herrschaft die unerträglichste von allen. Es würde keinen Antisemitismus geben, wenn die Juden ihren Mund zu halten im Stande wären. Alles können sie, nur den Mund halten können sie nicht. Man kann es ihnen auch nicht zumuten. Denn wenn sie den Mund halten würden, würden sie ihn absichtlich oder bewusst, also gegen ihre Natur, halten. Ihr Schweigen wäre ohne Grazie, ohne Vornehmheit, ohne Tiefe. Es wäre nur klug, nicht adeliger Natur. Also werden die Juden ihren Mund *nicht* halten, und wir werden Antisemiten bleiben. Es ist halt nichts zu machen.«[89]

In derart halb beleidigter, halb verhalten aggressiver Weise blickte die Mehrheit der deutschen Antisemiten – und das war zugleich eine deutliche Mehrheit der Deutschen – auf die Juden. Zur Missgunst gesellten sich typischerweise Häme und Schadenfreude: Schön, wenn beim Juden die Fensterscheiben klirrten! Schön, wenn der Staat die sonst so Vorlauten seit 1933 etwas härter anfasste! Dahinter steckte Neid. An diesem Punkt, und nur da, gewann die »Rassentheorie« einen realen Bezug: Sie erhob die individuell weniger schnellen, vielfach (noch) ungeschickten Mehrheitsdeutschen zu »arischen« Edelmenschen.

Das tat der gedemütigten, zerrissenen und verwirrten Volksseele gut. Konnte man individuell nicht mit Juden konkurrieren, gehörte man wenigstens einem besonderen, einem hochstehenden Volkskollektiv an: den rassefrischen Superdeutschen, noch besser den Ariern, die Adolf Hitler immer wieder als die »Erwecker all der späteren großen Kulturen« pries.

Diejenigen, die den individuellen Erfolg von Juden scheel beäugten, flüchteten in den Kollektivismus – nur gemeinsam fühlten sie sich stark. Die Propagandaauftritte des Dr. Johann von Leers (1902–1965) bieten dafür klassische Belege. Von Leers betätigte sich als Gauredner der NSDAP in Berlin und als der Schulungsleiter des Nationalsozialistischen Deutschen Studentenbunds. In seinen Reden mischte er Unterlegenheitsgefühle, Habgier, sozialen Aufstiegswillen und gemeinschaftliche Selbsterhebung zu einprägsamen Sprachgemälden. Als er am 3. Juni 1932 bei einer Großveranstaltung in Berlin-Südende vor einem offenbar proletarisch-kleinbürgerlichen Publikum sprach, nachdem der sozialdemokratische Polizeipräsident wieder einmal uniformierte Aufmärsche verboten hatte, drohte der Gauredner: »Unsere SA wird wieder in ihrem braunen Ehrenkleide mitten auf der Straße marschieren, während sich der Hebräer mit seiner langen Nase wird an den Häusern entlangdrücken müssen. Die hebräischen Prinzessinnen in Samt und Seide – so spazieren sie herum – jetzt werden sie aber aus dem Tempel fliegen.« Bei Bedarf drückte sich von Leers gehobener aus, so zum Beispiel, als er am 13. Juli 1932 im Victoria-Garten in Berlin-Wilmersdorf vor einem bürgerlichen Publikum sprach. Hier rief er nicht in unverhohlener Weise zu direkter Gewalt auf, sondern kleidete seine Botschaft von der moralischen und kulturellen Exzellenz »nordischer« Menschen und der Inferiorität »Judas« in bildungsbürgerliches Wortgewabere: »Es handelt sich hier um einen Kampf des lichttragenden nordischen Geschlechts gegen das schwarze und dunkle Juda. Es ist der Kampf des sauberen, kulturtragenden nordischen Menschen gegen den Verderber Juda, ein Kampf des Lichts gegen die Mächte der Finsternis.«[90]

Im einleitenden Rundgang durch Anthropopolis bespöttelt der Ich-Erzähler Lichtenstaedter die »rassisch« gestützte Aufgeblasenheit der Arier und das dahinter verborgene geistige Nichts: »Rein äußerlich sind beide Rassen nicht immer mit Sicherheit voneinander zu unterscheiden. Umso größer ist dagegen der moralische Unterschied: Die arischen Anthropopolitaner sind nämlich edel, die semitischen dagegen unedel. (Sollte der geneigte Leser etwa über die Begriffe ›edel‹ und ›unedel‹ im Unklaren sein, so kann er sich sehr leicht unterrichten; er braucht nur beide Rassen zu beobachten: Was die Arier tun, ist edel, was die Semiten tun, ist unedel!)«

Lichtenstaedter lehnte den Begriff Rasse nicht prinzipiell ab. Er verstand ihn in einem zu seiner Zeit gängigen anthropologischen Sinn als Kategorie zur Unterscheidung zwischen Japanern und Europäern oder Ostafrikanern und Westafrikanern usw. Jedoch hielt er die rassische Homogenität irgendeines größeren modernen Staates für »eine Fiktion«. – »Aber an diese wird geglaubt, und der Glaube tut Wunder.« Denn schließlich komme es im Völkerleben nicht darauf an, »was von der Wissenschaft erwiesen« sei, sondern »was von den breiten Volksmassen geglaubt« werde.[91] In diesem Sinne bezeichnete er die mit rassischem Gebimmel begründete Nobilitierung des eigenen Volks als »Selbstvergötterung« des »deutschen Dickkopfs«, dem er im Unterschied zu den meisten Juden folgende Charakterzüge zuschrieb: »Bequemlichkeit, hervorragende Ichsucht, mangelndes Begriffsvermögen, schwere Anpassungsfähigkeit, unberechtigten Stolz und Mangel an klarer politischer Einsicht.«

Worin unterschied sich der deutsche Antisemitismus von dem anderer Völker? Als wichtigen Punkt nannte Lichtenstaedter 1926 die Niederlage im Weltkrieg und die fixe Idee der vielen »mit heißem, patriotischem Herzen«, dass die »ungelöste Judenfrage« daran schuld gewesen sei. »Ohne sie gründlich zu lösen«, so fasste er diese Agitation zusammen, »sei an kein Heil, keine Rettung des Vaterlandes zu denken. Das heißt: Ohne die Entrechtung, ja vielleicht die Enteignung der Juden, ohne den gänzlichen Bruch ihres Einflusses in Literatur und Presse, im Rechts- und sonstigen Leben des Volkes könne an einen Wiederaufstieg des deutschen Volkes nicht gedacht werden, sei selbst eine innere Sammlung unmöglich.« Dem setzte er entgegen: »Wer das deutsche Volk befreien will, der erkenne zunächst die deutsche, die eigene Schuld am Zusammenbruch an – die äußerliche und innere! Zu der inneren Schuld gehört der pharisäische Judenhass. Dazu ist zu rechnen die damit im Zusammenhang stehende Judophobie, welche allein schon eine Bankrotterklärung des Deutschtums ist.«[92]

Wie die Mehrheit der Deutschen ihre selbstverantworteten Probleme auf einen Generalschuldigen namens Jude übertrug, illustrierte Lichtenstaedter mit einer 1926 veröffentlichten Satire. Darin sagte er für 1999 das Erscheinen einer deutschen »Kulturgeschichte des 19. und 20. Jahrhunderts« voraus, in der das Publikum darüber belehrt werde, »dass die Trunksucht im 19. Jahrhundert nur die Schuld der Juden« gewesen sei. Und warum? Ganz einfach! Jüdische Händler hatten Wein zu Markte getragen, jüdische Bankiers Kredite zum Bau von Bierbrauereien gegeben und »jüdische Geschäfte Humpen, Krüge und Kannen verkauft«. Nicht zuletzt hatten jüdische Möbelgeschäfte »in der skrupellosesten Weise die zum Kneipen unentbehrlichen Tische, Bänke und Stühle« geliefert.[93]

Von Anfang an studierte unser Autor den »Völkischen Beobachter« – ein »vielgelesenes Blatt, Organ der ›Nationalsozialistischen Deutschen Arbeiterpartei‹«, wie er 1922 notierte.[94] Die in dieser Zeitung gängigen Rassezuschreibungen wie Arier oder Indogermane hielt er für »fingiert oder eingebildet«. Jedoch machte er sich über die Folgen solcher auch wissenschaftlich eingekleideter Hirngespinste nichts vor, weil es, wie er schon 1897 angemerkt hatte, »im menschlichen Leben weniger darauf ankommt, wie ein Ding ist, als wie es sich in den Augen der Beteiligten darstellt«.[95]

Gegen die rassentheoretischen Unterstellungen einflussreicher Antisemiten spottete er, sich doch »die beiden Herren Schulze oder Müller« anzusehen: »Beide fühlen sich zwar als Arier, schimpfen über die Juden, haben laut standesamtlicher und pfarramtlicher Register keinen einzigen jüdischen Ahnen, aber – der eine 150 cm groß, braunäugig und schwarzhaarig, der andere 175 cm, blauäugig und blondhaarig. Das ist nicht die nämliche Rasse!«[96]

Das Besondere an den deutschen Juden

Statt für Rassenschminke interessierte sich Lichtenstaedter konsequent für die dahinter verborgene Missgunst und Heimtücke. Woher kamen diese? Das fragte er immer wieder. Einerseits, so meinte er in einem Text, stünden die deutschen Juden in ihrem Verhalten, Aussehen und ihrer Religion der Mehrheitsgesellschaft nahe, andererseits sei ihr »kollektives Ich« klar unterscheidbar. Im Gegensatz zur Antisemiten-Bewegung muss eine Antilinkshänder-Bewegung scheitern, weil die verbindenden Eigenschaften der Linkshänder zu schwach sind, um ein kollektives Linkshänder-Ich zu begründen. Ist das Einigende – wie im Fall der Juden – hinreichend stark, ergibt sich das kompakte Bild einer Gruppe, dem weitere Merkmale zugeschrieben werden können.[97] Zu den positiven und nach außen als verbindend wirkenden Eigenschaften der Juden zählte Lichtenstaedter, dass sie prozentual sehr viel weniger an »Mord, Totschlag und sonstigen Vergehen gegen das menschliche Leben«

beteiligt waren als ihre christlichen Landsleute und fast nie betrunken angetroffen wurden. Zudem zeigten sie deutlich mehr »Wohltätigkeit und Hilfsbereitschaft für Bedürftige, Elternliebe und Kindesliebe« und waren in der Schule, im Studium und im Geschäftsleben gemeinhin erfolgreicher als ihre christlichen Konkurrenten.[98]

An Lichtenstaedters Heimatstädtchen Baiersdorf lässt sich exemplarisch zeigen, in welchem Ausmaß Juden zu weit überdurchschnittlicher Mobilität und zu wirtschaftlichem Erfolg neigten. Im Jahr 1837 lebten dort 1110 Christen und 440 Juden (28,4 Prozent); 1867 zählte man 153 jüdische Einwohner (11,3 Prozent), 1900 noch 33 (2,5 Prozent). Die im Vergleich zu den christlichen Nachbarn schnellere Abwanderung der Juden fand ihre Ursachen in der kulturellen und wirtschaftlichen Attraktivität der Großstädte, den dort vorhandenen Gymnasien und Universitäten, den Aufstiegschancen und urbanen Möglichkeiten für unternehmerischen Gründergeist. Deshalb – nicht wegen allenfalls milder Vorbehalte der christlichen Mehrheit – sank der jüdische Bevölkerungsanteil in Baiersdorf und in Dutzenden ähnlichen deutschen Gemeinden zwischen 1850 und 1930 drastisch. Bei annähernd konstanter Einwohnerzahl blieb Baiersdorf zwischen 1830 und 1930 beschaulich, war aber vom allgemeinen Fortschritt abgeklemmt. Als Vorreiter der Metropolisierung zogen fast alle Juden von dort weg, hin nach Erlangen, Nürnberg, Würzburg, München oder Frankfurt am Main, manche in die USA oder nach England. 1932/33 waren von den 1400 Einwohnern Baiersdorfs noch 17 Juden.

Nachdem die Synagoge in der Nacht vom 9. zum 10. November 1938 von Baiersdorfern geschändet worden war, wurden dort die drei letzten Juden verhaftet und zum Wegzug gedrängt. Zwei Wochen später meldete das »Erlanger Tagblatt«: »Am 22. November 1938 ist mit dem Abzug der Judenfamilie Kohn Baiersdorf praktisch judenfrei geworden. Der Davidstern, der auf der hiesigen Synagoge prangte, wurde am 10. November herabgeholt und die Inneneinrichtung zerstört. Da das Dach dabei beschädigt wurde, wird der teilweise auch baufällige Bau abgetragen werden.«[99]

Der Ruf »Nieder mit den Juden!«

In der Regel gesteht man Neid weder sich noch anderen ein, weil ein solches Eingeständnis auf die eigenen Schwächen und Fehlschläge hindeutet. Deshalb erfindet der Neider üble Nachreden und Lügen. Er verschafft sich das Gefühl geistiger und moralischer Überlegenheit, indem er den Beneideten herabsetzt. Ist dieser geschickt und wagemutig, gilt er als »niederträchtig« oder »unverschämt«; ist er freundlich, schmäht man ihn als »unterwürfig« und »kriecherisch«; verfasst er in Windeseile ein scharfsinniges Buch, denunziert man ihn als »oberflächlichen Vielschreiber«, dem es an »Tiefsinn« mangle; redet er witzig, fast druckreif, wird er als »geschwätziger Blender« verleumdet; hat er ein gutes Auskommen, heißt es, er sei »geldgierig«, »rücksichtslos«, »unehrlich« oder »betrügerisch«; spielt er bewundernswert Geige oder Klavier, bleibt sein Ton »eigentümlich kalt‹.

Als Beneidete gehörten Juden im damaligen Deutschland einer in der Gesamtschau auffallend erfolgreichen Gruppe an – ausgestattet mit einem ungewöhnlich hohen Bildungsgrad, überdurchschnittlichen Einkünften und dem Geschick gesegnet, die Chancen der Gegenwart zu nutzen und den Krisen nach Möglichkeit auszuweichen. Die diffamatorische Antwort darauf lautete: Die deutschen Juden seien Angehörige einer »verschwörerischen und hinterhältigen Rasse«, die »durch und durch materialistisch« gesinnt sei und darauf hinarbeite, die christliche Mehrheit zu versklaven. So gesehen war es kein

Zufall, dass der organisierte deutsche Antisemitismus um 1880 entstand, nämlich in einer Phase höchst beschleunigter, aber auch krisenhafter Modernisierung. (Der gelegentlich geäußerte Einwand, die Vorurteile hätten sich an bettelarmen ostjüdischen Zuwanderern entzündet, zählt nicht. Denn gerade sie lebten vor, wie schnell der Aufstieg unter äußerlich extrem ungünstigen Bedingungen gelingen konnte.[100])

Neben der Niederlage im Ersten Weltkrieg und dem Neid auf flinke Juden, die sich auf dem rutschigen Pflaster des sozialen Wandels umsichtig bewegten, sah Lichtenstaedter eine weitere, speziell deutsche Ursache für den grassierenden Antisemitismus: die starke religiöse, »soziale und geistige Zerklüftung« der Nation, die in sich so zerrissen sei »wie kein anderes Volk auf Erden«. Daher rührten nach seiner Meinung einerseits der Hang zur Volksgemeinschaft und zum Kollektivismus, andererseits die projektive Übertragung des eigenen Unvermögens auf die 500 000 Juden im Lande. Denn in den Augen der Antisemiten hielten die wie Pech und Schwefel zusammen und betätigten sich zugleich als »Spaltpilze« der Mehrheit. Anstatt es den Juden an gegenseitiger Hilfsbereitschaft und Aufstiegsfreude gleichzutun, grölten die Antisemiten »mit heißem Herzen«: »Unser Hauptunterdrücker ist der Jude!« In dieser Konstellation könnte es so weit kommen, antizipierte Lichtenstaedter 1926, dass »die Juden aus Deutschland vertrieben oder mindestens gänzlich entrechtet« würden. Doch verbot er sich diesen Gedanken und fragte rhetorisch, ob »heute, im 20. Jahrhundert, eine gewaltsame Vertreibung möglich wäre«. Die selbstberuhigende Antwort lautete: »Die Mehrheit des deutschen Volkes würde eine Wiederholung mittelalterlicher Greuel nicht billigen.« Aber schon wenige Sätze später malte Lichtenstaedter aus, was auf die Juden zukommen könne: »Ein befreites Deutschland, ein völkisch gewordenes Reich«, das »alles das ausführt, was unsere Antis[emiten] androhen«. Doch dann entfloh er seiner eigenen apokalyptischen Prognose wieder, um sich mit einem aufbauenden Appell abzulenken: »Man lege die deutsche Schwerfälligkeit ab und werde agil wie die Juden. Man kann so viel von ihnen lernen. Über Rückschrittler schreitet das Schicksal eher fort.«[101]

Bei aller teils unglaublichen Genauigkeit seiner Prognosen konnte Lichtenstaedter den mörderisch effizienten und arbeitsteilig organisierten Tatendrang deutscher Antisemiten nicht vorhersagen. Vieles sah er jedoch klarer als andere. Aber – wenn einer eine Vorahnung gehabt hatte, dann er. 1897 hatte er konstatiert, wie sehr »die Abneigung gegen die Juden« in den vorangegangenen Jahren zugenommen habe. Zwar werde nicht »der einzelne Jude, der ruhig über die Straße geht«, ohne weiteren Anlass bedroht oder beleidigt, allerdings sei das anders, wenn Juden in der Öffentlichkeit als Gruppe aufträten: Begännen diese »laut zu sprechen (vielleicht gar mit jüdischer Akzentuierung oder in jüdischem Jargon) und sich sonst auffällig zu benehmen, so ist dies unter Umständen geradezu als Leichtsinn zu bezeichnen, der leicht recht unangenehme Folgen nach sich ziehen kann«. Lichtenstaedter sprach kurz vor der Wende zum 20. Jahrhundert vom chronischen Gegensatz zwischen der Mehrheit und der jüdischen Minderheit in Deutschland, der einen zwar »nicht glücklichen, so doch erträglichen Zustand« darstelle. Wenn aber der Gegensatz infolge gravierender äußerer Ereignisse »akut« würde, dann bliebe »den deutschen Juden kaum etwas anderes übrig als die Auswanderung«.[102] Das stellte der Zweiunddreißigjährige 1897 fest.

Rund zehn Jahre später, nun schon wohlbestallter Regierungsrat, schrieb er beiläufig auf, wie er den gesellschaftlich weitverbreiteten Antisemitismus wahrnahm. In gedämpftem Ton erwähnte er »die Drangsale und Unannehmlichkeiten«, denen er als bekennender Jude immer wieder ausgesetzt sei. Auch hatte er vielfach belauscht, wie in nichtjüdischen Kreisen gesprochen wurde, wenn man meinte, ganz unter sich zu sein: »Es ist unerträglich, wie sich das Judentum auf allen Gebieten vordrängt. Die Medizin wie die Jurisprudenz, die Malerei wie die Musik, die Bühne wie die Presse, der Handel wie die Industrie – alles ist verjudet. Gott sei Dank, dass wenigstens das Offizierskorps sich rein von Juden hält.«[103]

Keine Frage, Lichtenstaedter verfügte über einen scharfen Blick und prognostizierte viele Gewaltereignisse mit teils unglaublicher Treffsicherheit. Doch hinsichtlich des weiteren Erstarkens des Antisemitismus in Deutschland übertraf ihn der Wiener Autor Isidor Singer (1859–1939). Er vermutete 1882, in absehbarer Zeit würden grausame Kämpfe »zwischen dem Germanentum und dem Slawentum« ausbrechen und Kriege zwischen Europa und dem »in furchtbarer Gärung begriffenen Orient« heraufziehen. Ganz Europa werde dann in Waffen stehen und »der lang gefürchtete europäische Krieg entbrannt sein«. In den Massenschlachten würden sich »unzweifelhaft die Juden die tiefsten und schmerzlichsten Wunden holen«. Singer untermauerte seine apokalyptische Vision mit handfesten Argumenten. Zum einen werde der Krieg zum »unaufhaltsamen inneren Zusammensturz des russischen Reiches« und zur gesteigerten »Wut des Pöbels« gegen die Juden führen; zum anderen werde er den gesamten Kontinent erfassen und dann auch im gesitteteren westlichen Europa »die Bande des Gesetzes und der Ordnung« lockern, wodurch »die unruhigen Elemente« leicht die Oberhand gewinnen könnten. Geschähe das, würde niemand mehr dem »geradezu unausrottbaren, lediglich der niedrigsten Scheel- und Habsucht entsprungenen Judengrolle« entgegentreten. Zwar befand Singer, der Antisemitismus in Deutschland sei nach dem Ausbruch von 1880 gezügelt worden, doch schien ihm 1882, also 32 Jahre vor dem Weltkrieg, Skepsis ratsam. Seine Vorschau auf das 20. Jahrhundert bezog die verrohende Wirkung langer Kriege mit ein, ebenso das in der Folge grassierende

Freund-Feind-Denken und die spätere Suche nach Sündenbö-
cken. Wie Lichtenstaedter benutzte Singer für seine Prognosen
keine besondere Theorie, sondern stützte sich auf geschichtliche
und menschliche Erfahrung. »Sind wir denn dessen so sicher«,
schloss er seinen Gedankengang, »dass, wenn das deutsche Volk
nach Jahr und Tag bewaffnet auf dem russischen oder französischen Schlachtfelde stehen wird, die Antisemiten daheim nicht
von neuem und in verstärktem Tone den gellenden Schlachtruf
erheben werden ›Nieder mit den Juden!‹.«[104]

Vernichtung »heimlich ersehnt, schmunzelnd erwähnt«

Zur Heilung der deutschen Volksseuche Antisemitismus
empfahl Dr. Lichtenstaedter 1926 unter dem Pseudonym U. R.
Deutsch die »Einspritzung von, sagen wir, Antistupidinin«. Als
Ziel der Therapie gab er an, »endlich Schluss zu machen mit
dem geistigen Kampf gegen die Juden, mit einem persönlichen
und gesellschaftlichen Boykott, mit Neid und der Betonung all
dessen, was (…) verschieden ist«. Aber wie sollte das geschehen? Lichtenstaedter wusste nur zu genau, worauf der ihn um-
gebende heimatliche Antisemitismus beruhte: nicht auf einer
wie immer gearteten »Rassentheorie«, sondern »auf der Furcht
vor der Überlegenheit der Juden«.[105] Auch wenn die rassenbio-
logische Kategorie »hochstehender Arier – tiefstehender Jude«
den Antisemitismus nicht verursachte, so entfaltete sie doch
erhebliche Wirkung: Mit ihrer Hilfe ließ sich die verklemmte
Unsicherheit so vieler Deutscher in Dünkel transformieren. Aus
dem Bewusstsein eigenen Unvermögens und kollektiver Selbsterhebung entstand das explosive Gemisch des national-sozialen
Antisemitismus. Zugleich rechtfertigte die Furcht vor dem eingebildeten, angeblich übermächtigen Aggressor namens Jude
Maßnahmen der Notwehr.

190

Schon damals fühlten sich Deutsche mit Vorliebe in der Rolle des Opfers wohl. Wer sich in der Situation der Notwehr glaubt und wem eingehämmert wird, er stünde mit dem Rücken zur Wand, der bedarf keiner rationalen Gründe für sein weiteres Handeln. Lichtenstaedter nannte dafür ein klassisches Argumentationsmuster: Als in Anthropopolitanien »Juden und Judenfreunde« nach Beweisen für das behauptete weltverschwörerische Treiben jener allseits bekannten »Rasse« verlangten, konterte die »Anthropopolitanische Morgenröte«: »Israel ist viel zu schlau, als dass es vorzeitig seine Pläne schwarz auf weiß seinen Opfern verraten möchte.«

Auf welche Weise die nichtjüdische Mehrheit ihren kleinen oder großen Neid und ihre Gier kaschierte, wie sie im Handumdrehen die Bereitschaft entwickelte, den von staatlicher Seite ungeschützten Juden mit Gewalt beizukommen, und wie sie sich passende Rechtfertigungen – eine neue Moral – zurechtlegte, erzählt Lichtenstaedter in seinen Glossen. Die christlichen Religionslehrer Anthropopolitaniens leisteten dafür Vorbildliches: »Sie führten lediglich aus, dass es gar viele Feinde des christlichen Staates und der arischen Rasse gebe, dass eine fremde Rasse sogar danach strebe, Anthropopolitanien und die ganze Kulturwelt zu unterjochen und das Christentum auszurotten.« Deshalb »gelte es«, so ließen sie im Unterricht einfließen, »die Augen offen, das Herz warm und den Arm bereitzuhalten«. Notwehr! Für die mehr als 500 eingeworfenen Fensterscheiben von Häusern, in denen anthropopolitanische Juden wohnten, ermittelte die Polizei trotz allen (vorgetäuschten) Eifers keine Täter.

Der Leitartikler der »Anthropopolitanischen Morgenröte« bezeichnet die Juden im ersten Absatz seines von Lichtenstaedter erdachten, jedoch aus der Münchner Realität geschöpften Textes als »fremde, minderwertige Rasse«. Aha, Rassenantisemitismus könnte man denken – aber in den 30 folgenden

Absätzen geißelt er ganz im Sinne des anthropopolitanischen Wir, dass »wackeren arischen Männern« der Weg zum »ehrenvollen« Beruf des Gerichtsvollziehers versperrt werde, dass Juden »kein höheres Ideal kennen als den Mammon« und in ihrer »schlau-schlürferisch-schlangenhaft schleichenden« Art bald sämtliche wichtigen Staatsämter »mit waschechten Rassegenossen besetzen« würden, um dann »nicht eher zu ruhen, als bis alle Staatsbeamten Juden sind«. All das rechtfertigen sie angeblich mit »kniffligen Spitzfindigkeiten«, nutzen die Tricks »überschlauer«, »geriebener« Advokaten, um die aufrechten, »tiefgründigen« und »einfachen« Anthropopolitaner zu übervorteilen. Und dann noch das: die Gerichtsvollzieherei »zu hundert Prozent in jüdischer Hand«.[106] Die rechtschaffenen Anthropopolitaner empfanden all das als unerträgliche, himmelschreiende Gerechtigkeitslücke, wie man heute sagen würde, als gänzlich unverständlichen Angriff auf die edle Idee quotengerechten Mainstreamings. Unmöglich! Ungerecht! Skandal! Mit Rassenideologie hatte das wenig zu tun.

Wie die Rede des Abgeordneten Dr. Ottmar Rutz im Bayerischen Landtag belegt, schrieb Lichtenstaedter Realsatire. Rutz beteuerte im Landtag immer wieder, all seine Argumente hätten nicht das Geringste mit Antisemitismus oder gar Rassenhass zu tun, vielmehr gehe es ihm und seinen Parteifreunden allein um »die Interessen des deutschen Volkes« – um Gerechtigkeit, weil Juden begännen, die echtdeutschen Männer aus der Beamtenschaft zu verdrängen. Oberregierungsrat Dr. Lichtenstaedter war ein solcher Beamter, noch dazu einer, der sich mit begriffsstutzigen Kollegen anlegte.

Auch nach dem Machtantritt Hitlers sprach Lichtenstaedter nicht von Rassenlehre und völkischer Ideologie, sondern hob weiterhin und unbeirrt die Motive jener Leute hervor, die er aus seinem Alltag kannte. Statt die Nationalsozialisten zu dämonisieren, analysierte er die politischen Kräfte, die ihn und alle, die als Angehörige der jüdischen Rasse galten, existentiell bedrohten. Damals, Anfang 1933, schrieb er, an seine jüdischen Religionsgenossen gewandt: Wenn die Gruppe der Juden »im unverhältnismäßigen Maße anscheinend ›glücklicher‹« als andere ist, »warum sollte dies nicht ähnlich Neid und Missgunst, Sorgen und Bekümmernis um die Zukunft im Kopfe und Herzen der anderen erregen, wie es im Verhältnis zwischen Individuen nur allzu oft der Fall ist?«[107] Aus der eingebildeten und der tatsächlichen Differenz sog das halblaute antisemitische Ressentiment seine Energie. »Heimlich ersehnt und schmunzelnd erwähnt«, wie Lichtenstaedter 1926 notierte, entstanden daraus Vertreibungs- und Vernichtungswünsche, gehegt von ansonsten moderat auftretenden Mitmenschen, denen man solche Phantasien nicht zutrauen würde. Sie trachteten danach, sich »unbequemer Gäste, der Konkurrenz und der gemachten Schulden zu entledigen«.[108]

Wenn sie die dafür erforderlichen Rechtsbrüche und Gewaltakte nicht selber ausüben mussten, so ergänze ich Lichtenstaedters Ansatz, umso besser – und genau das versprach die 1933 gewählte Regierung Hitler. Vom ersten Tag an erklärte sie eine noch nicht genau definierte, jedoch »entschlossene Behandlung der Judenfrage« zum positiven Staatsziel. Denn die kleinen deutschen Geschäftsleute, die Angestellten, Reisevertreter, Handwerker und Arbeiter, die ebenfalls vorankommen wollten, aber es nicht so schnell schafften und immer wieder über die eigenen Unzulänglichkeiten stolperten, bevorzugten die innere Genugtuung desjenigen, der im Stillen profitiert, seine Hände in Unschuld wäscht und in sich hinein murmelt: Ein Dämpfer kann diesen sonst so vorlauten und frechen Juden nicht schaden! Bald nach Kriegsende sagte mein Großvater Friedrich Schneider zu meiner Mutter: »Was man mit den Juden gemacht hat, das ging entschieden zu weit.« Gerade so, als hätte nicht auch er zu diesem »man« gehört und die sozialen Grundlagen für ein beispielloses Verbrechen auf äußerlich harmlose Weise mitgeschaffen.

Neben den weniger aggressiv klingenden Grundtönen nahm Lichtenstaedter auch die schrillen politischen Spitzentöne wahr, die unverhohlen zu irregulärer und staatlich-exekutiver Gewalt tendierten und ohne Umschweife zur Exklusion der jüdischen Minderheit bliesen. Am 30. Mai 1922 notierte er sich diese Sätze des katholisch-konservativen Regierungspräsidenten von Oberbayern, Gustav von Kahr: »Keinerlei Ausgleich gibt es in dem unter unserem Volke entbrannten Kampfe zwischen der christlich-germanischen und der jüdisch-materialistischen Weltanschauung. Sein Ausgang wird über unser Schicksal entscheiden. In diesem Kampfe gibt es keinen Ausgleich und keine Versöhnung, sondern nur die Parole ›Wo steht der Feind?‹.« Der so vor der Beamten-Vereinigung und der Studentengruppe der Bayerischen Volkspartei in München redete, war zuvor schon Ministerpräsident des Freistaats gewesen und wurde sieben Wochen vor Hitlers Putschversuch vom 9. November 1923 zum Generalstaatskommissar von Bayern ernannt, um revolutionäre Umtriebe jeder Art zu unterdrücken. Als von Kahr dieses Amt am 26. September antrat, erklärte er in seiner Antrittsrede: »Ich will mich stützen auf alle Kreise, die deutschen Stammes sind.«[109] Lichtenstaedter interpretierte diesen Satz nüchtern als nur mäßig verschleierte Judenhetze, als Vorboten einer möglichen Judenvertreibung. Von Kahr sprach als Repräsentant der Bayerischen Volkspartei dem bayerischen Ableger der katholischen Zentrumspartei, die bei den Landtagswahlen 1920 knapp 40 Prozent der Stimmen errungen hatte und deren Wählerschaft lange Zeit gehörigen Abstand zur NSDAP hielt.

Als Leser rechtsradikaler Blätter erkannte Lichtenstaedter spätestens 1923, dass in der NSDAP eine »neue Ethik« der Vernichtung heranreifte, wie er am Beispiel des Textes von Hauptmann Tröbst analysiert hatte. 1929 kennzeichnete er die antisemitischen Ansichten und Absichten »völkischer Politiker« mit zwei Sätzen so: »Die Juden sind Feinde des deutschen Volkes und müssen daher mit allen Mitteln bekämpft werden. Dieser Zweck ist heilig und heiligt die Mittel.«[110]

An welche Mittel dabei gedacht wurde, hatte er 1926 satirisch in einen Kommentar der »Anthropopolitanischen Morgenröte« verpackt. Dieser handelt, wie in diesem Buch nachzulesen ist, von einem Jahrzehnte zurückliegenden, neuerdings aktualisierten Fall angeblicher »jüdischer Wucherei und Volksausbeutung« und gipfelt in der leicht verschlüsselten Morddrohung: »Wenn auch durch eine unbegreifliche Nachsicht Gottes dereinst Israel im Schilfmeer gerettet und seine Gegner ertränkt wurden, so kann recht wohl in unserer Zeit auch der umgekehrte Fall eintreten: dass Israel unschädlich gemacht, dagegen seine Gegner – richtiger: seine Opfer – gerettet werden. Es gibt noch andere Meere als das Schilfmeer; es gibt außerdem Flüsse, auch in unserem anthropopolitanischen Lande, mit genügend Wasser, um das ganze Volk Israel unschädlich zu machen!«

Wenige Jahre später summten und sangen Zehntausende Hitlerjungen, BDM-Mädel, SA- und SS-Männer den Ohrwurm: »Die Juden zieh'n dahin, daher. / Sie zieh'n durchs Rote Meer. / Die Wellen schlagen zu. / Die Welt hat Ruh'.«

Lichtenstaedter griff in diesem Text den programmatischen Artikel »Mustapha Kemal Pascha und sein Werk« auf, der drei Wochen vor Hitlers Putschversuch vom 9. November 1923 in der Zeitschrift »Heimatland. Vaterländisches Wochenblatt – Organ des Deutschen Kampfbundes« erschienen war. Dieses Kampfblatt hatte die Münchner Polizei Anfang Oktober 1923 für kurze Zeit verboten, weil sie es zu Recht als nur wenig getarnte Ersatzzeitung für den bereits verbotenen »Völkischen Beobachter« einstufte. Der Verfasser des Artikels, Hauptmann Hans Tröbst (1891–1939), hatte von 1920 bis 1922 auf türkischer Seite gekämpft. Seine Erlebnisse als Söldner im griechisch-türkischen Krieg erzählte er später in dem Buch »Soldatenblut. Vom Baltikum zu Kemal Pascha« (Leipzig 1925). Lichtenstaedter veröffentlichte den folgenden Text unter der Überschrift »Türken, Deutsche, Arier, Christen, Juden« 1926 in seinem Buch »Antisemitica« (S. 108–111).

Siegfried Lichtenstaedter
1923: »Juden soll man totschlagen«

In einem ausführlichen Aufsatze über den Freiheitskampf der Türkei unter *Mustapha Kemal* in der völkisch-arisch-christlichen Münchner Zeitschrift »Heimatland« [Folge 42] vom 15. Oktober 1923 [S. 7 f.] preist ein Hauptmann Tröbst in hohen Tönen die Niedermetzelung der griechischen und armenischen Bevölkerung Kleinasiens: »… die im Kampfgebiet wohnenden Fremdstämmigen mussten fast ausnahmslos über die Klinge springen, ihre Zahl ist mit 500 000 nicht zu gering angegeben …, ohne Unterschied des Alters und des Geschlechts. Zartbesaitete Gemüter werden nun wahrscheinlich wieder die alten Ladenhüter ›Humanität‹ oder ›Barbarei‹ aufs Tapet bringen. Wozu? Warum?« Ebenso preist Tröbst die Austreibung der nicht niedergemetzelten – angeblich 4 $^1/_2$ Millionen – Griechen und Armenier: »Die im Hinterlande lebende fremdstämmige Bevölkerung, die der Krieg verschont hatte, erhielt von der Regierung eine einmonatige Frist zur Auswanderung; was sie besaß, musste sie an Ort und Stelle zurücklassen; mitnehmen durfte jeder, was er tragen konnte ... Wie der sentimentale Deutsche bei einer derartigen Maßnahme schreien kann, bleibt unerfindlich.«

Zugegeben, dass die vom Verfasser angegebenen Zahlen wohl ungeheuer übertrieben sind; zugegeben ferner, dass, wie der Verfasser ganz richtig hervorhebt, die türkischen Maßnahmen die Antwort auf die unmenschliche Grausamkeit der griechischen Truppen waren, da diese den Krieg bewusst als Ausrottungskrieg führten; zugegeben weiter, dass, wie der Verfasser richtig hervorhebt, die griechische und armenische Bevölkerung in jedem Kriege eine schwere Gefahr für den türkischen Staat und das türkische Volk bildete; zugegeben selbst, dass diese Ausrottungsmaßregeln geradezu mit naturgesetzlicher Notwendigkeit früher oder später erfolgen mussten, da das Zahlenverhältnis der nichttürkischen zur türkischen Bevölkerung ein unhaltbares und unerträgliches war (Ich glaube dies umso mehr erwähnen zu dürfen, als ich dieses schauerliche Vernichtungswerk schon im Jahre 1898 prophezeite* und, um es zu verhüten, das humane Mittel des Bevölkerungsaustausches empfahl – natürlich vergebens; erst *nach* der entsetzlichen Katastrophe, durch den Frieden von Lausanne 1923, wurde der Bevölkerungsaustausch stipuliert.), und dass das ganze Verhältnis zwischen der türkischen und nichttürkischen Bevölkerung etwa mit jenem zwischen der christlichen und jüdischen Be-

---

* Siehe mein Buch »Zukunft der Türkei«, S. 29 ff. (Leipzig bei Otto Gracklauer 1898), in englischer Ausgabe »The Future of Turkey«, S. 37 ff. (London bei Luzac & Co 1907).

völkerung Deutschlands gar nicht zu vergleichen ist; zugegeben andererseits, dass der Ausdruck »*fremdstämmig*« in jenem Artikel ganz unsinnig ist, da die »Rasse« oder Abstammung als solche bekanntlich in der Türkei als trennendes und verfeindendes Moment gar nicht empfunden wird, vielmehr die Religion und allenfalls die Sprache die Bevölkerung verbindet und trennt – dies alles zugegeben, so bleibt doch die ewig merkwürdige Tatsache bestehen, dass ein echt »arisch«-christliches Blatt nicht nur ohne Mitleid und Bedauern, sondern mit unverhohlener Befriedigung darüber spricht, dass 500 000 größtenteils unschuldige Menschen (Männer, Frauen, Kinder) grausam ums Leben gebracht, 4¹/₂ Millionen andere von Haus und Hof vertrieben und ihrer Habe beraubt wurden: wohlgemerkt, nicht etwa Menschen schlechthin – das wäre ja nichts Besonderes in unserer Zeit, da wir die Humanitätsbegriffe so glücklich überwunden haben –, sondern Menschen christlicher Religion und »arischer« Rasse.

Aber wer oder was ist die Ursache dieser gräulich-grausamen Gesinnung? Natürlich die Juden! Wenn es für naive Gemüter noch eines Beweises bedürfte, so könnten folgende Schlussbemerkungen sie belehren: »Die Türkei hat den Beweis geliefert, dass die Reinigung eines Volkes im größten Stil von Fremdkörpern jeder Art sehr wohl möglich ist.* … Einheitsfront, völkische Reinigung und eine wahre freiwillige Armee, das sind heute die Grundlagen für die nationale Wiedergeburt eines Volkes. Das ist in kurzen Worten die große Lehre, die wir aus dem türkischen Freiheitskampfe zu ziehen haben. Wann

---

* Diese Bemerkung ist *außergewöhnlich* einfältig: Dass es im Bereiche der physischen Möglichkeit liegt, Hunderttausende, ja Millionen wehrloser Menschen abzuschlachten, wüssten wir, auch wenn es keinen Pizarro, keinen Dschingis Khan und andere arische oder nichtarische Scheusale gegeben hätte.

kommt der Retter unserem Lande, der diese Forderung der Stunde in die Tat umsetzen wird?«

Die 600 000 Juden des Deutschen Reiches und die 200 000 Juden Deutsch-Österreichs sollen totgeschlagen und ihre Güter den »Ariern« gegeben werden. Hierzu bedarf es aber einer neuen Ethik. Diese lehrt: Die »Fremdstämmigen« (= Fremdreligiösen), die im Vaterlande leben, darf und soll man totschlagen und ihrer Habe berauben.

Der Mann hat Grundsätze, er ist rechtschaffen, frei von Lug und Heuchelei: Was den Juden recht, ist den Griechen und Armeniern (wiewohl christliche »Arier«) billig. Es lebe die neue Moral! Es lebe das neue Christentum!

Nachbemerkung von Götz Aly: Lichtenstaedter las den Ende 1923 erschienenen Aufsatz Tröbsts als Zeitgenosse; liest man ihn heute im Rückblick auf die bis 1945 folgenden Ereignisse, stechen weitere Passagen ins Auge. Tröbst schloss aus seinen türkischen Erfahrungen, dass politische Führer, die eine derartige, von den jungtürkischen Nationalrevolutionären vorexerzierte »innere Einheitsfront« und »völkische Reinigung« bewerkstelligen wollten, alle Brücken hinter sich abzubrechen hätten: »(Sie) müssen sich bewusst sein, dass sie dabei um ihren Kopf spielen. Dieses Bewusstsein wird ihnen die Fähigkeit geben, alle ihnen Entgegenarbeitenden rücksichtslos und für immer unschädlich zu machen, mögen weiche Gemüter dabei noch sosehr über Grausamkeit, Barbarei und Schlimmeres zetern. Diese Unschädlichmachung muss in einer Form erfolgen, dass sie eine *endgültige* und jedermann in die Augen springende ist. Dadurch geht der Bewegung der *Schrecken* voraus, und nur der Schrecken in seiner krassesten Form macht heute auf die entnervte und abgespannte Menschheit noch Eindruck.«

Warum hatte es die armenische und griechische Minderheit so erbarmungslos getroffen? »Der Armenier und Grieche vermehrte sich im Gegensatz zum Türken sehr schnell«, schrieb Tröbst in der Vergangenheitsform, »Handel und Wandel lag ausschließlich in seinen Händen, und er verstand sich in der perfidesten Weise auf die Auspowerung der ihm immer mehr und mehr wehrlos ausgelieferten Bevölkerung.« Der Autor rechtfertigte die Massenmorde mit der »ständigen Ausbeutung des arbeitenden Volkes« und fuhr fort: »Schon der gesunde Menschenverstand zwang den Türken, wenn er einmal beim Aufräumen war, dies auch sofort so gründlich zu besorgen, dass er nicht etwa nach einem Menschenalter von neuem vor die gleiche Notwendigkeit versetzt zu werden befürchten musste.«

Die Fremdstämmigen, die nicht von der türkischen Soldateska niedergemetzelt wurden, mussten »auswandern«, ihr Eigentum zurücklassen, das sie nach Tröbst »im Laufe der Jahre ergaunert hatten«. Mitnehmen durften die Vertriebenen, was sie tragen konnten. Am Ende nahmen Türken und Kurden den noch lebenden Vertriebenen »all das« ab, »was sie mitgeschleppt hatten«. Schließlich standen ganze Städte und Stadtteile leer, war dort »keine Menschenseele mehr zu finden« außer einem türkischen Polizeiposten. Das diente einem bald erreichten Zweck: »All diese Städte und die leeren Häuser der Exilierten sind für die türkischen Volksgenossen bestimmt, die in Bulgarien, Mazedonien und Griechenland leben und deren Rückkehr eine erwünschte Stärkung der türkischen Volkskraft bedeuten wird.«

In seinem Bericht warnte Tröbst vor sentimentalem Geschrei und fasste »in kurzen Worten die große Lehre« für Deutschland zusammen: »Die Türkei hat den Beweis geliefert, dass die Reinigung eines Volkes im größten Stile von Fremdkörpern jeder Art sehr wohl möglich ist.« Die »völkische Reinigung« und eine dazu entschlossene »frische, wagemutige« Freiwilligentruppe hätten die »Grundlagen für die nationale Wiedergeburt eines Volkes« geschaffen. Das führte den Autor zu der Frage, wie es um Deutschland stehe, und zu der Aufforderung: »Kameraden! Schließt die Reihen! Unsere Stunde wird kommen!«

Lichtenstaedter hatte seine Vernichtungsprognosen 1926 veröffentlicht. Bald darauf notierte der Centralverein deutscher
Staatsbürger jüdischen Glaubens aus den Reden und Schriften von NS-Funktionären Sätze wie diese:

»Deutschland den Deutschen! Heraus mit dem Gesindel! Wir
wollen für unser deutsches Volk eine judenreine deutsche
Kultur, Produktion und Politik.« Joseph Goebbels, Das Buch
Isidor. Ein Zeitbild voll Lachen und Hass (1928), S. 165.

»Wartet nur, SA-Kameraden, nur noch ein paar Wochen und
Ihr dürft die Juden in die Spritzenhäuser sperren, so recht
dicht zusammen, dass sie stehen wie die Heringe. Dann ein
paar Zentner Viehsalz dazwischen. Aufgemacht wird nicht.
Und dann mögen sie pökeln, bis das euch abgezapfte Blut
und Schweiß euch zurückgegeben ist.« Aus der Rede des
Reichstagsabgeordneten Dr. Martin Löpelmann (NSDAP,
1891–1981) vom 21. August 1931, gehalten in der Schlossbraue-
rei Berlin-Schöneberg.

»Denkt Euch in diese Situation hinein. Der Mann, der dem
jüdischen ›Vorgesetzten‹ wegen seiner antijüdischen Einstellung und Betätigung Rede und Antwort stehen soll, ist ein
Polizeibeamter und steht vor seinem Peiniger, ausgerüstet mit
seiner geladenen Dienstpistole ...« Aus »Der Freiheitskampf«,
Tageszeitung der NSDAP Sachsen, Nr. 260, 7.11.1931.

»Wir werden die bankgewaltigen Judenlümmel greifen, sie
in Güterwagen stecken, plombieren und sie über die Grenze
abschieben. Verweigert man im Auslande die Annahme,
dann bringen wir sie auf die im Hamburger Hafen liegenden
Leerschiffe. Die Nordsee ist ja unendlich weit.« Aus der Rede
des NS-Gaukommissars Paul Gillgasch (geb. 1897), gehalten
im März 1932 in Saalfeld/Ostpr.[111]

Vorbemerkung von Götz Aly

Den im Folgenden auszugsweise abgedruckten Text ließ Lichtenstaedter unter seinem bürgerlichen Namen in englischer Sprache erscheinen. Es ist sein bislang letzter bekannter Versuch, öffentlich und politisch Alarm zu schlagen, der Welt die akute, höchst gefährliche Notlage der Juden, deren immer wahrscheinlicheren Untergang vor Augen zu führen. Der volle Titel lautet »Perish or change? A memorandum about the Jewish distress.« Jussi U. Isaksen bezeichnete dieses Werk mit Recht als »Appell an Amerika«.

Zwar erschien der Text erst Anfang 1939, doch teilte der Autor in einer Vorbemerkung mit: »Diese Broschüre wurde zwischen Dezember 1937 und März 1938 geschrieben und im Dezember 1938 übersetzt. Ich habe aber kein einziges Wort verändert.«

Seit dem Winter 1937/38 hatte sich die Lage der deutschen Juden dramatisch verändert. Lichtenstaedter selbst wurde Anfang März 1938 aus seiner langjährigen Wohnung in der Arcisstraße von Amts wegen exmittiert und in eine Sammelwohnung für jüdische Schicksalsgenossen verfrachtet. Es folgten im Juni die Vermögensanmeldung für Juden, sodann die Zwangsabgabe sämtlicher Devisen und sämtlichen Goldes; Ende Oktober wurden Tausende in Deutschland lebende Juden polnischer Staatsangehörigkeit mittellos über die Ostgrenze gejagt; am 9./10. November folgten der Pogrom, das Verbot für Juden, über ihren Besitz zu verfügen, und die Konfiszierung von 25 Prozent ihres gesamten Vermögens.

All das veranlasste Lichtenstaedter nicht, seine Broschüre zu aktualisieren. Gemessen an dem, was zwischenzeitlich geschehen war, mussten seine Kassandrarufe von Ende 1937 als viel zu leise, manche Sätze falsch oder unpassend erscheinen. Wahrscheinlich setzte er auf zionistische und ausländische Leser, die in Anbetracht der offensichtlichen Dissonanz zwischen der älteren Warnung und der binnen zwölf Monaten erreichten terroristischen Wirklichkeit dazu bewegt würden, in irgendeiner Form etwas hoffentlich Rettendes zu unternehmen. Richtig blieb das zentrale Wort des Titels »perish«, umkommen, zugrunde gehen, hier mit Untergang übersetzt.

Die folgende Teilübersetzung besorgten Alexander Schnickmann und ich. Wir stützten uns dabei auch auf die kürzere Fassung, die Jussi Isaksen bereits 2006 übersetzt hatte. Sie ist als Hörbuch-Rarität zugänglich: Archivprojekt Dr. Siegfried Lichtenstaedter, 1865–1942. Dokumentation 1: Der Unerhörte, gelesen von Ossi Ragheb und Stephan Clemens, zusammengestellt von J.U. Isaksen, Köln 2006. Die liebevoll gemachte CD findet sich in der Bibliothek Germania Judaica (Sig. Kb/LIC: MF-Kasten). Die Zwischenüberschriften sind von mir eingesetzt.

Siegfried Lichtenstaedter
Anfang 1938: Untergang oder Umkehr

Ich muss mich für den harschen Titel meines Buches entschuldigen: ja, tatsächlich, »Untergang«. Es ist naheliegend, dass wir zum einen in Deutschland Gefahr laufen, ausgelöscht zu werden – wird man die Synagogen in München, Nürnberg, Hamburg und Köln nicht schon innerhalb der nächsten zwanzig Jahre verkaufen und einem gänzlich anderen, weltlichen Zwecke zuführen müssen, um ihre Zerstörung zu verhindern? Die Synagoge Oranienburger Straße in Berlin wird dieses Schicksal spätestens innerhalb von vierzig Jahren ereilen. Zum anderen besteht die Gefahr, dass die Judenheit in Palästina untergehen wird, im »Land der Wiedergeburt«, dem jüdischen Bollwerk, dem ideellen Zentrum der jüdischen Welt, auf dem die hoffnungsvollen Blicke der gesamten Judenheit dieser Welt ruhen.

Sosehr es mir auch wehtut, es ist falsch, den Kopf in den Sand zu stecken – und ich lehne es ab. Lieber bin ich der Grund für den bitteren Schmerz einer edelgesinnten, mutigen und von noblen Ideen inspirierten Jugend – besser ist es, eintausendmal besser, dass sich die halbe jüdische Welt empört und voller Groll gegen mich als vermeintlichen Verräter wendet, gegen mich, der ich meinen Leuten damit »in den Rücken falle« (um einen führenden Zionisten zu zitieren), als dass es zur großen Ernüchterung durch Ereignisse, ja Katastrophen kommt, über deren Schrecklichkeit unsere Führer sich überhaupt keine Gedanken machen, ganz zu schweigen von der breiten Masse, irregeführt durch den blinden Mangel an Einsicht (oder durch schieren »Optimismus«).

Darüber hinaus: Wie wird die Entwicklung im Osten Europas sein? Die Fortschritte der *Kultur* – der so hochgehaltenen, heiligen Kultur, die mit ihrer Aufklärung das Ende dunkler Vorurteile einer früheren Barbarei bringen sollte – diese Kultur hat in der Konsequenz für die Juden in zunehmendem Maße katastrophale Auswirkungen:

Die »Mehrheiten« trachten für ihre Mitglieder nach den höheren Berufsständen: Wissenschaft und Kunst, Handel und Industrie, das Beamtentum, juristische und medizinische Berufe etc. sollen judenfrei werden! Es gibt offensichtlich nur eine Ausnahme – ja: das sowjetische Russland! Wie werden sich die Dinge dort entwickeln? Die Antwort bedarf keines besonderen Scharfsinnes: Sobald die Revolution dort stattgefunden und sich eine monarchische, republikanische oder nationalsozialistische Herrschaft fest etabliert hat, wird die Stellung der Juden noch schlechter sein, als sie es unter den Zaren war. Vielleicht aber wäre es noch schlimmer, wenn sich – obgleich ich dies für unmöglich halte – der Bolschewismus dauerhaft halten sollte. Der Bolschewismus ist, wie wir alle wissen, der Todfeind des Judentums (und gewiss auch des Christentums und des Islam, auch des Buddhismus und anderer »heidnischer« Religionen – was uns allerdings nur ein schwacher Trost ist): Juden ohne Judentum – vermutlich beschreibt diese Formel die bolschewistische Lösung der Judenfrage am genauesten.

Auch in den liberalen und demokratischen Staaten West- und Mitteleuropas liegen die Verhältnisse nicht anders als außerhalb Europas: gleiche Rechte für Juden bestehen zwar auf dem Papier, in Wirklichkeit allerdings nur in begrenztem Maße und das, mehr oder weniger deutlich, vor dem Hintergrund, dass der Jude seinem Glauben abzuschwören hat.

Wie aber verhielten wir uns in der »glücklichen«, der »liberalen« Zeit? Das Handeln unserer Führer beschränkte sich großteils auf »Äußerlichkeiten«, nämlich:

1. Die Präsentation des Judentums: Synagogen, Ritus, Friedhöfe, Organisation und Finanzen (insbesondere das offizielle Gewand des Rabbi war die Grundlage für den Stolz des liberalen Judentums).

2. Beziehungen zur Außenwelt: Man sorgte sich darum, dass Buchstabe und Geist des Gesetzes zur Gleichstellung nicht zum Schaden der Juden gebrochen wurden; man verwahrte sich gegen Beleidigungen und Kränkungen im Alltag, wann immer es so schien, als würden sie sich gegen Juden richten, weil sie Juden sind.

Im Inneren der Gemeinden richtete sich das Interesse auf den äußeren Wohlstand einzelner Mitglieder. Dabei ging es um die Pflege der Armen und Kranken, um Almosen, damit die Armen nicht verhungerten – jedoch ging es zugleich darum, die wandernden Parasiten loszuwerden (vor allem Ostjuden, damals noch »Polacken« genannt). (...) Erst mit dem Anwachsen der antisemitischen Bewegung bemerkte man, richtiger: wurde man mehr und mehr darauf gestoßen, dass die jüdische Religion kein bloßer »Glaube« ist, getrennt vom »säkularen« (sozialen, politischen und wirtschaftlichen) Leben. Vielmehr ist sie (wie alle Religionen) zugleich ein kraftvoller gesellschaftlicher Faktor, der den sozialen Status wesentlich mitbestimmt.

Wir schufen jüdische Arbeitsämter, jüdische Altenheime und jüdische Einrichtungen aller Art, in denen der religiös-*soziale* Faktor den religiösen zunehmend verdrängte. Wir zeigten eine erbärmliche Gleichgültigkeit gegenüber den wichtigsten inneren Fragen des Judentums. Die religiöse Erziehung war zumeist mangelhaft. Man kann wohl sagen, dass sie in den Höheren Schulen schlicht gegen null tendierte. (Meines Wissens begnügte man sich mit ein wenig Geschichte, Philosophie, Literatur etc. als Ersatz für Religion.) (...)

Auf der anderen Seite waren wir stolz und froh über die kulturellen Erfolge einer relativ (wenn nicht gar unverhältnismäßig) hohen Zahl unserer Glaubensgenossen: die vielen Studenten mit ihren weithin exzellenten Leistungen, die Erfolge so vieler Juden in Wissenschaft, Kunst, Wirtschaft etc., ebenso die ausgeprägte Spendenbereitschaft zugunsten des Gemeinwohls, die uns unser Reichtum ermöglichte. All das ließ uns die Krankheiten vergessen, die am Kern unseres Lebens nagten. Vor allem anderen wurden Bildung und Wohlstand zu dem Maßstab, nach dem wir unsere Lage beurteilten: je höher unsere Positionen auf der sozialen Skala, desto größer unser »Glück«. Dieses Streben rief ein schweres Problem hervor, das unsere Väter übersehen hatten: In der menschlichen Gesellschaft führen Bildung und sozialer Status zu einer Pyramide – je höher die Schicht, desto schmaler, kleiner und dünner. Die unterste Schicht ist die größte und breiteste, die Spitze endet im Nichts. Folglich wird eine sozial aufsteigende Gruppe von Menschen automatisch kleiner. Aber jede gesunde, starke Gemeinschaft – sei es eine Nation, eine ethnische Gruppe, eine religiöse Gemeinschaft oder eine andere Gruppierung – muss nach Wachstum und Ausbreitung streben. In Jesaja 54.3 und im wöchentlichen Gebet am Freitagabend heißt es: »Denn nach rechts und links breitest du dich aus.« Wir aber bevorzugen das Motto: »Klettere auf der sozialen Leiter nach oben!« Dies alles wird letztlich im »Rassensuizid« enden.

Zwei scheinbar unglücklichen Umständen verdanken wir, dass es so weit noch nicht gekommen ist, genauer, dass wir noch nicht ausgestorben sind. Zum einen liegt das daran, dass ein großer Teil von uns geistig nicht hinreichend ausgestattet ist, um die höheren Positionen – oder gar die höchsten – zu erreichen. Zum anderen helfen uns die Ressentiments und die Feindseligkeit unserer nichtjüdischen Mitmenschen: Trotz der gesetzlichen und verfassungsrechtlichen Normen, nach denen nicht die Religion, sondern die persönliche Eignung über den Zugang zu Positionen in Staat und Wirtschaft entscheiden soll, verhindern sie, dass wir in zu großer Zahl aufsteigen. (…)

In die Köpfe unserer Glaubensgenossen, insbesondere in die der »besseren« Kreise, müssen wir Folgendes hämmern: Weder das eigene Wohlbefinden, noch das leichte Leben, noch die soziale Stellung und Reputation des Einzelnen, nicht einmal das äußere Erscheinungsbild der Familie darf an erster Stelle stehen – dies alles hat *sub specie aeternitatis* keine oder allenfalls nur geringe Bedeutung. Die nobelste Pflicht jedes Einzelnen muss die Erhaltung und Förderung unseres gemeinsamen Lebens und unserer gemeinsamen Gesundheit sein. Judentum und Judenheit als Bestandteile der Ewigkeit – auf dieses Ziel müssen wir unsere Augen, unsere Mühen und unser inneres Streben richten! (…)

Ich bin ein Mann der Feder

Die zionistischen Führer mögen mich fragen: »Wer oder was gibt Ihnen das Recht, in diesem Ton zu sprechen, Ihre Glaubensgenossen zu rügen und zu schelten und verdienstvolle und bewährte Führer der deutschen Judenheit in gehässigster Weise abzukanzeln? Wer sind Sie denn? Auf welche Verdienste können Sie verweisen? Was haben Sie je erreicht? Nennen Sie uns einen guten Grund, warum wir Ihren Worten Glauben schenken sollten – ja, warum wir Ihnen als Person trauen sollten? Sehen Sie etwa nicht, dass der laute, enthusiastische Applaus, den man unseren Führern bei Versammlungen, in der Presse und anderswo zollt, beweist, wie richtig sie denken und handeln, wie sehr sie zweifellos Werkzeuge in der Hand der Vorsehung sind?« (…)

Meine Antwort lautet: Ich bin, trotz meiner 73 Lebensjahre, ein *homo ignotus*, einem breiten Publikum praktisch unbekannt. Ich hatte im jüdischen Leben niemals einen Posten inne, habe niemals ein Ehrenamt bekleidet, habe niemals einen Verein oder eine Stiftung ins Leben gerufen. Ich kann auf keine gesellschaftlichen Beziehungen verweisen, habe kein Talent als Redner, mein Mundwerk ist nicht besonders rege. Persönlichen Einfluss irgendwelcher Art habe ich nicht. Mein Blick bannt niemanden, meine Stimme ist schwach, meine Statur unauffällig, mein Äußeres nicht besonders elegant. Ich verfüge über kein größeres Vermögen und führe ein sehr zurückgezogenes Leben, nahezu einem Einsiedler gleich. Mir ist bewusst, dass man solchen Menschen gemeinhin die Fähigkeit abspricht, brauchbare Ideen zu entwickeln – seit ihren Anfängen hat die jüdische Geschichte das immer wieder gezeigt.

Ich bin ein Mann der Feder, seit 1895, mit anderen Worten seit nunmehr 43 Jahren, habe ich zahlreiche Schriften veröffentlicht, die sich sowohl mit allgemeinen politischen und ethischen als auch jüdischen Fragen beschäftigen, dies nicht um des Geldes willen, sondern ganz im Gegenteil mit großen finanziellen und auch anderen Opfern.

Mein erstes wichtiges Werk »Kultur und Humanität«, das 1897 unter dem Pseudonym Dr. Mehemed Emin Efendi erschien, rezensierte seinerzeit Professor Steinthal, der Begründer der Völkerpsychologie.[112] Er urteilte, noch keine Schrift zu kennen, in welcher die Grundmächte des geistigen Volkslebens mit so weitreichender Sachkenntnis und solcher Gründlichkeit und in ihren Wechselwirkungen erforscht worden sind. Ich könnte viele weiterer Kommentare zu meinen Schriften anführen, solche bedeutender Gelehrter und Staatsmänner, die mir zustimmten oder respektvoll widersprachen. »Dies beweist noch gar nichts!«, werden Sie einwenden und fortfahren: »Das Leben, insbesondere das historische Wirken der Völker, straft so manchen theoretisch gültigen Lehrsatz Lügen.« Sehr wahr. Ebendeshalb sollten wir lieber die reale Geschichte der Völker als Zeuge bemühen. In dem genannten Buch habe ich den Aufstieg Japans zur Weltmacht 1887 vorhergesehen. Schon 1896, in meinem Offenen Brief an Mr. Gladstone mit dem Titel »Die armenischen Greuel«, habe ich die Ausrottung der Armenier prophezeit und diese Prophezeiung zwei Jahre später in dem Büchlein »Die Zukunft der Türkei« bekräftigt.

Ich war der Erste – so lange niemand das Gegenteil beweist –, der den griechisch-türkischen Bevölkerungsaustausch als wichtiges Mittel für eine bestmögliche Lösung der Orientalischen Frage vorgeschlagen hat. Eine Idee, die seinerzeit niemand in Betracht zog und die prompt und voller Hohn in der Presse verunglimpft wurde (»äußerst verrückt«, nannte sie eine »Autorität« wie Prof. Hartmann in seiner Zeitschrift »Der Islamische Orient«).[113] Aber im Jahre 1923, genau ein Vierteljahrhundert nach dem Erscheinen meiner Publikation, wurde sie umgesetzt, wie wir alle wissen.

Darüber hinaus möchte ich nicht einmal großen Wert darauf legen, dass ich in meinem kleinen, satirischen Buch »Das neue Weltreich« schon 1900 den russischen und italienischen Angriff auf Österreich-Ungarn prophezeit habe, samt der daraus folgenden Zerstörung der Doppelmonarchie und des späteren Anschlusses Österreichs ans Deutsche Reich. Auch die italienische Eroberung Tripolis habe ich vorausgesehen, genauso wie ich immer wieder auf die kommenden Gebietsverluste der Türkei verwiesen habe. Um all dies vorauszusehen bedurfte es keiner besonderen Eingebung – jedes politische Kind hatte es kommen sehen. Kurz vor dem großen Krieg 1914/18 habe ich unter dem Titel »Gleiche Rechte« eine Broschüre verfasst, die als erste einer Reihe zur »Judenfrage« gedacht war. Darin griff ich die Illusion an, dass eine vollständige, rechtliche Gleichstellung der Juden – nicht nur auf dem Papier – überhaupt möglich sei. Auch geißelte ich die Hoffnung auf die absolute Gleichberechtigung als trügerischen Traum, der für die Judenheit niemals zum seligmachenden Heil gereichen werde. (Nachdem ich das Manuskript einem der führenden Verlagshäuser angeboten hatte, erhielt ich am 22. Juli 1914 die Antwort, dass ein solches Buch unmöglich veröffentlicht werden könne.)

In meiner Broschüre »Nationalitätsprinzip und Bevölkerungsaustausch« (erschienen unter dem Pseudonym »Dr. Mehemed Emin Efendi«, 1917, S. 15 f.) übte ich beißenden Spott an den Erwartungen führender deutscher Zeitungen, dass der neue und auf Kosten Russlands gegründete polnische Staat keine Gebietsansprüche an das Deutsche Reich stellen werde. In meinen Broschüren »Internationale Unvernunft und Unmoral« und »Das Ausland-Deutschtum in Europa« (1925 und 1928, beide unter meinem bürgerlichen Namen) prophezeite ich dieses: Die Hoffnung, der Völkerbund werde den »Schutz der Minderheiten« durchsetzen, wird sich als illusorisch erweisen.

Nur widerstrebend habe ich mich entschlossen, all diese Dinge anzuführen. Ich habe es schließlich getan, um mich zu erklären, um öffentlich Rechenschaft abzulegen. Allerdings darf ich mir auf meine zutreffenden Prophetien nichts einbilden – meine Gabe, wichtige Momente des künftigen geschichtlichen Verlaufs frühzeitig zu erkennen, ist nicht mein Verdienst. Aber im Interesse unserer heiligen Sache und der äußerst ernsten Situation von uns Juden fühle ich mich dazu berechtigt, ja, verpflichtet und berufen, meine so oft richtigen Vorahnungen als ureigene Legitimierung anzuführen. Es wäre falsche Bescheidenheit, ja, unverzeihlich, hier und heute die Fakten zu verschweigen, die mich meines Erachtens berechtigen, die Stimme des Wächters und Warners mit allem Nachdruck zu

Heymann Steinthals Rezension zu dem von Lichtenstaedter unter dem Pseudonym Mehemed Emin Efendi verfassten Buch »Kultur und Humanität« in der Zeitschrift des Vereins für Volkskunde, Nr. 7 (1897), S. 330 f.: Das Titelblatt trägt noch die Bemerkung »Völkerpsychologische und Politische Untersuchungen« mit vollstem Recht. Referent gesteht, noch keine Schrift zu kennen, in welcher die Grundmächte des geistigen Volkslebens mit so weitreichender Sachkenntnis und solcher Gründlichkeit in ihrer gegenseitigen Wirksamkeit erforscht wären. Das Werk hat eine ethische Tendenz und möchte eine *Völker-Ethik* auf die *Völker-Psychologie* begründen. Es spricht ein Türke gegen die Humanitätsheuchelei der Europäer, und er wird namentlich heftig gegen die europäischen »Kultur-Lümmel«, welche in den Kolonien die Kultur unter den Wilden verbreiten wollen. Der Verfasser hebt vier Gegensätze heraus als diejenigen, welche am meisten den Volksgeist beherrschen, nämlich den Gegensatz der *Rasse*, der *Sprache*, der *Religion*, der *Klasse*.

Wenn man auch dem Verfasser oft genug nicht beistimmen kann, so wird man ihm doch Schärfe des Blickes, Vorurteilslosigkeit und warmes Gefühl für wahre Humanität zugestehen müssen. Ja, in letzter Beziehung erregt er mein wirkliches Mitgefühl. Der Verfasser ist unglücklich. Die Kultur nämlich ist ihm, und mit Recht, ein rein intellektueller Begriff und ist mit Sittlichkeit nicht ohne weiteres verbunden; erst Letztere aber bezeichnen wir als Humanität. Ist dies nun ein Grundgedanke des Verfassers, aus dem alle seine Urteile und Verurteilungen folgen, so lässt mich dies vermuten, dass es ihm höchst schmerzlich sein müsse, wenn er zu dem Ergebnisse gelangt, dass bei den *nicht wegzuschaffenden* genannten Gegensätzen innerhalb der Staaten zwar hohe Kultur möglich, durchgreifende Humanität aber in den Urteilen wie in den Institutionen der Völker durchaus unmöglich sei; denn Hass und Feindschaft in den grässlichsten Ausbrüchen sind infolge jener Gegensätze »naturnotwendig«. Das Buch, ruhig und warm geschrieben aus edler Gesinnung, gehört zu denen, welche die Geschichte der Menschen von deren Nachtseite aus darstellen.

Sehr unfreundlich rezensierte die »Revue des Deux Mondes« (Bd. 142 [1897], S. 459–468), Lichtenstaedters Buch. Théodore de Wyzewa (1862–1917) bezeichnete den Autor in der Überschrift als »Un ennemi de l'Europe«, einen Feind Europas und hielt ihn für einen »nichtzivilisierten«, »muselmanischen Schriftsteller«, einen »seltsamen Propheten«, der die europäische Kultur verachte und dem es nicht zukomme, über die abendländische Zivilisation zu urteilen. Doch bescheinigt er dem »muslimischen Autor« feurige Leidenschaft und geschliffene Ironie.

erheben. Schließlich geht es um das Wohl oder gar – ich wiederhole meine zuletzt gegebene Einschätzung – um die blanke Existenz unserer Gemeinschaft!

Nicht obwohl, sondern gerade weil diese Stimme bisher die eines Rufers in der Wüste gewesen ist! Es wäre eine Bescheidenheit, die der Pflicht entgegensteht; denn wenn ich es als meine Pflicht empfinde, andere Menschen vom schlechten Kurs abzubringen, dann ist es ebenfalls meine Pflicht, sie von der Richtigkeit meiner Sichtweise zu überzeugen; nicht nur von der Richtigkeit meiner Sichtweise in bestimmten Fällen (dies genügt nicht immer), sondern auch vom Werte meiner Sichtweisen als Ganzes und vom Werte meiner Person; wer glaubt, das »Sachliche« und das »Persönliche« seien voneinander unabhängig, ist ein schlechter Psychologe. Viele unserer Führer – nicht alle, wie ich hoffe – begnügen sich unbewusst mit dieser Rechtfertigung: Wir sind zufrieden und glücklich, wenn wir erfolgreich sind; der Zuspruch des Publikums, das Lob der Presse, die wohlwollende Aufnahme der zeitgenössischen Geschichtswerke begreifen wir als ermutigenden Lohn für unsere harte Arbeit. Ansonsten gilt: Après nous le déluge! Ein solcher »Erfolg« würde mir das Herz brechen. Man mag mich nach Herzenslust schelten; mir wird es ein Trost sein, wenn meine jüdische Gemeinschaft – ob man nun von Volk oder Glaubensgemeinschaft spricht, macht faktisch keinen Unterschied – ihren Weg zur Rettung findet, zu ihrer materiellen und moralischen Wiedergeburt.

Das Urteil der Geschichte in den kommenden Jahrhunderten und Jahrtausenden ist mir um ein Vielfaches wichtiger als das der lärmenden Menge unserer Tage oder das der großen, klugen und gelehrten Männer, die sich durch vordergründige Erfolge korrumpieren lassen. Wenn auch meine Stimme weiter ungehört verhallen wird, so bleibt mir doch der bittersüße Trost, dass ich meine Pflicht getan habe. *Dixi et salvavi animam meam*, ich habe gesprochen und meine Seele gerettet. Aber noch bin ich nicht so weit, denn so lange mir Gott die körperliche und geistige Kraft gibt, werde ich nicht ruhen, entgegen dem Lebensplan erbärmlich schwacher Menschen, mein Begehren im Geiste unseres größten Lehrers vorzutragen: *Ubacharta Bachajim* – wir müssen das Leben wählen, nicht den Untergang.

Nachbemerkung von Chaim Moykopf

Ubacharta Bachajim (ובחרת בחיים), auf Deutsch »Wähle deshalb das Leben!«. Dieser Imperativ stammt aus dem letzten Buch der Thora, aus dem Wochenabschnitt Nitzavim (נצבים – Deut. 30,19). Es kommt jedoch weniger auf die wörtliche Übersetzung an als auf den

Gehalt. Die Paraschat Nitzavim wird meistens vor dem jüdischen Neujahrstag Rosch Haschana gelesen, an dem der Eiberschte (Gott) über jeden Menschen zu Gericht sitzt und diesen, je nach Haltung und Verdienst, in das Buch des Lebens oder in das Buch der Toten einschreibt. Für uns Juden ist dies die Zeit umfassender Meditation, akribischen Insichkehrens, gebündelter Introspektion, dem Motto der angehenden Feiertage entsprechend »mit sich selbst ins Gericht zu gehen«. Lichtenstaedter verstand also den Imperativ »Wähle das Leben!« als eine solche an jeden Juden gerichtete Aufforderung.

Mit dem Wort Leben ist hier kein Leben nach Belieben gemeint, sondern das Leben eines Juden nach jüdischem Recht, das heißt gemäß der Mitzwot (מצוות – Gebote) in Eretz Israel (ארץ ישראל). Und Eretz Israel ist nicht gleichbedeutend mit dem modernen Staat Israel, den es zu Lichtenstaedters Zeit noch nicht gab, sondern es handelt sich um das Land Israel, wie es die Thora definiert. Nitzavim ist der Epilog zu KiTavo (כי-תבוא), einem zentralen Wochenabschnitt über die Anweisungen, wie ein Jude leben sollte, und was passiert, wenn er den Vorschriften der Thora nicht Folge leistet. Von Segenssprüchen und Flüchen ist die Rede. Zwölf jüdische Stämme stehen im Zentrum des Heiligen Landes, gespalten: sechs auf dem Berg Grisim und sechs auf dem Berg Ebal. Die Leviten als 13. Stamm weilen zwischen diesen beiden Bergen im Tal, sprechen nacheinander zwölf Flüche und zwölf Segen, und jedes Mal antworten die anderen Stämme »Amen«. So hat das jüdische Volk die Konsequenzen seiner Verhaltensweisen im Guten wie im Schlechten nach den Vorgaben der Thora gemeinsam bestimmt und bezeugt.

»Wähle das Leben« ist auch die Aufforderung der Thora an jeden Juden, den Bund (ברית) einzuhalten. Halte du den Bund und der Eiberschte wird ihn auch halten. Brichst Du ihn, werden die Flüche über dich und über das Land kommen, das er dir heute gibt. Rabbi Mosche Feinstein präzisiert, dass diese Aufforderung (die Gebote zu halten – Deut 28, 1) täglich von neuem an jeden Juden ergeht – »heute«, haYom (היום) also jeden Tag von neuem. Dieser Erneuerungsprozess gibt jedem Juden die Chance, jederzeit auf den Zug des Bundes aufzuspringen und mitzufahren, auch wenn er ihn in der

Vergangenheit hat vorbeifahren lassen. Dem Ramban (Rabbi Mosche ben Nachman) zufolge ist der Thoraabschnitt KiTavo eine Prophezeiung beziehungsweise Vorwegnahme des von Rom verhängten Exils. Die Flüche wurden Realität, weil die Mehrheit der Juden im Heiligen Land ein Leben ohne Thora gewählt hatte bzw. die Gebote nur halbherzig oder nach Gusto befolgte. »Thora heißt Leben«, steht in ungezählten jüdischen Schriften. Etz chaim hi la-machasikim ba (עץ חיים היא למחזיקים בה) spricht man nach der Thoralesung (während die offene Rolle gehoben und der Gemeinde gezeigt wird), was soviel bedeutet wie »Die Thora ist ein Baum des Lebens für diejenigen, die an ihr festhalten«. Das ist der Kern der thoratreuen Auslegung für *Ubacharta Bachajim* – Wähle das Leben!

Als gebildeter Jude kannte Lichtenstaedter diese Auslegung. Sie war ihm wichtig, weil er – als religiöser Zionist – seine Glaubensgenossen dringlich zur Aliyah (Einwanderung nach Eretz Israel) aufforderte und dabei offensichtlich keine Einwanderung im rechtsfreien Raum, sondern entlang der Richtlinien der Thora wünschte. Dazu passt ein Artikel aus der Zeitschrift »Das Jüdische Echo. Bayerische Blätter für die jüdischen Angelegenheiten« vom 28. Februar 1919 (6.Jg., Nr. 9). Dort heißt es in dem einleitenden redaktionellen Artikel des religiösen Zionisten A.J. Rom aus Zürich (der volle Name ist nicht bekannt): »Thoratreue Juden! Es ist jetzt die Zeit des Bauens! Sammelt zu heiligem Werke! Hinweg mit aller Zersplitterung, mit der Verzettelung der Kräfte! Jetzt ist die Zeit des Bauens, des gemeinsamen, von einem einheitlichen Volkswillen geleiteten Bauens. Und dies kann nur unter der Fahne der Misrachi bewerkstelligt werden. Nur einen Ort gibt es, wo der thoratreue Jude dem heiligen Zionsideal dienen kann: die Misrachi-Organisation! *Ubacharta bachajim!*« (Misrachi [המזרחי], Akronym für merkas ruchani, d.h. Religiöses Zentrum oder Misrach [Osten, rituelle Verneigung nach Osten], ist die 1902 in Wilna von Rabbi Isaac Jacob Reines gegründete antisäkulare orthodox-zionistische Bewegung.) *Ubacharta bachajim!* wirkt bis heute wie ein Losungswort für religiöse Zionisten: »Wandert ins Land Israel ein, zurück nach Eretz Israel und folgt den Pfaden der Thora, dann werdet ihr nicht nur leben, sondern auch als Juden überleben.«

1941: Lichtenstaedters letzter Brief

Vorbemerkung von Götz Aly: In die »Judenwohnung« Maximilianstraße 9/II, in der Sami Lichtenstaedter seit dem Sommer 1939 wohnen musste, wurde im Juni 1940 auch Dr. jur. Hans Steiner eingewie-
sen. Er war 1887 in München geboren worden und höherer Beamter
im bayerischen Justizdienst gewesen. Am 20. November 1941 wurde
er als einer von tausend Münchner Juden nach Kaunas deportiert.
Wie Lichtenstaedter in seinem Brief richtig schreibt, sollten die
»Evakuierten« ursprünglich in das Ghetto Riga verbracht werden.
Da dieses als »überfüllt« galt, ließen die Organisatoren der SS den
Zug in Kaunas anhalten und dort alle tausend Deportierten – Männer, Frauen und Kinder – am 25. November 1941 erschießen.

Hans Steiner hatte Lichtenstaedter einige Kleidungsstücke zur
Aufbewahrung und wohl auch zur Benutzung übergeben, als er im
September 1941 zunächst in das Zwischenlager München-Milbertshofen deportiert wurde. Wenige Wochen nachdem Steiner erschos-
sen worden war, wandten sich Beamte der Zollfahndungsstelle München an Lichtenstaedter und verlangten Steiners bei ihm verbliebene
Kleidungsstücke. Unter diesen Umständen schrieb Lichtenstaedter
den letzten mir bislang bekannten Brief. Er findet sich im Staats-
archiv München, OFD München 7198. Den Hinweis auf dieses Doku-
ment verdanke ich Franziska Eschenbach.

Lichtenstaedter an die Zollfahndungsstelle München

München 22, den 18. Dezember 1941
Maximilianstraße 9/II. An die Zollfahndungsstelle dahier.
Betr. Vermögensstücke evakuierter Juden.[114]

Der Justizinspektor i.R. Hans Israel Steiner, Jude, wohnte unter mir als Untermieter des Herrn Hermann Israel Schülein,
musste vor mehreren Monaten in die Judensiedlung Milberts-

hofen übersiedeln und wurde vor einem Monat mit 1000 anderen hiesigen Juden evakuiert.

Etwa 14 Tage vor seiner Evakuierung übergab er mir seine bis dahin in der Wohnung Maximilianstraße 9/II verbliebenen Sachen, darunter einen mit Kleidern und Wäschestücken gefüllten Korb, mit den Worten, ich möge darüber nach bestem Ermessen verfügen (da er doch nicht mehr darüber verfügen könne), sie für mich behalten oder verschenken oder dgl.

Ich ließ alles zunächst unangetastet, in der Hoffnung, dass er vielleicht nach einem Ort innerhalb der neuen deutschen Grenzen (etwa nach Litzmannstadt, wie die aus Frankfurt a. M. Evakuierten) gebracht wurde, und ich ihm dorthin alles würde nachsenden können. Diese Hoffnung habe ich aber aufgegeben, da die Evakuierten gutem Vernehmen nach außerhalb des deutschen Reiches (in der Gegend von Riga) sich befinden sollen. Ich selbst wollte mir nichts nehmen, da ich mit Kleidern und Wäsche, wenn auch nicht reichlich, so doch zur Not 1–2 Jahre genügend versehen bin.

In Anbetracht des großen Mangels an solchen Gegenständen in der hier noch verbliebenen jüdischen Bevölkerung hielt ich es für das Richtigste, sie der Kleiderkammer der Israelitischen Kultusgemeinde geschenkweise anzubieten. Dort aber (und ebenso in dem von mir angegangenen Amtszimmer Nr. 1 der Kultusgemeinde) hat man Bedenken gegen die Annahme, da das Hab und Gut, das die Evakuierten nicht mitnahmen, als *beschlagnahmt* zu gelten hat und der Verfügung seitens Dritter entzogen sei.

Dieses Bedenken dürfte kaum begründet sein, da Steiner schon mehrere Sachen vor seiner Evakuierung mir für Eigentum übertragen hatte, und Schenkungen an die Kleiderkammer der jüdischen Gemeinden ausdrücklich vom Verbote der Verfügung der Juden ausgenommen sind. Ich bitte um einen Ausspruch in diesem Sinne.

Sollte diesem Antrag nicht stattgegeben werden können, so bitte ich, mir wenigstens zu gestatten, dass ich für mich etwas Wäsche (etwa 2 Taghemden, 2 Paar Strümpfe, 4–6 Taschentücher, 1 Unterjäckchen), eine Halsbinde, einen Hut und einen Anzug nehmen darf.

Sollte die Zollfahndungsstelle nicht zuständig sein, so darf ich noch um Abgabe dieses Schreibens an die zuständige Stelle bitten. Wegen des nicht ganz vorschriftsmäßigen Papiers bitte ich um Entschuldigung; es war mir in der letzten Zeit nicht möglich, einwandfreies Papier zu erhalten.

Dr. Sami Lichtenstaedter, Oberregierungsrat a. D.,
Judenkennkarte A01834 (Pol. Präs. München)

Es folgen diese Vermerke der Behörde:

Urschriftlich an die Dienststelle für Vermögensverwertung beim Oberfinanzpräsidenten *München* zuständigkeitshalber weitergeleitet. München, 22. Dez. 1941 Zollfahndungsstelle i.A. [Unterschrift]

[Entwurf der Antwort an Lichtenstaedter und Verfügung an Herrn Zollinspektor Kraus]

München, 15. Januar 1942
Herrn Dr. Sami Israel [!] Lichtenstaedter
München – Maximilianstr. 9/II

Betr. Wäschestücke aus dem früheren Besitz des Juden Hans Israel Steiner. – Ihr Schreiben vom 18. Dezember 1941.

Die zurückgebliebenen Sachen des evakuierten Hans Israel Steiner sind Reichseigentum, zumal eine ausdrückliche Schenkung nicht vorliegt. Ich bin nicht in der Lage, Ihnen die Entnahme einzelner Stücke zu gestatten. Ihnen obliegt jedoch die Aufbewahrung bis zur behördlich angeordneten Abholung.

Feststellung: Der Jude Hans Israel Steiner hat bei dem Juden Dr. Sami Israel [!] Lichtenstaedter, Maximilianstr. 9/II verschiedene Sachen eingestellt. Soweit diese Gegenstände einen Wert haben, bitte ich, sie abholen zu lassen und zu verwahren. Herrn Zollinspektor Kraus mit der Bitte um weitere Veranlassung. München, 15. Januar 1942,

Der Oberfinanzpräsident München, Dienststelle für Vermögensverwertung, I. A. [Unterschrift]

Aus Lichtenstaedters Personalakte: Mit der Deportation von (Siegfried) Sami Lichtenstaedter in das KZ Theresienstadt am 23. Juni 1942 »verfielen« sein Vermögen, sein Hausrat, seine Kleidung, seine Bücher und seine Pensionsansprüche der Staatskasse und damit der deutschen »Volksgemeinschaft«.

Bayerische Landeshauptkasse
München 43 Brieffach. Fernruf 11 700

Postscheckkonto: München 1 025
Girokonto: Staatsbank München und Reichsbank

Nr. Buchh. VI/7

An

Herrn Bayer. Staatsminister der Finanzen

M ü n c h e n.

Betreff: Ruhegehalt für Oberregierungsrat a.D. Dr. Sami Israel Lichtenstaedter.
Pens. Anw. vom 18.11.1932 Nr. 52421.
Beilagen: 1 Schriftstück.

München 43, den 19. Juli 1943.
Pfandhausstr. 2/0.

Der Oberregierungsrat a.D. (B. Rechnungskammer) Dr. Sami Israel L i c h t e n s t a e d t e r wurde nach der anliegenden Mitteilung der Staatspolizeileitstelle München vom 10. Juni 1943 B Nr. 6536/43 II B/Kra./nach Theresienstadt bei Prag abgeschoben. Da die Abschiebung die Vermögensbeschlagnahme zur Folge hat, habe ich gemäß § 10 Abs. 1 der 11. VO. zum Reichsbürgergesetz vom 25.11.1941 (RGBl. I S. 722) und Erl. des RdI. vom 2.6.1942 II c - 199/42 - 6550 J die Zahlung des Ruhegehalts ab 1. Juli 1942 eingestellt. Die zu Unrecht gezahlten Bezüge für Juli 1942 mit Mai 1943 hat der Oberfinanzpräsident München-Dienststelle für Vermögensverwertung- erstattet. zur Rechnungsbedeckung bitte ich um Einzugsentschliessung.

Götz Aly
Lichtenstaedters Aktualität

Das heutzutage mit leichter Hand erteilte Zertifikat »gelungene Integration« hätte Lichtenstaedter in die Sphäre selbstbetrügerischer Träumerei verwiesen. Im Großen wie im Kleinen hielt er den Zustand äußerlicher Balance für prinzipiell gefährdet. Er konnte und kann jederzeit kippen. Zum Beispiel erinnere ich mich, wie in den 1960er Jahren über den Libanon berichtet wurde: Wegen dessen wirtschaftlicher Blüte, vermeintlich gefestigter, Frankreich zugewandter westlicher Orientierung und des scheinbar harmonischen Zusammenlebens so vieler religiös, ethnisch und sprachlich differenter Bevölkerungsgruppen wurde dieser junge Staat seinerzeit hundertfach zur »Schweiz des Nahen Ostens« erhoben. Einen solchen Befund hätte Lichtenstaedter sofort als Ausbund realitätsblinder Einfalt zurückgewiesen, der nur einem, freilich unbewussten Ziel folge: dem Seelenfrieden europäischer Ex-Kolonialisten. 1975 begann der schier endlose Bürgerkrieg im Libanon.

In wirtschaftlichen und politischen Krisen, ebenso im Fall eingebildeter oder tatsächlicher Bedrohungen entladen sich untergründig gestaute Vorbehalte sozialer Großgruppen, weil ihr ohnehin hindernisreiches Aufstiegsstreben zu stocken droht. Das gilt besonders dann, wenn es diesen Menschen bereits besser geht als jemals zuvor, weil sie das noch ungesicherte Neuerreichte in Gefahr sehen. Auch das sollte man sich für die Gegenwart merken. Wann genau Gefühlsdissonanzen, Ressentiments, Ängste und Hass den kritischen Punkt erreichen, an dem sie in kollektive Gewalt umschlagen, lässt sich schwer vorhersagen. Vor diese Frage gestellt, beobachtete Lichtenstaedter die geschichtliche, soziale und politische Tektonik bestimmter untergründiger Konfliktzonen, in denen das Verhängnis – der Zusammenstoß menschlicher Großformationen – mit einiger

Wahrscheinlichkeit erwartet werden könnte. Ebendort positionierte er, um im Bild zu bleiben, seinen intellektuellen Seismographen, den er zwecks möglichst genauer Voraussicht fortlaufend mit sozialen, sozialpsychologischen, geschichtlichen und wirtschaftlichen Daten fütterte. Mit dem derart ertüchtigten Frühwarnsystem erkannte er vergleichsweise sicher die noch kaum spürbaren Vorzeichen kommender Gewaltausbrüche. Die meisten seiner Zeitgenossen wollten sie nicht sehen. Auch heute werden sie immer wieder missachtet.

Wie Lichtenstaedter vor 1914 angeregt hatte, sollten diese Phänomene im Sinne präventiver Politik und in Zusammenarbeit von Wirtschaftswissenschaftlern, Völkerpsychologen und Soziologen erforscht werden.[115] Geschehen ist das bis heute nicht – trotz der schweren Rassen-, Klassen-, Minderheiten- und Religionskämpfe und Massenverbrechen im 20. Jahrhundert.

Wirtschaftlich erfolgreich und deshalb verfolgt

Bereits in seinem ersten bedeutenden Werk hatte Lichtenstaedter 1897 den allfälligen Hang zur Selbsttäuschung beklagt: »Lange Zeit hindurch kann das Bewusstsein der vorhandenen Gegensätze [zwischen Mehrheit und Minderheit] so verringert sein, dass es kaum in Erscheinung tritt; in solchen Fällen pflegt der unerfahrene und oberflächliche Beobachter, der zwischen Tod und Schlaf nicht zu unterscheiden vermag, zu glauben, dass der Gegensatz (zum Beispiel zwischen Christen und Juden) für immer ›entschwunden‹, ›erloschen‹, ›begraben‹ sei.« Jedoch würden die Gegensätze im Wechsel der Zeiten urplötzlich wieder aufflammen. Die Ursachen dafür hielt der junge Autor für »ziemlich rätselhaft« – allerdings nur »zum Teil«. »Als sicher« werde man nämlich »annehmen dürfen, dass äußere Verhältnisse, namentlich wirtschaftlicher Natur, (…) mildernd oder verschärfend« wirken. Das gelte zumal dann, wenn zwischen Mehrheit und Minderheit »eine Arbeitsteilung herrscht«, die sich aus der Situation der Unterdrückung entwickelt habe und – infolge wirtschaftlicher Krisen oder besserer Bildung für das Mehrheitsvolk – schleichend oder jählings infrage gestellt werde.[116] Dann, so sagte er im Hinblick auf die deutschen Juden, werde sofort und eindrucksvoll sichtbar, »auf wie schwachen Füßen die ›Gleichberechtigung‹ ruhte«.[117]

Seit 1871 führte der rasante industrielle Aufschwung Deutschlands zu massenhafter Entwurzelung von Landarbeitern, Bauern und Handwerkern, zu Not und Desorientierung. Das war die eine Seite. Auf der anderen Seite entstanden neue Bedürfnisse der nicht nur proletarisierten, sondern auch mobilisierten Massen. Es regte sich der Wille, dass es den eigenen Kindern dereinst besser gehen sollte. In dieser geschichtlichen Situation gewann der organisierte Antisemitismus an Boden. Ebendiesen Boden düngte ein regelmäßig übersehenes Moment: Das wilhelminische Deutschland und hernach die Weimarer Republik verbesserten die allgemeine Schulbildung grundlegend – sowohl im elementaren Sektor als auch in den aufbauenden Segmenten.

Noch heute bezeugen die damals errichteten beeindruckenden Schulbauten überall jene großartige nationale Bildungsoffensive. Erst so, infolge eines rundum positiven, stets zu begrüßenden Fortschritts und des damit gewollten und erreichten gesellschaftlichen Aufwärtsstrebens, wurden die voranstürmenden, schon länger weit überdurchschnittlich gebildeten Juden zu unmittelbaren Konkurrenten. So wurde der Antisemitismus nicht nur in Deutschland, sondern vielerorts in Europa genau in jenen geschichtlichen Phasen allgegenwärtig, in denen die jeweiligen Mehrheiten massenhaft bessere Zukunftschancen erstrebten und Regierungen wie privater Unternehmergeist die Voraussetzungen dafür schufen.[118]

In der Morgenröte des nationalen Aufbruchs verleumdeten die Protagonisten der Mehrheit die vorangeschrittenen, oft wohlhabenderen und beweglicheren Gruppen als zersetzende Fremde, bezichtigten sie der Raffgier, bezeichneten sie als Eindringlinge, die sich am Volksvermögen des Wirtsvolkes bereichert hätten. In der Tat stellten voraneilende Minderheiten – wie die Armenier im Osmanischen Reich, die Juden in vielen Ländern, Chinesen in indonesischen Hafenstädten oder die im Vergleich zu den Hutu besser gebildeten und wirtschaftlich tüchtigen Tutsi in Ruanda – gemessen am Bevölkerungsanteil wesentlich mehr erfolgreiche Unternehmer, Kaufleute oder eben ein Vielfaches an Studenten, Ärzten oder Rechtsanwälten. Sobald aber in den verharrenden oder verlangsamten Mehrheiten die Lust an Aufstieg und Bildung geweckt wurde, begann die Aufholjagd. Plötzlich wurde dann das politische Ziel populär, den nur schwer aufzuholenden Vorsprung der vorangeeilten ethnisch, religiös oder sozial definierbaren Gruppe zu stoppen, sei es mit Gesetzen, Willkürmaßnahmen oder nackter Gewalt.

Der Völkermord an den Armeniern in der Türkei, der sich 1915 ereignete, bestätigt diese sozialgeschichtliche Erkenntnis. Er stand im Zusammenhang mit der jungtürkischen Revolution, die das Ziel verfolgte, aus den Resten des Osmanischen Reichs einen modernen, strukturell westlichen Nationalstaat zu formen und dem künftigen Staatsvolk, in dem der Analphabetismus vorherrschte, moderne Bildung angedeihen zu lassen. In dieser Situation kulminierte der Hass auf die ökonomisch dominante christliche Minderheit der Armenier.

Für den Genozid an den Armeniern arbeitete der Historiker Stephan H. Astourian eine der deutschen Judenfeindschaft ähnliche Vorgeschichte heraus: »Im Osmanischen Reich ging der biologistische Rassismus mit der rassischen Neudefinition der vorherrschenden Gruppe einher, nicht mit der rassischen Bewertung der minoritären Gruppe.« Kurz gesagt: Der türkische Rassismus betonte die Erhabenheit des Türkentums und kompensierte so die Unterlegenheitsgefühle und Enttäuschungen, die Ängste vor weiterem Niedergang und den Neid auf die zwar minoritären, aber im wirtschaftlichen Leben klüger agierenden Armenier.[119] Aus unmittelbarer Anschauung hatte der Orientalist Martin Hartmann im Jahr 1900 genau das beobachtet: »Die islamischen Untertanen des Sultans« würden »die höchst rührigen und intelligenten [christlichen] Elemente« massiv bedrohen, weil sie angeblich »von den bösen Christen geplündert und ausgesogen werden« würden.[120]

»Im Großen und Ganzen bestand der Hauptzweck des [türkischen] Rassismus darin«, so folgert Astourian, »die Transformation der traditionellen Ordnung hin zu einer rational strukturierten Gesellschaft« abzufedern. Und weiter: »Der türkische Wirtschaftsneid und Unterlegenheitskomplex führte direkt zu den weitverbreiteten Plünderungen, den erzwungenen Enteignungen und schändlichen Versteigerungen des Eigentums. All das geschah nach den verschiedenen Massakern immer wieder, auch nach denen von 1895/96 und 1909. Die Aussicht auf die materielle Beute beinhaltete zweierlei: den Anreiz zum Pogrom und die Belohnung der Pogromisten. Der türkische Begriff millî iktisat (Volkswirtschaft, Nationalökonomie) enthält bereits beides: den Wirtschaftsneid und das Inferioritätsgefühl. Daraus folgten praktische Maßnahmen, einschließlich der staatlich gewollten Zwangsenteignung des Besitzes der Armenier während des Ersten Weltkriegs.«[121]

Ähnliche Merkmale weisen die Vertreibungen und schließlich der Völkermord auf, den Hutu-Milizen und Hutu-Nachbarn 1994 an der Minderheit der Tutsi in Ruanda verübten. Auch er erklärt sich nicht einfach aus einer »Hutu-Rassenideologie«, sondern aus materiellen Motiven und aus jahrzehntelang gesteigerten Spannungen. Zunächst wurden die Tutsi von der regierenden Hutu-Partei zu Volksfeinden erklärt. Die

Hutu-Partei schürte die Ressentiments des im Vergleich zu den Tutsi weniger gebildeten Hutu-Landvolks und behauptete, es bestehe eine internationale Tutsi-Verschwörung. In den im Dezember 1990 bekanntgegebenen »Zehn Geboten der Hutu-Bewegung« heißt es an zentraler Stelle: »4. Alle Hutus müssen wissen, dass alle Tutsis betrügerische Geschäftemacher sind. Deren alleiniges Ziel besteht in der Errichtung ihrer Herrschaft. Deshalb macht sich jeder Hutu des Verrats schuldig, der mit einem Tutsi wirtschaftlich zusammenarbeitet (…). 5. Alle wichtigen Posten in Politik, Verwaltung, Wirtschaft, Militär und Polizei müssen Angehörigen der Hutu vorbehalten sein. 6. Im gesamten Bildungssektor müssen Hutus die Mehrheit stellen, sei es als Schüler, Studenten oder Lehrer.«[122]

Bei genauem Hinsehen zeigt sich, dass der oft genug mörderische Minderheitenhass in der Moderne des 20. Jahrhunderts wurzelt. Er muss als giftiges Nebenprodukt des extrem schnellen sozialen und wirtschaftlichen Fortschritts begriffen werden. Wer diesen Hass und die daraus folgenden Mordtaten als »Rückfall in mittelalterliche Barbarei« bezeichnet, bagatellisiert das Problem. Mehr noch: Wer derart unbedacht daherredet, verdunkelt die Ursachen des neuzeitlichen Großgruppenhasses, betreibt Gegenaufklärung und verhindert wortreich, die gesellschaftliche und staatliche Wachsamkeit rechtzeitig auf die entscheidenden Gefahrenpunkte zu lenken.

Gewonnen hatte Lichtenstaedter solche Einsichten anhand von Untersuchungen der türkisch-armenischen Konfliktlagen. Wie in Europa verlief der Angriff auf die voraneilende Minderheit auch in diesem Fall in nationalistischen Bahnen. Ebenso gut können solche Kämpfe der Mehrheit um die Vorteile derer, die schneller auf der sozialen Leiter vorangekommen waren, in Form religiöser oder sozialer Kriege ausgetragen werden. Politiker wie Hitler stufte Lichtenstaedter von Anfang an als Promotoren »der breiten unteren Klassen« ein, denen »die Zukunft gehört«. »Mit elementarer Kraft streben die Angehörigen der unteren Klassen wenigstens zum Teil nach oben«, wie er 1909 voraussah. Mit solchem Wissen gewappnet, erklärte er 1933 seinen Glaubensgenossen: »Im Großen und Ganzen befinden wir mittel- und westeuropäischen Juden uns in den höheren sozialen Schichten als die übrige Bevölkerung« – und dieser Aufstieg sei viel schneller erfolgt und »in viel höherem Maße als bei den anderen«. Natürlich seien die auf diesem Umstand fußenden moralischen Vorwürfe unbegründet, doch vermehrten sie »die Zahl unserer Gegner, es verstärkt die Missgunst gegen uns«. Denn: »Die höhere soziale Stellung schafft *Neid*!« Schließlich habe Hitler selbst in »Mein Kampf« genau diesen Punkt für sich herausgestellt und über den starken Aufstiegswillen seines Vaters geschrieben: »Es war der Stolz des Selbstgewordenen, der ihn [Hitlers Vater] bewog, auch seinen Sohn in die gleiche, wenn möglich natürlich höhere Stellung bringen zu wollen.«[123]

Eingekleidet in eine Fabel präsentierte Albert Einstein eine ähnliche Deutung, als er sich am 26. November 1938 zu der Frage äußerte »Why do they hate the Jews?«. Für die Juden wählte er als Pendant den Hirsch, der schneller laufen kann als der deutsche Ackergaul und immerzu früher an »jene Stellen gelangt, an denen es Wasser gibt«. Nun redet der Hirtenknabe, alias Adolf H., dem Pferd zweierlei ein: Erstens, »du bist das herrlichste Tier auf Erden«, und zweitens, »der Hirsch und die Seinen saufen dir das Wasser weg; sie trachten danach, dich mitsamt deinen Kindern verdursten zu lassen«. Sodann bietet der Hirte den solcherart umschmeichelten Pferden an, sie »aus dieser unwürdigen Lage zu befreien«. »Geblendet von Neid und Hass auf den Hirsch«, willigen die Pferde ein.

Der Hirsch, der die Tränke so schnell erreicht, steht für »den besonderen Reichtum an Begabungen« unter den Juden. Einstein führte diesen jedoch nicht auf spezielle Gene zurück, wie das beim Hirsch der Fall ist, sondern auf »die hohe Wertschätzung geistiger Leistungen« in jüdischen Familien. Sie und »die daraus entstehende Atmosphäre lassen die in den Kindern angelegten Fähigkeiten besonders gut gedeihen«.[124]

»Bedenkt man nun noch«, hatte Lichtenstaedter 1887 in »Kultur und Humanität« geschrieben, »dass die Unterdrückung gewisse geistige Fähigkeiten, nämlich Unterwürfigkeit, List, Anpassungsvermögen, Voraussicht, Ausdauer, Geduld in höherem Grade zu entwickeln vermag, so kann es nicht überraschen, dass solche Volksgruppen, wenn sie eine einigermaßen höhere Bildung besitzen, in hervorragendem Maße *einem* Erwerbszweig sich zuwenden: dem *Handel*. Hier können sie so Hervorragendes leisten, dass sie ganze Zweige des Handels förmlich monopolisieren, zugleich aber die anderen Volksgruppen in der gewissenlosesten Weise betrügen und ausbeuten. Wir brauchen hier bloß an Juden, Griechen, Armenier, christliche Syrer, Kopten zu erinnern. (…) Außer dem Handel sind es andere Berufsarten, die weitaus mehr geistige als körperliche Kraftanstrengung erfordern, vielfach auch mit dem Handel in gewisser Beziehung und Verwandtschaft stehen, zum Teil wissenschaftliche Vorbildung erfordern, zum Teil ohne solche möglich sind. Wir erinnern nur an: Agenturen, Geldwechselgeschäfte, die Presse (auch ein Teil der in *türkischer* Sprache geschriebenen Zeitungen befindet sich in armenischen Händen), Rechtsanwaltschaft, Winkeladvokatie, Arzneiwissenschaft, Pharmazie. Auch manche Gewerbe anrüchigen Charakters gehören hierher (Wucher, Kuppelei und dergleichen). In Konstantinopel und Kairo so gut wie in Berlin und Wien sind diese Erwerbszweige zum unverhältnismäßig großen Teile in den Händen der Volks- und Religionsgenossen, die die Schule der Unterdrückung durchgemacht haben.«

Sobald infolge aufgeklärten Denkens die rechtlichen Schranken für eine solche, lange unterdrückte Minderheit gelockert werden oder wegfallen und »der freie Wettbewerb erlaubt ist«, gelingt es nach Lichtenstaedter den vormals Benachteiligten dank höherer Anpassungsfähigkeit, »zu einem großen Teile in die oberen Klassen des Staates aufzusteigen«. Das aber biete »ihren Feinden hinwiederum Anlass und Gelegenheit, darüber zu klagen«, dass die zuvor Unterdrückten nunmehr »eine *bevorzugte* Stellung im Staate einnehmen« würden: »Das beste Beispiel bieten hierfür die Juden.« Deren Emanzipation in Deutschland führte er zu Recht nicht auf den demokratischen Volkswillen zurück, sondern auf die »Macht der Theorie«, auf »die in Wort und Schrift geäußerte Ansicht autoritärer Personen«. Anders gesagt: Er erachtete die schrittweise Gleichstellung der deutschen Juden als eine dem aufgeklärten Denken staatstragender Eliten folgende Reform von oben. Weil er nicht an den Bestand eines solchen, von den Deutschen weithin abgelehnten Dekrets glaubte, kommentierte er: »Freilich – naturam expellas furca, tamen usque redibit.« (Selbst wenn du die menschliche Natur mit einer Mistgabel austreibst, kehrt sie unweigerlich zurück.)

Aufklärung und Demokratie als Gefahr

Der geschichtspessimistisch, besser gesagt: realistisch gestimmte Autor des Buches »Kultur und Humanität« befürchtete 1897, dass man in Europa »die Macht der Gegensätze« ignoriere. Stattdessen wiege man sich in dem Glauben, die Unterschiede zwischen einzelnen sprachlich, religiös oder rassisch geschiedenen Gruppen seien zumindest stabil oder würden sich alsbald in einigermaßen friedlicher Weise abschleifen. Dieser Optimismus speiste sich aus der eitlen Einbildung, man befände sich auf der Zielgeraden hin zu Humanität, Toleranz, Kultiviertheit und zivilgesellschaftlicher Verfeinerung. Im Unterschied zu vielen deutschen Juden spürte Lichtenstaedter schon damals, wie alte nationale oder religiöse Gegensätze neu und anders aufbrechen würden, wenn die Bevölkerungen einzelner Staaten in den Sog der Moderne gerieten. Gerade so als spräche er über Konstellationen, wie sie zu Beginn des 21. Jahrhunderts im Irak, in Libyen und Syrien eintraten, versuchte er 1897, verantwortliche Politiker und Medienleute wachzurütteln – ohne Erfolg. Ausdrücklich ermahnte er damals auch demokratische »Volksaufwiegler« und die Freunde nationaler und sozialer Revolutionen, die sich einbildeten, sie würden dank ihrer »guten Sache« quasi von selbst dem zivilisatorischen Fortschritt dienen. Gegen solche Geschichtsoptimisten schrieb Lichtenstaedter 1897: »Wo mehrere [ethnische, religiöse, sprachliche oder soziale] Gegensätze – sei es im Verhältnis der Häufung oder der gegenseitigen Durchkreuzung – vorhanden sind, aber schlummern und sich nur wenig bemerkbar machen, ist es in den meisten Fällen bedenklicher, als die Volksaufwiegler ahnen, einen derselben zu erwecken oder aufzustacheln. Denn in der Regel kann nicht dafür gebürgt werden, dass nicht durch die Erschütterung des Rechtsbewusstseins auch die anderen Gegensätze rege werden. (…) So ist es ganz erklärlich, dass – was so oft übersehen wird – irgendein Gegensatz Hand in Hand mit dem Brotneide geht. Die ungeheure Bedeutung des reinen materiellen Eigennutzes wird bei der Beurteilung der Gegensätze nur allzu oft völlig verkannt.«

Auf die europäische Geschichte im 20. Jahrhundert und auf die Gegenwart im 21. Jahrhundert bezogen, ergeben sich aus solchen Sätzen wichtige Konsequenzen. Man betrachte nur die Folgen des Arabischen Frühlings in Libyen, Ägypten und Syrien als Beispiel. Natürlich wurden dort – auch mit ausländischer Hilfe – üble Diktatoren gestürzt oder bekämpft. Aber was die geschichtsvergessenen Unterstützer solcher antidiktatorischer Bewegungen mit stupender Regelmäßigkeit übersehen, ist, dass durch die revolutionäre »Erschütterung des Rechtsbewusstseins auch die anderen Gegensätze rege werden«. Dasselbe lässt sich im Rückblick auf die antikolonialen Befreiungsbewegungen und Revolutionen des 20. Jahrhunderts sagen. Immer wieder sprach Lichtenstaedter im Sinne der Prävention von den »schlafenden Gegensätzen« zwischen Mehrheiten und Minderheiten. Wer die einmal etablierte Ordnung zerstört, und sei es in bester Absicht, lässt unbedacht Geister aus der Flasche, die dann nur noch unter großen Opfern und dem Einsatz erheblicher Machtmittel gebannt werden können.

Über Gründe künftiger Bürgerkriege und Gewaltexzesse schrieb Lichtenstaedter 1897: Die Türken seien nur so lange »nicht imstande, eine Geschicklichkeit im Handel und in ähnlichen Erwerbsarten zu erlangen, als die von ihnen beherrschten Völkerschaften, welche diese Funktionen übernommen haben, im türkischen Reich wohnen werden«. Anstatt endlich zu begreifen, so fuhr er fort, dass sich hier schwere Konflikte, Massenvertreibungen und Völkermorde andeuteten, spreche man in Europa »von einer mangelnden Fähigkeit der ural-altaischen Rasse oder der Kulturunfähigkeit des Islam«.[125]

Auf Grundlage solcher Beobachtungen prognostizierte Lichtenstaedter 1896 entsetzliche Massenmorde. In seinem zweiten gedruckten Text, jenem »II. Offenen Schreiben« an den ehemaligen britischen Premierminister William Gladstone unter dem Titel »Die armenischen Greuel«, schilderte er die Türkei als »menschenarm, erschöpft, von allen Seiten umlauert und bedroht«. Dieser Staat, einst Zentrum des Osmanischen Riesenreiches, hatte Ägypten, Syrien, Tunesien und den größten Teil seiner europäischen und zentralasiatischen Gebiete bereits verloren, und die meisten Türken betrachteten diese Entwicklung als das Werk christlicher Aggressoren.

In derart bedrängter Lage suchten die alten und die neuen Eliten, Letztere organisiert als jungtürkische Bewegung, nach einer zukunftstauglichen Identität für Volk und Staat. Damals, um 1900, betrieben die europäischen Großmächte (mit Ausnahme des Deutschen Reichs) das Projekt, der Türkei Konstantinopel

(Istanbul), die gesamte Mittelmeerküste und große Teile der Schwarzmeerküste zu entwinden. Verächtlich sprachen sie vom »kranken Mann am Bosporus«, gerade so, als hätten sie diesen ursprünglich multiethnischen Großstaat nicht auch selbst krank gemacht. Aus dieser Analyse folgerte Lichtenstaedter 1896: Wenn es nun, wie zu erwarten, zu einem großen Krieg komme, werde die Türkei wahrscheinlich unterliegen, jedoch wäre »das Verhängnis der Türkei nicht der Vorteil der Armenier« – »wer vermöchte« in einem solchen Fall »dafür zu bürgen, dass nach dem Kriege noch ein armenisches Volk in der Türkei existiert«.[126] 19 Jahre später geschah genau das – zuvor hatten England und Russland die Türkei angegriffen.

Der Völkermord an den in der Türkei lebenden Armeniern im Jahr 1915 ist nicht mit dem Mord an den europäischen Juden gleichzusetzen, dazu sind die politischen und militärischen Umstände zu verschieden. Dennoch sollten einige Parallelen zwischen beiden Genoziden nicht übersehen werden:

1. fühlte sich die muslimisch-türkische Mehrheit von den europäischen Siegern vorangegangener Kriege massiv gedemütigt und bedroht.
2. hatte die jungtürkische Bewegung dazu geführt, dass die in ihrer Bildung und Urbanisierung zurückgebliebene muslimische Mehrheitsbevölkerung sozial mobilisiert wurde. Sie sollte möglichst bald die Positionen in Handel und Gewerbe übernehmen, die bis dahin die besser gebildeten christlichen Armenier und Griechen innegehabt hatten.
3. ermunterte die türkische Regierung die kurdische Minderheit erfolgreich, am Berauben und Ermorden der vergleichsweise wohlhabenden Armenier teilzunehmen. So konnte sie das kurdische Unabhängigkeitsstreben für kurze Zeit neutralisieren. (Ähnlich agierte Hitlerdeutschland bei der Enteignung der Juden in den besetzten Ländern Europas.)

4. stand die Türkei 1915 in einem harten Krieg, in dessen Schatten die Massaker, die Beraubung und die mörderischen Deportationen der armenischen Minderheit stattfanden. Kriege und Bürgerkriege (gewaltsame soziale Revolutionen) begünstigen stets extensive Vertreibungs-, Raub- und Mordtaten, die im Frieden nicht durchgesetzt werden können. Im Klima massenhafter Gewalt fallen rechtliche und moralische Schranken sehr schnell. 1915 galten die Armenier in der Türkei als fünfte Kolonne des Feindes.

Die genannten Momente spielten auch im Fall des Holocaust eine gewichtige Rolle, trugen zur »Realisierung des Utopischen« bei, wie es Hans Mommsen formuliert hat, zur »kumulativen Radikalisierung«, die zum Massenmord führte.[127] 1896 kannte Lichtenstaedter diese ungeheuerliche Radikalisierung moderner Mordpolitik noch nicht. Aber die Dynamik kolonialer Verbrechen, die Judenpogrome in Russland, die sich zwischen 1880 und 1921 immer wieder und gesteigert ereigneten, die nationalistisch-religiösen Spannungen zwischen türkischer Mehrheit und armenischer Minderheit verstand er früh als Schulbeispiele modernen Großgruppenhasses. Sie und die jeweilige politische, propagandistische, diplomatische und mediale Orchestrierung bildeten wichtige Fluchtpunkte seiner Zukunftsgeschichtsschreibung.

Im Jahr 1915 hatte sich Lichtenstaedter mit den Gefahren auseinandergesetzt, die künftig von den neu entstehenden national organisierten Demokratien ausgehen würden. Er fragte sich, was geschehen werde, wenn am Ende aller Schlachten in Ostmitteleuropa neue Nationalstaaten entstehen würden: »Wie ›befreite‹ Völker den Begriff der Freiheit im Verhältnis zu heterogenen Völkern aufzufassen pflegen, ist doch für den Völkerpsychologen nicht zweifelhaft. Und ebenso ist es zweifellos, dass der Gegensatz der Polen und Kleinrussen [Ukrainer] zu den Juden kraft der größeren sprachlichen und religiösen Verschiedenheit von Natur aus weit stärker sein muss als zu den Russen. Auch die von manchen naiven Seelen gehegte Ansicht, es werde nicht so schlimm werden, da ja die Polen und Ukrainer zum Unterschiede von den ›bösen‹ Russen ›edel‹ und ›gut‹ seien, verdient kaum ein Wort der Widerlegung.« Während die Juden im russisch beherrschten Polen »bei all ihren Leiden und Bedrängnissen« noch eine gewisse Zwischenstellung als »Zünglein an der Waage« genössen, werde dies »in einem ›befreiten‹ Polen anders werden«. Hier würden sie »fast schutzlos sich der ungeheuren Überzahl der Polen preisgegeben sehen«. Dabei brauche man nicht sofort »an Metzeleien, Pogrom und dergleichen zu denken – auch auf friedlichem, ›gesetzmäßigem‹ Wege kann den Juden der Aufenthalt unmöglich gemacht werden«. Als Beispiel führte er »das Mittel des Boykotts« an, das schon unter russischer Herrschaft »im weiten Umfange von den Polen angewendet wurde«.

Lichtenstaedter wusste, wie sehr das gesteigerte »Nationalitätsbewusstsein die völlige Versöhnung und Verschmelzung der Völker auch innerhalb desselben Staates bedeutend erschwert, ja sogar unmöglich gemacht« hatte. Nach seiner Beobachtung wies der demokratische Volksgeist »den verschiedenen Nationalitäten entgegengesetzte Richtungen« und schwächte »das instinktive Rechtsgefühl in den gegenseitigen Beziehungen bedeutend«. Mit dem Verschwinden der alten, dem Legitimitätsprinzip verpflichteten transnationalen Monarchien, schrieb er 1915, sei nun einmal das Nationalitätsprinzip »der gewaltigste Faktor, mit dem in der Gegenwart und in der Zukunft, soweit absehbar, gerechnet werden muss«.[128]

Der Nationalismus stand dem alteuropäischen Gottesgnadentum feudaler Herrschaft (Legitimitätsprinzip) entgegen. Er bezog seine extrem aufbauenden und extrem zerstörerischen Kräfte gleichermaßen aus den Ideen nationalstaatlich organisierter Volkssouveränität und nationaler wie sozialer Homogenität. Diese Kräfte, die demokratisch-nationalistisch definierten Staatsnationen, bedrohten alle Minderheiten, besonders aber die keinem Nationalstaat zuzurechnenden Juden.

Theoretisch formulierte der mit Lichtenstaedter befreundete Münchener Staatswissenschaftler Arthur Cohen den Zusammenhang zwischen Demokratie und ansteigendem Antisemitismus präzise. Ende 1918, in den letzten Wochen des Kaiserreichs und den ersten der Republik, schrieb er den Aufsatz »Die Judenfrage – ein soziologisches Problem«. Er ging davon aus, dass die wirtschaftliche Überlegenheit einer minoritären Gruppe prinzipiell nur so lange währt, bis sich die Mehrheit »aus ihrer Abhängigkeit von der Minorität (...) befreit« und »auf ihre nunmehrige Stärke besinnt«. Folglich könne der im Kern ökonomische Prozess »mit einem Erstarken der demokratischen Strömungen Hand in Hand gehen«. Auf den deutschen Fall angewandt, erkläre das die »auffallende Erscheinung, dass in einem Lande sich der Antisemitismus oft erst dann so recht bemerkbar macht, freilich in seinem dünnsten, aber auch expansivsten Aggregatzustand, wenn die Demokratie erstarkt und allen aristokratischen (auch pluto- und geistesaristokratischen) Hemmungen entwachsen ist«.

Nach Cohen etablierte sich 1918 in einer nationalistisch schon vorgeprägten Welt die »Herrschaft der Masse, das heißt, der größeren Masse«. Wie der Kampf mächtiger Majoritäten gegen Minoritäten vonstattengehen würde, fasste er 1918 so allgemein, dass sowohl der künftige deutsche Judenmord als auch der künftige Kulakenmord in der Sowjetunion und der bereits vollzogene türkische Genozid an den Armeniern einbegriffen werden konnten. Demnach würden sich »die Angehörigen der Majorität« mit Vorliebe »auf die Minorität werfen«, weil ein solcher Kampf mit »relativer Leichtigkeit und Sicherheit« zu gewinnen sei und meist dem Zweck »der Ausschaltung oder Verringerung der Konkurrenz« folge. Die Waffen in diesem Kampf seien vielfältig und würden häufig kombiniert angewandt werden: »Bald ist es rohe Gewalt, bald sind es Ausnahmegesetze, bald die tückische Waffe des gesellschaftlichen und geschäftlichen Boykotts«, verbunden mit »administrativer Selbstherrlichkeit« und dem »so oft von der Presse gebrauchten Gift des Totschweigens berechtigter Beschwerden«.[129]

Wie Cohen analysierte Lichtenstaedter im Blick auf die Spannungen zwischen Volksgruppen und Völkern ökonomische und soziale Entwicklungen, die sich mit stürmischer Wucht vor seinen Augen vollzogen. Dabei pflegte er stets die Methode des komplexen Fragens und Abwägens. Seine lebenslang gewahrte Skepsis gegenüber den vermeintlich automatisch glückbringenden Versprechen »Freiheit«, »Demokratie«, »Humanität«, »Revolution« und »Fortschritt« muss als Hauptgrund dafür gelten, dass viele seiner Erkenntnisse bis heute bedenkenswert blieben. Ferner zeichnete Lichtenstaedter eine Fähigkeit aus, über die jeder Historiker und jeder Politikwissenschaftler verfügen sollte, mit der aber nur wenige gesegnet sind: die Kunst, sich in andere Menschen, Verhältnisse, Ideen- und Moralgebäude hineinzudenken. Insofern stehen die Pseudonyme unseres Autors immer auch für dessen Freude, sich buchstäblich zu verstellen, nämlich die Perspektive der jeweils anderen einzunehmen:

Der Europäer Mehemed Emin Efendi betrachtet Europa von außen, aus der Sicht der Kolonialisierten, Ausgeplünderten, der von imperialistischen Mächten Bedrohten, Geknechteten und Gemordeten. Der wohlbestallte homosexuelle königlich-bayerische Oberregierungsrat betritt die Bühne als Ne'man – als gesetzestreuer, keine Spitzfindigkeit auslassender Jude, der seinen Glaubensgenossen politisch, religiös und moralisch die Leviten liest. Der Jude U. R. Deutsch versetzt sich in die Hirnwindungen treudeutscher Akademiker, denen Juden nicht geheuer und deshalb unsympathisch sind.

Während Lichtenstaedter seine Masken Ne'man und Me-hemed Emin Efendi seit 1933 immer wieder offenlegte und für seine »unter Decknamen« veröffentlichten Bücher warb, tat er das im Fall des U. R. Deutsch in Deutschland niemals. Der Grund dafür lässt sich nur vermuten. Unter dem Pseudonym U. R. Deutsch setzte Lichtenstaedter 1926 allein auf die Kraft des Arguments. Wenig später wird er die Form zugewandter, rationaler Auseinandersetzung mit Antisemiten als nutzlos ver-worfen und sich deshalb von diesem Buch innerlich distanziert haben. Diejenigen Bibliothekare, die seit 1933 Listen »schäd-lichen und unerwünschten Schrifttums« erstellten, ordneten Lichtenstaedter die meisten unter Pseudonym verfassten Texte richtig zu – nicht jedoch U. R. Deutsch. Den führten sie als se-paraten Verfasser eines Werkes, das gleichfalls auf den Scheiter-haufen oder in die Papiermühle gehöre.

Den Begriff Rasse erachtete Lichtenstaedter als wirkungs-mächtig und setzte für seine politischen Vorhersagen voraus, »dass die fiktive oder imaginäre [Rasse] eine größere Rolle spie-len kann als die wirkliche (anthropologische)«.[130] Als lehrreiche Beispiele wählte er die Länder Ost- und Südosteuropas und des Vorderen Orients.[131] Die Verhaltenskonstanten, die er dort ent-deckte, dienten ihm als Muster, um andere Spannungszustände einzuordnen. Auf dieser Grundlage erkannte er 1923 die Ge-fahr, ein hitlerdeutscher Arierstaat könne Wirklichkeit werden. Lichtenstaedter mied beschönigendes, auf Harmonie bedach-tes Wunschdenken. Stattdessen setzte er Konflikte zwischen der Mehrheitsbevölkerung (»Staatsvolk«, »Titularnation«) und Minderheiten als gegeben voraus. Er hielt es für erwiesen, dass die damit einhergehenden Vorbehalte auch in äußerlich friedli-chen Zeiten verpuppt weiterbestehen.

Weil er all das in seine unerfreulichen Prognosen einbezog, wollten ihn seine Zeitgenossen nur ausnahmsweise verstehen. Ihr Glaube an den allgemeinen materiellen wie moralischen

Fortschritt blockierte ihren kritischen Verstand. Die von Siegfried Lichtenstaedter immer wieder erweiterte Chronik des angekündigten Völkermords bedrohte ihr Selbstbild. Die meisten missachteten den Mahner oder hielten ihn für einen wortgewandten Spinner – und er, der homo ignotus, zog sich verzweifelt aus der Öffentlichkeit zurück und arbeitete an seinem geistigen Testament, das nur in Bruchstücken überliefert ist.

Von 1933 an warb Lichtenstaedter dafür, dass möglichst viele Juden Deutschland verlassen und nicht nur nach Palästina emigrieren sollten. Aus Gründen des Überlebens gelte es, »den Strom der Auswanderer in möglichst viele Betten zu leiten«. »Stumpfsinniges oder resigniertes Beharren auf einem unhaltbaren Platze« schloss Lichtenstaedter aus, da es um die Rettung der Judenheit gehe. »Gebe Gott«, schrieb er 1937, »dass es nicht zu spät sei!« Kopfschüttelnd bemerkte er zu seinen eigenen, angesichts der neuen deutschen Wirklichkeit zu wenig schwarzseherischen Prognosen: Wer um 1900 in Deutschland vorhergesagt hätte, »dass vom Jahre 1933 an Tausende von uns nach Palästina fliehen würden, um nicht unterzugehen, wäre zweifellos als reif für das Irrenhaus betrachtet worden«.[132]

Deshalb verzichtete Lichtenstaedter seit 1933 auf seine literarische Lieblingsform, die Satire. Ungeschrieben blieb sein Buch »Das törichte Israel. Heiliger Ernst im Spottgewande«, weil er 1935 befand, die Zeiten seien »so schwer und traurig für die deutsche Judenheit«, dass sich die »zügellose Befriedigung der Spottlust« verbiete.[133] Allerdings hatte Siegfried Lichtenstaedter die Mittel der Ironie und des Sarkasmus nie ohne Schmerz gebraucht, weil er in seiner Position eben nicht mehr vermochte, »als die Schurken zu verspotten«. Dazu musste er im »Wust von Schmutz und Narretei wühlen«, doch fand er: »Die Schurken mit Hohn und Spott zu überschütten, ist jedenfalls keine schlechte Tat. Wenigstens ist es besser, als – zu schweigen.«[134]

Den folgenden Aufsatz veröffentlichte Lichtenstaedter 1910 unter dem Titel »Nationalität, Religion und Berufsgliederung im Oriente« in: Beiträge zur Kenntnis des Orients 8 (1910), S. 42–70. Die Zeitschrift wurde von Hugo Grothe redigiert und von der Münchner Orientalischen Gesellschaft herausgegeben. Lichtenstaedter war diesem Kreis als Mitglied verbunden, auch hielt er dort zwei Vorträge: den einen am 24. Februar 1904 »Über türkische Lehnwörter im Deutschen« (dazu zählen Wörter wie Dolmetscher, Horde, Hurra, Kiosk oder Kürschner), den anderen am 22. März 1905 zum Thema »Nationalität, Religion und Volkswirtschaft in ihren wechselseitigen Beziehungen im Orient«.[135] Der Aufsatz ist die einzige überlieferte wissenschaftliche Veröffentlichung Lichtenstaedters. Er wertete ihn 1935 als »schwachen Versuch«, der soziologischen Frage nachzugehen, »ob nicht ›Fremdkörper‹ im Volkskörper oftmals nützlich, ja sogar notwendig für diesen sind«. Zugleich sah er die daraus erwachsenden Gefahren.

Siegfried Lichtenstaedter
Minderheitenhass in der Moderne

Durch die folgende Erörterung will ich versuchen, die Aufmerksamkeit der Nationalökonomen und Soziologen auf ein Gebiet zu lenken, das noch einer sorgsameren Bearbeitung wert sein dürfte, als es bisher, soweit mir bekannt, gewürdigt wurde. Es bedarf wohl keiner Erörterung, dass es nicht meine Absicht ist, auch nur einen winzigen Teil dieses ungeheuren Gebietes erschöpfend zu behandeln. Nur eine flüchtige Skizze soll es sein, die namentlich den Einfluss der »Nationalität« und Religion auf die *Arbeitsteilung* andeuten will. Ich hätte diese Arbeit wohl auch mit der Überschrift »Die national-religionsgenossenschaftliche Arbeitsteilung – ein Naturgesetz« versehen können.

Dieser Charakter und Zweck meiner Arbeit möge die Unvollständigkeit der positiven Angaben – namentlich den Mangel statistischen Materials – erklären und entschuldigen.

Über den Begriff »Nationalität« ist schon viel geschrieben worden, zumeist allerdings vom politischen Standpunkte aus, in subjektiver, vom wissenschaftlichen Standpunkte aus nicht völlig befriedigender Weise.* Die Ansichten hierüber sind noch keineswegs geklärt. Auch die »gemeinsame Abstammung« als nationales Kennzeichen spukt wohl noch in manchen Köpfen. Gemeinsame Abstammung – von wem? Von einem Menschenpaare? »Ein Volk ist eine Anzahl Menschen, die von einem einzigen Menschenpaare abstammen« – einen solchen Unsinn kann man getrost beiseitelassen. Also Abstammung von einem Volke.

»Die Griechen sind das Volk, das von den alten Griechen abstammt« (oder nicht?) – ist, wenn es wahr ist, dieselbe Weisheit wie »Der Löwe ist das Tier, dessen Vater ein Löwe und dessen Mutter eine Löwin ist«. Es ist nicht denkbar, dass ein Volksstamm, der nicht völlig abgeschlossen für sich lebt, auf die Dauer sich nur in seinen eigenen Mitgliedern fortpflanzt. Mit dem kriegerischen und friedlichen Verkehr geht Hand in Hand eine Blutsmischung – also eine bald größere, bald geringere Durchdringung des einen Volkskörpers mit Bestandteilen eines anderen Volkskörpers.

Namentlich im Oriente ist diese Blutsmischung teilweise ganz ungeheuer groß. Könnte man wissenschaftlich genaue Messungen anstellen, man würde sicherlich finden, dass die heutigen osmanischen Türken noch nicht zu $^{75}/_{100}$ mit jenen vor 200 Jahren, noch nicht zu $^{25}/_{100}$ mit jenen vor 600 Jahren dem Blute nach identisch sind. Die arischen und nichtarischen Ureinwohner

***

* Vgl. z. B. M. Lazarus »Was heißt national?« 1880; A. Kirchhoff »Was ist national?« 1902.

Kleinasiens, Südslawen, Arnauten, Griechen, Armenier, Tscherkessen, Semiten und in erster Linie natürlich die Uralaltaier haben das Material geliefert, aus dem die Teigmasse dieses Volkes geknetet wurde. So findet man in Kleinasien unter den »Osmanen« Typen, die ganz denen der Hetiter auf den alten Denkmälern gleichen, neben blonden, blauäugigen, die sich äußerlich nicht von friesischen oder skandinavischen unterscheiden – sie fühlen sich aber als Glieder eines Ganzen, als »Osmanen«.

Der Begriff »Nation« ist ein psychologischer. Nation ist eine Menge Individuen, die sich als Mitglieder einer großen Rechts- und Kulturgemeinschaft fühlen und sich – was die andere Seite jedes Zusammenschlusses ist – gegen andere Menschen bis zu einem gewissen Grade abschließen. Aber das subjektive Zusammengehörigkeitsgefühl bedarf natürlich gewisser objektiver Grundlagen, Gleichheitsmerkmale. »Gleich und gleich gesellt sich gern« gilt namentlich auch von dem Zusammenschluss zu einem großen nationalen Ganzen.

Würde man aus den tausenden der großen und kleinen Völker und Völkerstämme eine Anzahl Mitglieder auswählen und sie räumlich vereinigen, so ließen sie sich durch das Zusammenwohnen noch nicht zu einer nationalen Einheit zusammenschweißen. Welche Eigenschaften sind es nun, deren Gemeinsamkeit den Individuen jenes Zusammengehörigkeitsgefühl einflößt? – Das kann nach Zeit und Ort variieren.

Nach europäischem Gefühl ist *Nationalität* so ziemlich gleichbedeutend mit Sprache. »De taal is gansch het volk« (die Sprache ist ganz das Volk) sagt ein flämisches Sprichwort. »Was ist des Deutschen Vaterland?« – »So weit die deutsche Zunge klingt.« Ähnlich der italienische Dichter Gazzoletti: »Dov' è la patria dell'Italiano?/ – Ove l'accento (d. h. die Sprache) sonar s'intende / Che il mondo barbaro rifece umano (!).« Des Kroaten Vaterland ist da, »wo Kroatisch gesprochen wird«, lautet

ein kroatischer Spruch. Natürlich. Da die europäische Menschheit – einschließlich ihrer Volkssprösslinge in Amerika, Australien usw. – nach Rasse und Religion der Hauptsache nach
ein einheitliches Ganzes bildet, so muss für den Zusammenschluss und Abschluss innerhalb dieses übergroßen Ganzen
dasjenige Moment maßgebend sein, das diesem Ganzen *nicht*
gemeinsam ist: Dies ist in erster Linie die Sprache. An die anderen Momente – Rasse und Religion – wird wegen räumlicher
oder geistiger Entfernung nicht gedacht. So war bei dem Satze,
in den die amerikanisch-britische Verbrüderungsstimmung
im Jahre 1898 ausklang, »one tongue – one purpose« zweifellos
hinzuzudenken: »Abgesehen natürlich von den Negern. Denn
die Neger, auch die zivilisierten, auch die englischsprechenden
amerikanischen Neger, zählen selbstverständlich nicht mit.«

Wesentlich anders ist es im Orient, etwa vom fernen Osten,
namentlich von Japan, abgesehen. Da fast überall im Oriente
die Bevölkerung nach dem Glaubensbekenntnisse in mehrere,
oft sogar zahlreiche Teile gespalten ist und eine erdrückende
Mehrheit eines Teiles zumeist nicht oder doch nur in kleinen
Gebieten zu finden ist, so kommt dort dem Glaubensbekenntnisse – ebenso und noch mehr als in Europa der Sprache – eine
einigende und trennende, eine zusammenschließende und ab-
schließende Bedeutung zu, für die der normale Europäer kein
genügendes Verständnis hat und kein genügendes Verständnis
haben kann, erstens weil er die Glaubensverschiedenheit in dem
Maße, wie sie im Oriente herrscht, nicht kennt, dann aber, weil
im Abendlande die Religion bei weitem nicht mehr das Gefühls-
leben in dem Maße beeinflusst, wie in früheren Jahrhunderten
allgemein und im Oriente (den fernen Osten wohl ausgenommen) noch jetzt. So ist im Oriente Glaubensgesellschaft und
Nation großenteils identisch. Die arabisch-türkischen Worte
»millet« und »ummet« umfassen beide Begriffe.

Das Wort »Türke« ist im größten Teile der Balkanhalbinsel längst kein »ethnographischer«, geschweige denn »Rassen«-Begriff mehr, sondern im Wesentlichen ein religiöser Begriff: Türke = Muselman. Selbst die bosnisch-herzegowinischen Muselmanen – Slawen mit serbischer Muttersprache – nennen sich (wenigstens teilweise) noch mit Vorliebe Turci, sogar pravi Turci (echte Türken!), wenn sie ihre Anhänglichkeit an die Gebote des Islam betonen wollen.

Fragt man in der Türkei jemanden nach seiner Nationalität, so wird man oftmals die Antwort erhalten: »Ich bin Muselman, ich bin Katholik« usw. Der Europäer ist natürlich geneigt, hierauf zu entgegnen: »Sie missverstehen mich, ich meine nicht die Religion, sondern die Nationalität«, und der Einheimische wird den Unterschied kaum begreifen. Würde der Europäer – als Anhänger der »Abstammungstheorie« – ihn fragen: »Ich meine, welcher Abstammung sind Sie?«, so würde er wohl regelmäßig die Antwort erhalten: »Mein Vater ist Herr X, meine Mutter Frau Y«, also auch auf diesem Wege oftmals seine Neugier nicht befriedigen. Wenn er aber schließlich fragt: »Ich meine, welche *Muttersprache* haben Sie?«, so wird ihm der Einheimische – natürlich nicht wörtlich, sondern nur mutatis mutandis – erwidern: »Ach, die Muttersprache – das ist aber doch etwas anderes als Nationalität. Sprechen Sie doch deutsch, damit man Sie verstehen kann.«

Man sieht also: Schließlich läuft die Sache auf einen Streit um Worte hinaus. Allerdings *innerhalb* der Religionsgesellschaften machen sich doch gewisse nationale oder sprachliche Gegensätze ähnlich den europäischen geltend, also zwischen muselmanischen Türken und Arabern oder Kurden usw. oder zwischen christlichen Griechen und Slawen usw. Jedoch sind dieselben von Natur aus nicht so intensiv als die religiösen Gegensätze. Kurz gesagt – sind also Religion und Nationalität im Oriente keine heterogenen, völlig verschiedenen Begriffe, sondern Begriffe, die *teilweise* zusammenfallen. Wenn ich ein mathematisches Bild gebrauchen darf: Es sind Kreise, die sich schneiden, so dass ein Teil beider Kreise identisch ist.

Nationalität und Religion ist *zum Teil* identisch. Anders ist es allerdings im äußersten Oriente. Namentlich in Japan haben die Gemeinsamkeit der Sprache und ganzen Kultur, der insulare Charakter des Landes usw., dazu das anscheinend geringere religiöse Interesse eine so hohe Mauer um das Volk gezogen, dass innerhalb desselben religiöse Verschiedenheiten als Scheidewand fast gar nicht empfunden zu werden scheinen.

Jeder Organismus, sei es nun ein Individuum oder ein sozialer Körper, hat mit seiner Umgebung und namentlich mit anderen Organismen einen Kampf zu führen – das ist ein Naturgesetz. Der Kampf kann der Form und dem Grade nach ungeheuer variieren, er kann auch durch Friedens- und Ruhepausen unterbrochen werden, aber ein chronischer Kampf ist und bleibt es. Hiernach ist es natürlich und selbstverständlich, dass zwischen den verschiedenen Religionsgesellschaften ein latenter oder offener Gegensatz, eine Art Fehdezustand, die Regel sein muss, dagegen die volle Gleichgültigkeit in Bezug auf die Nationalität und Religion der Individuen nur die Ausnahme bilden kann. Also dem *Wesen* nach bestehen ganz wie in Europa die nationalen (d.h. sprachlichen) Gegensätze; dem *Grade* nach aber durchschnittlich noch intensiver, bei akuten Krisen leidenschaftlicher, da die Religion für den Orientalen durchschnittlich ein wichtigeres Lebenselement ist als die Sprache für den Abendländer. Die Kämpfe zwischen Deutschen und Tschechen im vergrößerten Maßstab und im verschärften Grade – so ungefähr mag man sich die Kämpfe zwischen den verschiedenen national-religiösen Gruppen im Oriente vorstellen.

In diesem latenten Kampfe – für den, soweit es sich um die Religion handelt, der europäische Spießbürger kaum mehr als zwei bis drei Schlagwörter als psychologische Erklärung kennt (»religiöser Fanatismus«, »Barbarei«, »Misswirtschaft der Regierung«) – handelt es sich aber Hand in Hand mit den »heiligsten Gütern« auch um sehr *materielle* Güter. Es gehört wenig Scharfsinn dazu, um dies psychologisch begreiflich zu finden.

Überdies ist zu bedenken, dass die national-religiösen Gegensätze zum großen Teil die Residuen früherer blutiger Kriege oder Bürgerkriege sind. Materielle Interessen aber lagen den wichtigsten Kämpfen, den Eroberungskriegen, zugrunde. Je niedriger die Kulturstufe, desto nackter und deutlicher treten die materiellen und wirtschaftlichen Interessen als wichtigste Triebfeder der Kriege zwischen Stämmen und Völkern zutage. Selbst bei den eigentlichen Religionskämpfen spielen materielle Interessen eine gewisse Rolle. Wenn die ersten Zeiten einer neuen Religion mit ihrer reinen, idealen Begeisterung vorüber sind und wenn blutige Kämpfe entbrennen, so sucht der Sieger nur allzu oft auch einen materiellen Siegespreis.

Sowohl der auswärtige Eroberer als der einheimische Sieger legte seine Hand auf das wertvollste Besitztum des besiegten Gegners – *soweit derselbe nicht sich dem Sieger »assimilierte«*, d.h. die Religion und in zweiter Linie die Sprache des Siegers annahm; wenigstens einen Teil seines wertvollsten Besitztums musste der Besiegte abtreten.

Das wertvollste Besitztum eines Volkes ist zweifellos das fruchttragende Land, der produktive Grund und Boden; die fruchttragende Erdscholle ist die Nährmutter des Menschen. Im Vergleiche zum Grund und Boden ist alles andere nur wertloser Plunder. Mag daher der *Eroberer* auch die anderen kostbaren (vom Standpunkte des *Individuums* aus kostbaren) Güter – Gold, Edelsteine, Kunstwerke usw. – nicht verschmähen, für seine Volksgemeinschaft als solche benötigte und nahm er Grund und Böden. Was sollte aber mit dem Besiegten geschehen? Denn eine Ausrottung des Besiegten mit Stumpf und Stiel war nicht die Regel. Auch in der Brust des rohesten Siegers schlägt ein Herz, das gewisser Mitleidsregungen fähig ist, und zudem schien es zumeist auch im wirtschaftlichen Interesse des Siegers gelegen, wenigstens einen Teil der ursprünglichen Bevölkerung zu erhalten. So ließ der Sieger den Besiegten, den Unterworfenen wenigstens einen Teil des Grund und Bodens; entweder einen realen Teil oder einen ideellen Teil.

Sehen wir, um unsere Betrachtungen nicht zu weit auszudehnen, von dem letzteren Falle ab, von dem Verhältnisse zwischen Grundherren und andersgläubigen Grundholden, das zum Beispiel in Bosnien zum großen Teile eine Wurzel aller Wirren war, und fassen wir nur die Lage ins Auge, die sich aus der neuen Religion innerhalb der Bauern- und Hirtenbevölkerung ergibt. Statt des früheren einheitlichen Elementes bestehen nunmehr zwei – von denen das eine von der neuen Staatsgewalt als die feste Stütze betrachtet, das andere günstigenfalls aus Mitleid mit Schonung behandelt, stets aber für den Staatsbestand als minderwertig angesehen wird.

Dass das Rechtsempfinden der alteingesessenen, ihrer Nationalität und Religion treu bleibenden Bevölkerung durch die neue Rechtsordnung verletzt wird, dass dieselbe namentlich die neue Religion und deren Bekenner mit unfreundlichen Blicken anschaut, ist zu natürlich, als dass es einer besonderen Erörterung bedürfte. Und nicht alle Mitglieder der »unterworfenen« Bevölkerung verhalten sich dem neuen Stande der Dinge gegenüber passiv. Ist auch der »große« Krieg beendet, so dauert, wo die Natur des Landes und die sonstigen Verhältnisse es erlauben, der Guerillakrieg, der »kleine« Krieg, fort. Scharen der eingeborenen Bevölkerung schlagen sich in die Berge, bilden »Räuberbanden« (Heiducken, Klephten usw.), deren Zweck es ist, den Eroberern an Leben und Eigentum so viel Schaden als nur immer möglich zuzufügen.

Und wo der »kleine Krieg« beendet ist, dauert das fort, was ich als »kleinsten Krieg« bezeichnen möchte: der chronische Zustand des Hasses und der Feindschaft der anscheinend friedlich bei- und nebeneinander wohnenden, nach der Religion gespaltenen Bevölkerung; ein Zustand, in dem Dorf gegen Dorf, Nachbar gegen Nachbar auf der Lauer liegen.

Der andersgläubigen Volksmasse gegenüber herrschen andere, laxere Rechts- und Sittlichkeitsbegriffe. Verbrechen und Vergehen gegen den Andersgläubigen werden milder beurteilt als gegen den Glaubensgenossen. Hierunter hat selbstverständlich die schwächere Gruppe mehr zu leiden als die stärkere. Das Stärkeverhältnis setzt sich zusammen aus den beiden Faktoren: *Subordinations*verhältnis und *numerisches* Verhältnis. Die Bevölkerung, die sich zur Staatsreligion bekennt, ist natürlich insofern stärker, als die Staatsgewalt ihr in erster Linie Schutz gewährt, die großen Machtmittel des Staates zu ihrer Verteidigung und oft über die Verteidigung hinaus leichter in Bewegung gesetzt zu werden pflegen als zugunsten der »subordinierten« Bevölkerung mit einer anderen Religion.

Aber das Zahlenverhältnis kann noch schwerer in die Waagschale fallen. Eine herrschende Bevölkerung, die sich in ausgesprochener Minderheit befindet, kann sehr gefährdet sein; die Staatsgewalt kann zwar ihre »Stiefkinder« wegen Missetaten gegen ihre »echten« Kinder »bestrafen« (wobei man mehr an Rache gegen die ganze Bevölkerungsgruppe als an eine »Strafe« gegen wirklich schuldige Individuen denken muss), sie kann aber nicht immer die Missetaten rechtzeitig verhindern.

So leidet vor allem die *persönliche* Sicherheit unter dem Einfluss der national-religiösen Gegensätze: Körperliche Misshandlungen, Angriffe gegen das Leben, Entführungen durch Räuberbanden, und – was besonders schwer wiegt – Angriffe gegen die weibliche Ehre werden mit geringeren Gewissensskrupeln gegen Andersgläubige als gegen Mitglieder der eigenen Volks- und Religionsgruppe ausgeführt. So hat eine landwirtschaftliche Bevölkerung, die zerstreut auf freiem Felde arbeiten muss, weitab von ihren Behausungen inmitten einer überlegenen gegnerischen Bevölkerung, ferne vom Schutze der staatlichen Organe – oftmals furchtbar zu leiden.

Neben den Vergehen gegen die Person und mehr noch kommen Eigentumsvergehen in Betracht. Keine Art von Eigentum ist so schwer zu schützen wie gerade das landwirtschaftliche. Drei Arten von Vergehen sind es hauptsächlich, die das Eigentum des Landmannes bedrohen: *Grenzverrückung* (man könnte sagen: Immobiliendiebstahl), *Viehdiebstahl* und *Felddiebstahl* (Diebstahl von Feldfrüchten).

Dass die Erstere oftmals vorkommt, ist schon nach dem Kulturzustande der orientalischen Staaten nicht überraschend. Grenzstreitigkeiten bilden auch in hochzivilisierten Staaten schwierige Prozesse; trotz unseres vorzüglichen Karten- und Katastermaterials, trotz der großartigen trigonometrischen Vermessung, ja trotz der mehr und mehr fortschreitenden *Abmarkung* kommen solche immer noch ziemlich häufig bei uns vor, und der Richter ist zum großen Teil auf die fragwürdigen Bekundungen von Zeugen angewiesen. Nun stelle man sich vor, wie es in orientalischen Staaten sein muss, wo zwar Kataster und Grundbücher wohl existieren, aber eine trigonometrische Detailvermessung selbst in der Neuzeit nur in verschwindend wenigen Fällen stattgefunden hat, wo von einer Technik der Abmarkung jedenfalls nicht im Entferntesten in dem Maße wie bei uns die Rede sein kann.

Den andersgläubigen Nachbarn um ein Stück seines Landes zu betrügen, ist also auch in friedlichen Zeiten ziemlich leicht. Völlig verschwindet aber die Sicherheit des Immobiliarbesitzes in den Zeiten des *akuten* Kampfes, also im Kriege und in Aufständen. Die Häuser und Felder der schwächeren, zur Flucht und Auswanderung gezwungenen Bevölkerungsgruppen werden die Beute der stärkeren. So hielten es die christlichen Bulgaren während des Krieges 1877/78 für selbstverständlich, sich in den Besitz der Immobilien der flüchtenden Muselmanen zu setzen, ebenso die Rumänen in der Dobrudscha, die muselmanischen Kurden gegenüber den flüchtenden christlichen Armeniern 1896, und ebenso war es das Erste für die christlichen Kreter beim Aufstande im Jahre 1897, die muselmanischen Bauern zu verjagen, ihre Immobilien zu okkupieren und die Grenzen derselben unkenntlich zu machen, so dass es selbst im Falle des guten Willens der Justiz sehr schwer gewesen wäre, den früheren Besitzstand wiederherzustellen.

Das zweite Delikt, das den Landwirt bedroht, ist der *Viehdiebstahl*, und auch dieser wird im Oriente unter dem Einfluss der national-religiösen Gegensätze in einem Umfange geübt, von dem man sich in Europa nur schwer einen Begriff machen kann. Für manche Stämme bildet er geradezu eine Art Erwerbszweig – selbstverständlich nur der Viehdiebstahl gegen Besitzer *außerhalb* des Stammes. So sind bekanntlich die Tscherkessen gefürchtete Pferdediebe – im Übrigen aber höchst zuverlässige, ritterliche, ehrenfeste Menschen.

Man hat die Montenegriner oftmals im Scherz oder Ernst ein Volk von *Hammeldieben* genannt. In dieser Form ist der Vorwurf unbegründet. Gemeiner Diebstahl wird bei diesem Gebirgsvolke kaum häufiger als bei uns, wahrscheinlich sogar noch seltener, vorkommen. Wer einem Volksgenossen Vieh stiehlt, wird dort ebenso bestraft und verachtet wie anderwärts. Dagegen dem Ungläubigen, dem fremden Volkselement sein Eigentum zu nehmen, gilt eben nicht als Diebstahl. Ein ehrbarer Montenegriner wird also nur Vieh, das einem Muselman, oder höchstens solches, das einem römischen Katholiken gehört, rauben oder heimlich wegnehmen, und das ist eben für ihn nur erlaubter, rechtmäßiger Kampf gegen den Erbfeind.

Das dritte und wohl schwerwiegendste Delikt, das das landwirtschaftliche Eigentum bedroht, ist der *Felddiebstahl*, der Diebstahl von Feldfrüchten, und dieser wird im Oriente, wo national-religiöse Gegensätze infrage kommen, in skrupellosester Weise geübt. Was dies für den Bauern bedeutet, dessen Ernte schon in guten Jahren zum größten Teil durch die Tilgung von Schulden, die Bezahlung der »Zehnten« (die tatsächlich weit mehr als ein Zehntel des Bruttoertrages ausmachen) und anderer Lasten absorbiert wird, in schlechten Jahren aber zum Unterhalte nicht mehr ausreicht, lässt sich unschwer erraten. Die Frage der Feldhüter (Bektschis), die die Felddiebstähle verhindern sollen, spielte darum in den letzten Jahrzehnten in der armenischen und mazedonischen »Reformfrage« eine bedeutende Rolle. Während vorher die Feldhüter dort ausschließlich oder überwiegend Muselmanen (also Angehörige der herrschenden Bevölkerungsgruppen) waren, wurde nunmehr auf Verlangen der intervenierenden Großmächte die Reform eingeführt, dass die Feldhüter der gleichen Religion angehören müssen wie die Mehrzahl der Grundbesitzer in der Gemeinde. Solche Wichtigkeit maß die Diplomatie der Religion dieser scheinbar unbedeutenden Sicherheitsorgane bei – und mit Recht. Wenn es auch dem ethischen Ideale noch nicht entspricht, so wird man es doch immerhin als einen weniger ungerechten Modus empfinden, wenn allgemein die Majorität weniger, die Minorität mehr bestohlen wird, als wenn überall gerade die Angehörigen der einen Religion mehr als die anderen bestohlen werden.

Außer diesen »landwirtschaftlichen« Delikten gibt es natürlich noch weitere Delikte, welche den landwirtschaftlichen Betrieb schwer gefährden und – was für unsere Betrachtung wichtig ist – sich der Entdeckung und Bestrafung nur allzu leicht entziehen, so namentlich *Brandstiftung*, auch Sachbeschädigung usw. So kann unter dem Einfluss der national-religiösen Gegensätze selbst in ruhigen, friedlichen Zeiten von einer Sicherheit des Lebens, der Ehre und des Eigentums der landwirtschaftlichen Bevölkerung nur in sehr unvollkommenem Maße die Rede sein – ganz zu schweigen von den stürmischen Zeiten des Krieges und Aufruhrs, in denen von Recht, ja sogar von Mitleid und Erbarmen fast keine Rede mehr sein kann.

Der normale Spießbürger in Europa, der von solchen Dingen hört oder liest, ist mit seinem Urteil rasch fertig. »Hier fehlt es an der Justiz und Polizei. Aufgabe der Staatsgewalt ist es, Leben und Eigentum zu schützen, ohne Ansehen der Person, ohne Ansehen der Nationalität und Religion.« Aber der biedere Spießbürger übersieht dabei, dass das wichtigste Organ des Rechtsschutzes nicht der staatliche Behördenorganismus, sondern die *Bevölkerung* selbst ist, dass, wo die Bevölkerung in feindliche Lager gespalten ist, dieser Schutz mehr oder weniger versagen muss. Staatsanwalt und Richter, ja sogar die Polizeibeamten sind es der Regel nach erst in zweiter Linie, die für die verletzte Rechtsordnung einschreiten; in erster Linie ist es der Regel nach der *Kläger* oder *Anzeiger* (Denunziant), der den Mechanismus der Justiz in Bewegung setzt, und dieser Mechanismus kann in den meisten Fällen nur dann erfolgreich arbeiten, wenn er von unbeteiligten Personen (»Zeugen«) bedient wird.

Wenn nun diese versagen – muss nicht die Justiz in zahllosen Fällen völlig machtlos sein? In vielen Fällen wird der Geschädigte, der inmitten einer überlegenen feindlichen Bevölkerung wohnt, gar nicht wagen, eine *Anzeige* zu erstatten, *Klage* zu erheben, weil er Rache fürchtet; denn eine Kugel aus dem Hinterhalt, ein Dolchstich in der Dunkelheit sind keine verlockende Aussicht. Selbst wenn er Anzeige erstattet, so fehlen ihm in zahllosen Fällen die Zeugen. In den meisten Fällen glaubt die Bevölkerung absolut keinen Grund zu haben, sich selbst als Zeugen anzubieten, um die Wahrheit zugunsten des »Ungläubigen«, zuungunsten des Volks- und Religionsgenossen auszusagen. Wird aber ein Zeuge benannt, wird er gezwungen, vor Gericht Zeugnis abzulegen, so wird in vielen, ja sogar den meisten Fällen die Richtschnur für seine Aussage nicht die Frage sein: Was ist die Wahrheit?, sondern: Was nützt meinem Volksgenossen? Was schadet dem Ungläubigen?

Denn die Ehrfurcht vor der Heiligkeit des Eides lässt unter dem Einfluss der national-religiösen Gegensätze recht viel oder alles zu wünschen übrig.* Und selbst wenn ein Zeuge die Wahrheit spricht, wird ihm nicht in zahllosen Fällen der Richter mit Misstrauen – objektiv ungerechtfertigt, aber wohl begreiflich – den Glauben vorsagen? So ist die Justiz dort in zahllosen Fällen blind, im schlechten Sinne des Wortes, sie tappt im Dunkeln herum, machtlos und hilflos – und, was zwar nicht zu billigen, aber vom völkerpsychologischen Standpunkte aus zu begreifen ist, – aus Rechts- und Tatfragen werden *Machtfragen*! Nicht »in

---

* Ein geradezu großartiges Beispiel von dem Einfluss der Nationalitäts- und Religionsgegensätze auf die Rechts- und Moralanschauungen weiter Volkskreise glaube ich hier erwähnen zu dürfen: Das Reglement der bulgarischen Banden der Komitadjis in Mazedonien, das im Jahre 1903 mehrfach von türkischen Behörden entdeckt und dessen Echtheit – soviel mir bekannt – nicht bestritten wurde, bestimmte u. a. in Paragraph 4: »Sind Leute gegen das Komitee, ihm schädlich und unnütz, so sind sie, selbst wenn es Christen sind, unter Verhältnissen umzubringen, dass der Mord entweder den Feldwächtern, Verwaltern, Zehentinhabern, Imams oder auch den Beys unterschoben werden kann. Man muss alle Beweise anbringen, dass sie verurteilt werden. Jedenfalls müssen sich im Dorfe zwei Männer bereit erklären, vor dem Gerichte mit voller Sicherheit als rechtsgültige Zeugen aufzutreten.« In Paragraph 12 steht: »... Man muss übertriebene Entschädigungen selbst mit falschen Zeugen fordern.« (Kölnische Zeitung Nr. 676, 28. Juli 1903). Also eine in Paragraphen formulierte Verpflichtung zum Meineide! Und das waren sicherlich keine gemeinen Verbrecher, sondern Freiheitshelden, vom bulgarischen Standpunkte aus treffliche, ehrenwerte Männer!

dubio pro reo«, sondern »in dubio pro meo«, »im Zweifel für *meinen* Volks- und Religionsgenossen und gegen den Andersgläubigen« wird die Richtschnur des Richters.

Und selbst wenn mit voller Sicherheit die Tat und der Täter festgestellt sind, wenn es also der Staatsgewalt gelungen ist, die Wahrheit zu ergründen, so ist oftmals ihr Arm noch nicht stark genug, dem Rechte zum Siege zu verhelfen. Denn auch im Oriente gilt der Grundsatz: »Niemand wird gehängt, man hätte ihn denn.« Bei seinen Volks- und Religionsgenossen findet der verfolgte Missetäter leicht Unterschlupf. Mit Hilfe von Hehlern kann er oftmals, jedenfalls häufiger, als es bei uns möglich ist, sich und seine Beute in Sicherheit bringen. In unverhältnismäßig vielen Fällen müssen sich die Justiz und der Geschädigte mit einem »theoretischen« Siege, d. h. einem Zivil- oder Strafurteile in contumaciam begnügen, dessen Vollstreckung unmöglich ist.

Auch das »Untertanenverhältnis«, das Verhältnis zum Staate als solchem, ist für die Bauernbevölkerung, die sich nicht zur Staatsreligion bekennt, ein besonders hartes.

Öffentliche Lasten treffen in der Regel am sichersten den Bauern. Steuern, Requisitionen zu öffentlichen Zwecken (namentlich zu militärischen in Kriegszeiten), Frondienste für öffentliche Arbeiten – allen diesen Lasten vermag sich der Bauer, dessen Habe gleichsam öffentlich zutage liegt, weniger leicht zu entziehen als andere Berufsstände. Auch hier werden die »Stiefkinder« drückender behandelt als die »echten Kinder«. Die ohnehin harte Last wird oftmals für sie doppelt hart!

So treibt die ganze Entwicklung der Dinge dahin, dass die Schwachen, d. h. die Unterdrückten, namentlich wenn sie zugleich in der Minderheit sich befinden, sich allmählich aus der Landwirtschaft zurückziehen. Je geringer ihre Zahl, desto rascher und in desto größerem Umfange vollzieht sich dieser Prozess. Ich glaube, man kann es als eine Art Naturgesetz bezeichnen: Das Gesetz der *Entlandwirtschaftlichung* der schwächeren Bevölkerungsgruppen.

Dieses Gesetz gilt natürlich in noch höherem Maße für solche Bevölkerungsteile, die im Lande nicht wurzeln, sondern die aus irgendwelchen Gründen – in der Regel, weil sie wegen ihrer Religion und Nationalität verfolgt und aus ihrer Heimat vertrieben wurden – in ein fremdes Land einwandern, um sich eine neue Heimat zu gründen: Ein sehr charakteristisches Beispiel hierfür bieten die Parsis, die nach der Islamisierung Persiens ihre uralte Religion bewahrten und nach Indien auswanderten. In jeder Hinsicht findet der Schwächere in außerlandwirtschaftlichen Berufsarten eine bessere Sicherheit. Der Gegner, mag er noch so hasserfüllt sein, wird es nicht so leicht wagen, ihn in einer Ortschaft, sei es in einem Hause oder auf der Straße, zu ermorden als auf freiem Felde, ferne vom Auge unbequemer Zuschauer.

Während die landwirtschaftliche fahrende Habe – Vieh, Feldfrüchte usw. – dem Diebstahl und der Vernichtung nur allzu leicht preisgegeben ist, lassen sich andere Mobilien hinter Schloss und Riegel zumeist völlig sicher verwahren. Während der landwirtschaftliche Besitz vor den Augen der Behörden und namentlich auch erpresserischer Beamten fast offenliegt, können andere Mobilien, namentlich die kostbarsten, sehr oft verheimlicht werden. Dass endlich die Grenzen der praedia urbana, der nichtlandwirtschaftlichen Grundstücke, weit weniger leicht verrückt werden können als jene der praedia rustica, der landwirtschaftlichen Grundstücke, bedarf keines Nachweises.

Natürlich gilt diese relative Sicherheit der Person und des Eigentums nur für normale, friedliche Zeiten. In den Zeiten des Krieges, Bürgerkrieges, Aufruhrs, wenn die Bande der Rechtsordnung zerrissen werden, hört auch die Sicherheit in den Städten wohl auf. Aber selbst in den stürmischen Zeiten, wenn die wilden Volksmassen zu Raub und Mord schreiten, ist die Lage einer Minorität, die nicht von der Landwirtschaft sich ernährt, nicht auf dem platten Lande lebt, weniger verzweifelt.

Abgesehen davon, dass beim Herannahen eines Ungewitters viele Personen aus den Städten leicht die Flucht ergreifen und ihre bewegliche Habe, am leichtesten natürlich Geld und Kostbarkeiten, wegschaffen, oftmals auch verstecken können, gelingt es, selbst wenn der Sturm bereits wütet, manches Unheil abzuwenden. Die »besseren« Elemente der Majorität in der Stadt werden ihren Einfluss aufbieten, das Blutvergießen einzudämmen, auch die Behörden, mögen sie der Minorität noch so feindlich gesinnt sein, können sich nicht völlig passiv verhalten; zum Mindesten wird ein Teil der Beamten durch Kauf und Bestechung, die im Oriente nicht einmal unbedingt als entehrend gilt, für den Schutz der Verfolgten zu gewinnen sein. Damit sind wir auf einem Gebiet angelangt, dessen Wichtigkeit für die wirtschaftlichen und teilweise auch für die politischen Verhältnisse der Länder des Orients nicht leicht überschätzt werden kann, das ist die Arbeitsteilung nach Nationalitäten bzw. Religionsgesellschaften; die *national-religionsgenossenschaftliche Berufsgliederung.*

Versuchen wir, den nationalökonomischen Begriff der Arbeitsteilung der Einteilung des Menschengeschlechts anzupassen, so erhalten wir folgende Arten derselben:

I.   Zeitliche Arbeitsteilung (Arbeitsteilung innerhalb des nämlichen Individuums);

II. Rein individuelle Arbeitsteilung (A. innerhalb der nämlichen Volksgruppe) = persönliche Arbeitsteilung nach der bisherigen Ausdrucksweise;

III. Kollektive Arbeitsteilung (A. innerhalb der ganzen Menschheit, nach Volksgruppen);

a) A. nach *Rassen* (zum Beispiel in Südwestafrika: weiße Aufseher, schwarze Feld- und Grubenarbeiter, hottentottische Vieh- und Pferdeknechte),

b) A. nach *Sprachgenossenschaften* (zum Beispiel polnische Bergarbeiter, deutsche übrige Bevölkerung),

c) A. nach *Religionsgenossenschaften* (zum Beispiel christliche Bauern, jüdische Viehhändler),

d) A. nach Bevölkerungen gewisser Länder, Gegenden und Orte,

  α) ohne Wanderung (räumliche Arbeitsteilung nach der bisherigen Terminologie),

  β) mit Wanderung (zum Beispiel »Sachsengängerei«, Wandergewerbe mancher Orte und Bezirke usw.).

Im Oriente ist im weitesten Umfange die unter III c erwähnte Arbeitsteilung nach *Religionsgenossenschaften* zu finden. Das herrschende Volkselement dominiert zunächst natürlich im *Kriegsdienste*, überhaupt im *Staats-* und sonstigen *öffentlichen Dienste*, dann in der *Landwirtschaft*, wenigstens was den *Grundbesitz* (namentlich den *Groß*grundbesitz) betrifft (wogegen die besitzlosen landwirtschaftlichen Arbeiter sich großenteils aus den beherrschten unterdrückten Volksgruppen, sofern diese stark an Zahl und arm an Vermögen sind, rekrutieren). Auch in allen oder den meisten anderen Berufszweigen ist das herrschende Volkselement vertreten, soweit diese eben nicht ausschließlich in den Händen der Unterdrückten sind.

Der Herrschende ist in der glücklichen Lage, sich den Beruf viel freier wählen zu können. Für ihn gibt es – abgesehen etwa von seinem Stolz und Ehrgefühl, das ihm den einen oder anderen Erwerbszweig verbietet – eigentlich nur eine Schranke, allerdings eine sehr wichtige und meist übermächtige: den friedlichen Wettbewerb mit den unterdrückten Bevölkerungsgruppen, die in der Schule der Unterdrückung vieles gelernt und sich gerade die Eigenschaften in hohem Maße angeeignet haben, die im »friedlichen« Kampfe ums Dasein von der größten Bedeutung sind – Rührigkeit, Ausdauer, Sparsamkeit, Anpassungsfähigkeit, scharfe Beobachtungsgabe, Findigkeit, die bis zur Schlauheit und Unehrlichkeit sich zu entwickeln pflegt.

Die Unterdrückten vermögen sich, wie wir sahen, im landwirtschaftlichen Betriebe – sei es als freie Besitzer, sei es als Grundholden, sei es auch nur als Pächter – auf die Dauer nur zu erhalten, wo sie nicht in der ausgesprochenen Minderheit sich befinden. So sehen wir Armenier als Landwirte in den östlichen Wilajets des türkischen Asiens, wo sie noch in dichteren Mengen wohnen, Griechen im westlichen Kleinasien; dagegen wird man in den Landstrichen, wo Griechen und Armenier in der Diaspora wohnen, kaum griechische und armenische Landwirte finden.* Die Ausnahmen – zum Beispiel in Syrien, wo in neuerer Zeit christliche und jüdische Ackerbauenklaven inmitten der muslimischen Überzahl gegründet wurden, oder in Tripolitanien und Abessinien, wo noch aus alter Zeit eine jüdische, ackerbautreibende Bevölkerung (unter fürchterlichen Verhältnissen) sich an einzelnen Punkten erhalten hat – beweisen natürlich nichts gegen die Regel; sie beweisen nur, dass der Prozess der Entlandwirtschaftlichung sich auf Jahrhunderte und Jahrtausende erstrecken kann.

Welchen Erwerbsarten im Einzelnen sich die Unterdrückten zuwenden, hängt von verschiedenen Umständen ab: Geographische Lage der Heimat, Kulturzustand, Volkszahl; im hohen Grade kommt auch die Muskelkraft infrage, die ihrerseits, wenn ich nicht sehr irre, zum großen Teile von der *Zeitdauer*

---

* *Gärtner* dagegen wohl; bei der *Gärtnerei* liegen die Verhältnisse anders als beim eigentlichen landwirtschaftlichen Betriebe. Gärtnerei kann auch in der Diaspora betrieben werden.

der Unterdrückung und der aus derselben resultierenden Entlandwirtschaftlichung abhängt.

So bedarf es keiner weiteren Erklärung, dass in der türkischen *Seeschifffahrt* und *Seefischerei* das griechische Element
sehr stark, das armenische sehr schwach vertreten ist. Die Armenier, die aus ihrer rauen Gebirgsheimat eine bedeutende
Muskelkraft in die Diaspora mitbrachten, stellen dagegen ein
großes Kontingent zu den Hammals (Lastträgern) in den großen Städten, die den Europäer durch ihre Körperkraft in Erstaunen zu setzen pflegen.

Die Griechen scheinen im Allgemeinen einer geringeren
Muskelkraft sich zu erfreuen, und so finden wir sie vorzugs-
weise in Berufsarten, die weniger Muskelkraft erfordern: als
Schuhmacher, Metzger, Bäcker, Gastwirte usw. Unverhältnismäßig zahlreich sind sie namentlich unter den Tabakarbei-
tern vertreten; in Ägypten sind die Zigarettenarbeiter fast ausschließlich Griechen.

Noch geringere Muskelkraft als die Griechen scheinen
durchschnittlich die *Juden* zu besitzen, was nur natürlich ist, da
dieselben am längsten, seit fast 2000 Jahren, unterdrückt und
entlandwirtschaftlicht sind. Auch sie stellen ein großes Kontingent zu den Berufsarten, welche Fleiß und Geduld, aber wenig
Körperkraft erfordern: Namentlich das *Schneiderhandwerk* ist
an manchen Orten fast ein jüdisches Monopol geworden. Das
Gleiche gilt vom *Spenglergewerbe* und von den feineren Arten
des *Schmiedehandwerkes*: Gold- und Silberschmiede, Kupfer-
schmiede, Waffenschmiede sind namentlich in arabischen Ländern hauptsächlich Juden. Nur wo Juden in größerer Anzahl
wohnen, sind sie in Massen auch in den Erwerbsarten zu treffen,
die viel Muskelkraft erfordern: So sind namentlich in Saloniki
die meisten Lastträger, Bootsführer usw. Juden. Selbstverständlich gilt auch für das weibliche Geschlecht die Berufsgliederung
nach national-religionsgenossenschaftlichen Gruppen. So sind

in Kleinasien die Seiden- und Teppicharbeiterinnen größtenteils Armenierinnen, in Saloniki die Arbeiterinnen in den großen Dampfspinnereien spaniolische Jüdinnen.

Ganz besonders aber ist es ein Gebiet, dem die Schwachen, die Minoritäten, die Unterdrückten zustreben: der *Handel*. Der Handel ist das ureigenste Gebiet der Schwachen und Unterdrückten. Es ist, als ob die Natur selbst den Volksgruppen, die von der Scholle, von der Mutter Erde, verdrängt wurden, eine Zufluchtsstätte hätte schaffen wollen. Ganz natürlich. Der Handel erfordert in erster Linie nicht Muskelkraft, nicht Muskelarbeit, sondern Gehirnarbeit, geistige Arbeit, Kalkulation, bis zu einem gewissen Grade Schlauheit, und in keiner Schule werden diese Eigenschaften besser anerzogen als in der Schule der Unterdrückung. – Allerdings eines ist dazu noch erforderlich: eine gewisse *Höhe des Kulturzustandes*.

Abgesehen davon, dass der Kaufmann ganz besonders einen Sinn und einen Blick für die Zukunft haben muss – und gerade die intensivere Sorge für die Zukunft ist ja ein wesentliches Merkmal des Kulturmenschen –, ist zu berücksichtigen, dass der Kaufmann, der Händler immerhin ein gewisses Maß positiven Wissens haben soll: Nicht nur die primitivste Kunst des Rechnens, sondern auch die des Lesens und Schreibens soll er beherrschen; denn er soll eine wenn auch noch so primitive Buchführung pflegen, sonst fehlt ihm jeder Überblick, auch muss er sonst im Wesentlichen auf Bargeschäfte sich beschränken, auf Kreditgewährung also verzichten.

So erklärt es sich leicht, dass zwei unterdrückte Volksgruppen im türkischen Reiche so ziemlich vom Handel ausgeschlossen sind: die *Neger*, die sonst in Nordafrika sich sehr bemerkbar machen, und die *Zigeuner* – beide wegen ihres niedrigen Kulturzustandes. Auch die christlichen Slawen sowie die Walachen und Albanesen in der Türkei haben sich bisher wegen ihres geringeren Kulturzustandes wenig im Handel hervorgetan. Erst in neuerer Zeit – mit der Zunahme der Schulbildung – scheinen sie sich mehr am kommerziellen Wettbewerbe beteiligen zu wollen.

Abgesehen davon aber beteiligen sich alle unterdrückten und in der Minderheit befindlichen Volksgruppen in den Ländergebieten der Türkei in der regsten Weise am Handel: die Griechen, die Armenier, die Juden, die christlichen Syrer (in Syrien und in Ägypten), die christlichen Kopten (in Ägypten), die Inder (in Südarabien), die Malteser in Nordafrika, ferner auch die Levantiner, dieser Mischmasch aus allen europäischen Ländern, der im Oriente sich mit einheimischen Christen vermischt und dort eingewurzelt hat, sowie die eigentlichen Europäer, endlich auch die eingewanderten Perser in den östlichen Teilen der asiatischen Türkei sowie in Konstantinopel.

Vollständig durchgeführt ist diese Arbeitsteilung nach Nationalitäten und Religionsgenossenschaften allerdings nicht oder doch nur in der Minderheit der Berufsarten. So sind in der Türkei auch viele (*verhältnismäßig* freilich doch nur wenige) Angehörige der herrschenden Religion, also Muselmanen, Kaufleute. Auch hier gilt aber das Wort: »Wenn zwei das Gleiche tun, ist es nicht das Gleiche.« Der Muselman ist ungeschickter, plumper und vermag im Wettbewerbe mit den Andersgläubigen nur mit geringem Erfolge zu bestehen. Die Beobachtung, die früher Orientreisende zu machen pflegten: »In den Bazaren sucht der jüdische und christliche Kaufmann durch zudringliches, marktschreierisches Anpreisen seiner Waren Käufer anzulocken, der muselmanische Händler dagegen wartet in vornehmer oder indolenter Ruhe, bis ein Käufer von selbst kommt«, trifft heute zwar im Allgemeinen nicht mehr zu; die Muselmanen haben in dieser Beziehung »gelernt« und sind weit nicht mehr so schlicht und unzuverlässig wie früher; aber was Rührigkeit und Anpassung an die Wünsche und Bedürfnisse des Publikums betrifft, werden sie von den Andersgläubigen zweifellos noch jetzt übertroffen.*

Ebenso sind die mit dem Handel verknüpften oder verwandten Berufsarten größtenteils oder fast ausschließlich in den Händen der unterdrückten Bevölkerungsgruppen. So sind die Bankiers und Geldwechsler (Sarrafs), die Handelsagenten, die Dolmetscher und Fremdenführer usw. in der Türkei zum weitaus größten Teil in den Händen von Christen und Juden; die türkischen Zeitungen sind zum großen Teile in den Händen armenischer, die arabischen Zeitungen (namentlich auch in Ägypten) in den Händen christlich-syrischer Besitzer.

Auch in den Berufsarten, welche eine höhere geistige Arbeit, wissenschaftliche, technische oder künstlerische Vorbildung erfordern, ist das Element der Unterdrückten unverhältnismäßig stark vertreten. So sind die Ärzte in der Türkei in der Mehrzahl Griechen, Armenier, Juden. (In der neusten Zeit scheint es allerdings anders zu werden; in der medizinischen Hochschule in Konstantinopel soll das muselmanische Element überwiegen.)

Ähnlich ist es bei den Juristen. Die *Rechtsanwälte* sind größtenteils Griechen, Armenier, Juden, christliche Syrer. Auch in den Gerichtshöfen – bis hinauf zum obersten Gerichtshofe –

---

* Vor einigen Monaten erst machte ich in Smyrna eine sonderbare Erfahrung. Im dortigen türkischen Viertel wandernd, wollte ich einige Ansichtskarten kaufen. Ich fand lange keinen Laden, in dem diese von den Reisenden so stark begehrte Ware erhältlich war. Endlich entdeckte ich einen türkischen Laden, in dem eine große Auswahl sehr schöner Ansichtskarten vorhanden war; aber leider waren sie sämtlich von der Stadt Saloniki! Hier wird wohl ein geriebener europäischer Geschäftsreisender für seine übrig gebliebene Ware ein Opfer gefunden haben. Einem griechischen, armenischen oder jüdischen Händler gegenüber würde ihm dies kaum geglückt sein.

sind christliche und jüdische Richter zu finden,* und selbst für andere wichtige Zweige des Staatsdienstes – namentlich für den diplomatischen Dienst – haben die Herrscher es für nützlich gefunden, Männer aus den beherrschten Volksgruppen heranzuziehen.**

Vielleicht am deutlichsten und vollständigsten ausgebildet ist die national-religionsgenossenschaftliche Arbeitsteilung in Ostindien. Die ganze *Kastengliederung* (das Wort »Kaste« bedeutet von Haus aus »Rasse« oder »Volk«) beruht auf ursprünglicher *nationaler* Verschiedenheit. Aus ursprünglichen selbständigen Völkern sind Stände, Berufsklassen geworden. Die ursprünglich selbständigen Volkskörper haben sich in Organe eines großen gemeinsamen Volkskörpers verwandelt. Es ist wohl keine leichtfertige Annahme, wenn man vermutet, dass dieser Naturprozess auch in anderen Ländern zu dem gleichen Abschluss führen wird.

Ein sehr beachtenswertes Beispiel für das Wirken dieses Naturgesetzes in einem halb europäischen Staate glaube ich zum Schlusse noch erwähnen zu dürfen: die Umwandlung der *Tataren* Russlands. Beim Worte Tataren denkt auch heute noch ein Teil des europäischen Publikums an wilde Reiterscharen,

---

* Über die christlichen Mitglieder der türkischen Gerichtscollegien – ihre größere Arbeitsamkeit und juristische Schulung, aber auch Spitzfindigkeit und geringere Rücksicht auf die natürliche Billigkeit – machte der spätere Unterstaatssekretär K. A. Busch (von 1861 – 1871 preußischer Gesandtschaftsdragoman in Konstantinopel) interessante Beobachtungen (veröffentlicht in der »Deutschen Rundschau«, Juli 1899 Seite 57 u. 59), die nach Mitteilungen, die ich dem Herrn Kanzlerdragoman a. D. Paul Fohr aus Miesbach verdanke, noch heute zutreffend sind.

** Es sei z. B. an Namen wie Karatheodori, Agop, Dadian, Nubar, Musurus, Melhame usw. usw. erinnert.

die wie die Windsbraut auf ihren eiligen Rossen jagen, Schrecken und Entsetzen unter anderen Völkern verbreitend. Wie wenig ist von dieser kavalleristischen Herrlichkeit heute noch vorhanden! Das war damals richtig, als die Tataren noch ein Herrschervolk waren; aber heutzutage sind sie bekanntlich Beherrschte, vom russischen Volk unterworfen, und sie haben in sehr bemerkenswerter Weise gelernt, sich den veränderten Verhältnissen anzupassen.

Zwar spielt das *Pferd* auch heute noch eine große Rolle im Leben des Tataren, aber es ist im Wesentlichen eine friedliche Rolle. Zwei Erwerbszweige sind es besonders, in denen sich die Tataren heutzutage das Pferd nutzbar machen: die *Pferdemetzgerei* – sie essen das Pferdefleisch, und zwar im Gegensatze zu ihren türkisch-osmanischen Brüdern, denen dasselbe ein Greuel ist – und der *Pferdehandel*, der in großen Teilen Russlands geradezu ein tatarisches Monopol geworden ist.

Auch sonst widmen sich die Tataren zusehends mehr und mehr dem Handel und verschmähen es nicht, sich in die Diaspora zu begeben und sich in den russischen Städten unter neuen Lebens- und Erwerbsbedingungen ihren Unterhalt zu verdienen. So bestehen in St. Petersburg und in den meisten anderen russischen Städten schon ziemlich bedeutende tatarische Gemeinden, deren Mitglieder sich namentlich im Kleinhandel eingewurzelt haben und sogar – man staune über den ungeheuren Abstand zu ihren vornehmen kriegerischen Vorfahren! – sich so weit erniedrigen, auf den öffentlichen Straßen zu hausieren und ihre Waren mit lauter Stimme feilzubieten.

Schreitet diese Entwicklung fort, so darf man als sicher annehmen, dass binnen eines halben Jahrhunderts der Handel und die Industrie Russlands sich großenteils in tatarischen Händen befinden werden. Auch in anderen Berufsarten, zu denen ehemalige Kavaliere wenig zu passen scheinen, nimmt das tatarische Element überhand: so im ehrbaren Berufe der

Gasthofkellner, wobei wohl ihr durch den Islam garantierter »Antialkoholismus« ihre Brauchbarkeit in den Augen der Arbeitgeber erhöhen mag.

Nicht minder nimmt das tatarische Element in den höheren Berufsarten, namentlich in der Medizin, zu; unter den russischen Studenten (und auch Studentinnen!) sind die Tataren stark vertreten. Und was bei dieser Entwicklung besonders bemerkenswert ist: Die einzelnen Gruppen des tatarischen Volkes weisen hierbei eine bedeutende Verschiedenheit auf, und zwar in einem ganz anderen Sinne, als der naive Philister zu glauben geneigt sein mag: Die fortgeschritteneren, rührigeren, »zivilisierteren« sind die Wolga- oder Steppen-Tataren, die rückständigeren dagegen die Krim-Tataren, deren Heimat das herrlichste Land, die »russische Riviera« in der Nähe blühender Kulturzentren (Odessa, Konstantinopel usw.) ist. Die Ursache ist offenbar darin zu suchen, dass Erstere viel länger unter fremder Herrschaft stehen als die Letzteren. Gut Ding will Weile haben – auch die Umwandlung eines Hirten- und Bauernvolkes in eine städtische Bevölkerung.

So weit der Blick reicht, überall die gleiche Erfahrung. Gleiche Ursachen erzeugen die gleichen Wirkungen. Maßgebend vor allem ist das *Subordinationsverhältnis* (Herrscher – Beherrschte) und das *numerische Verhältnis* (Anzahl der Volksgruppen, absolute und relative Kopfzahl jeder Volksgruppe). Keine Spur eines Beweises für eine verschiedene Rassenbegabung! Sind solche Ansichten überhaupt noch ernst zu nehmen, wie zum Beispiel die Türken seien »infolge ihrer Nomadennatur« zum Handel und Gewerbe unfähig oder die Armenier seien »von Natur aus« ein Handelsvolk?

Wir sahen: die nämlichen Rassen (soweit man eben nach der ungeheuren Rassenmischung noch von »Rassen« sprechen kann) und Religionsgenossenschaften schlagen die verschiedensten wirtschaftlichen Wege ein – je nachdem wie die Verhältnisse liegen: Die Osmanen in der muselmanischen Türkei erweisen sich als unfähig zum Handel, ihre nächsten Brüder, die Tataren im christlichen Russland, entwickeln sich sozusagen unter unseren Augen zu einer Handelskaste; die arisch-christlichen Armenier, wo sie in ihrer Heimat in größeren Mengen beisammenwohnen, sind noch Landwirte, in der Diaspora Händler und alles Mögliche, nur keine Landwirte usw.

Die Nationalökonomen rühmen an der *Arbeitsteilung* – bei diesem Worte hauptsächlich an die »persönliche Arbeitsteilung«, d.h. die oben S. 54 erwähnte rein individuelle Arbeitsteilung denkend – die größere Mannigfaltigkeit, Massenhaftigkeit, Billigkeit und Güte der Produktion. In erhöhtem Maße wird dies von der national-religionsgenossenschaftlichen Arbeitsteilung zu gelten haben. Wir können hierbei die physiologische Frage der Vererbung der Fähigkeiten ganz beiseitelassen. Schon das gesellschaftliche Moment ist von der größten Wichtigkeit.

Der ganze gesellschaftliche Verkehr ist im Orient der Hauptsache nach auf die Glaubensgenossen beschränkt, noch mehr aber die Familienbeziehungen. Eheschließungen finden fast nur innerhalb einer Glaubensgemeinschaft statt; religiöse Mischehen gehören im Oriente zu den größten Seltenheiten und haben regelmäßig den Abbruch der Beziehungen der Frau zu ihrer Familie zur Folge.

So entsteht – mehr als bei uns in Europa – ein eigenartiges Milieu. Wenn nicht nur Vater und Großvater, sondern auch Vettern und Schwäger und selbst die Freunde außerhalb des Familienkreises die gleichen oder ähnlichen Berufsarten pflegen, so wächst schon das Kind in einer bestimmten Sphäre auf, und gewisse Fähigkeiten und Interessen müssen ihm fast in Fleisch und Blut übergehen. So muss man es meines Erachtens zum großen Teil dieser Spezialausbildung, wenn ich so sagen darf, zuschreiben, dass der Handel im Oriente verhältnismäßig sehr

bedeutend entwickelt ist. Griechische und armenische Rührigkeit namentlich haben mit besonderem Geschicke die Handels-
beziehungen zum Auslande gepflegt, dadurch der heimischen
Produktion viele Absatzgebiete eröffnet und dadurch auch dem
türkischen Volke – natürlich nicht aus Liebe zu demselben,
sondern im eigenen Interesse, was aber in der Wirkung belanglos ist – wesentliche Dienste erwiesen.

Politisch günstig (d. h. für die bestehende Ordnung günstig) ist diese Arbeitsteilung, als durch sie die verschiedenen
Nationalitäten und Religionsgesellschaften komplementäre
Teile eines Ganzen, Teile eines Volkskörpers werden. Im friedlichen, nationalwirtschaftlichen Leben sind sie einander nicht
mehr lästige Konkurrenten und Gegner, sondern Gehilfen,
aufeinander angewiesen – insoweit eben die Arbeitsteilung
durchgedrungen ist. Politische Aspirationen in Form von Unabhängigkeitsbestrebungen sind nur insoweit möglich, als eine
Volksgruppe alle Berufsarten, wenigstens die wichtigsten, insbesondere die Landwirtschaft, betreibt. Eine bloße Handelskaste kann Unabhängigkeitsbestrebungen nicht hegen; sie muss
im Wesentlichen ein konservatives Element darstellen.

Dass das türkische Reich in seinem heutigen Umfange
noch existiert, hat es sicherlich zum Teil dieser Arbeitsteilung
zu danken. Einen deutlichen Beleg hierfür bildeten die armenischen Unruhen am Ende des 19. Jahrhunderts. Was hat man
nicht alles darüber geredet und geschrieben – von der »eigenen Schuld« der Armenier, von ihrem »wucherischen, blutsau-
gerischen Benehmen« gegen die muselmanische Bevölkerung
u. dgl.! Das war eine völlige Verkennung der Verhältnisse.

Armenische Wucherer und Blutsauger mögen wohl in einzelnen Fällen Akte der Volkswut hervorgerufen haben, aber
sie waren nicht die wesentliche Ursache, die Wurzel der fürchterlichen Unruhen. Das zeigte sich ganz deutlich schon am
Schauplatze der Unruhen. Nur in den Landstrichen, in denen

Armenier in Masse auch als Landwirte leben, also im östlichen Anatolien, fand das grässliche Blutvergießen statt, weil hier beide Parteien teils bewusst, teils instinktiv mit der Möglichkeit eines unabhängigen Armenien rechneten.

Wo die Armenier in der Diaspora lebten, fanden keine Kämpfe statt, obwohl sich gerade in der Diaspora der Gegensatz zwischen dem armenischen Gläubiger und dem muselmanischen Schuldner, also auch Wucher und Betrug vieler Armenier zum Schaden vieler Muselmanen, mehr bemerkbar machen musste. In Brussa, Angora [Ankara], Konya, Smyrna, wo viele Tausende Armenier leben, wurde nirgends die Ruhe gestört.

In Konstantinopel, einer armenischen Diaspora-Stadt, ereigneten sich allerdings nach den bekannten Bombenattentaten im August 1896 die fürchterlichen Metzeleien; aber auch diese bewiesen gerade das Gegenteil von dem, was unsere normalen Philister zu glauben pflegen: Die türkischen (bzw. überhaupt muselmanischen) Hammals (Lastträger) erschlugen damals die armenischen Hammals, die türkischen Kaikdjis (Bootsführer) die armenischen Kaikdjis, die türkischen Kleinhändler die armenischen Kleinhändler usw. Das gräulichste Blutvergießen fand also gerade da statt, wo die national-religionsgenossenschaftliche Arbeitsteilung *nicht* durchgedrungen war. Auch hier war, wie wir bereits oben es als natürlich bezeichneten, der national-religionsgenossenschaftliche Kampf eng mit materiellen Interessen verquickt; die Metzeleien waren *zum Teil* durch Konkurrenten-Missgunst veranlasst.

Man denke sich dagegen den Fall, die Hunderttausende und Millionen Armenier, die in der Diaspora als Arbeiter, Handwerker, Händler (zum Teil schlimme Blutsauger!) wohnen, wären in ihrem heimischen Gebirgslande als Hirten und Bauern, so wäre das Zahlenverhältnis der Bevölkerung dort natürlich ein ganz anderes und die Unabhängigkeitsbestrebungen armenischer Patrioten hätten bessere Aussichten.

Was aber vom Standpunkte der bestehenden staatlichen Ordnung ein Vorteil ist, ist vom Standpunkte sogenannter Unabhängigkeitsbestrebungen ein Nachteil. Als Nachteile der Arbeitsteilung führt die Nationalökonomie an: die Einseitigkeit und geistige Verkümmerung des Arbeiters, die größere Abhängigkeit des Arbeiters vom Arbeitgeber sowie die größere Abhängigkeit der einzelnen Berufsarten voneinander. Hinsichtlich der nationalen Arbeitsteilung muss man hinzusetzen: die nationale Verkümmerung, die Unfähigkeit zur nationalen Selbständigkeit.

In dem Maße, als der Prozess der Loslösung von der Landwirtschaft beispielsweise bei den Armeniern fortschreitet, wird die Aussicht dieses Volkes auf eine nationale Wiedergeburt, auf eine Wiedererlangung eines freien Staates geringer. Mögen auch einzelne, ja sogar viele Armenier Reichtum und Einfluss erlangen, für die Nation als solche bedeutet es das Ende; sie sind kein Volkskörper mehr, sondern ein Organ eines gemeinsamen Volkskörpers.

Abgesehen davon können sich schwere Nachteile daraus ergeben, dass die Berufsscheidewand mit der national-religiösen Scheidewand zusammenfällt. Der wirtschaftliche Gegensatz wird dadurch zweifellos verschärft. Politische Krisen können dadurch umso leichter wirtschaftliche Krisen herbeiführen. Es sei zum Beispiel an den berühmten armenischen »Run« auf die Ottoman Bank im Jahre 1896 erinnert, eine Art wirtschaftlichen Angriffs auf die Türkei mit dem Losungswort: »Plötzliche Zurückziehung aller Einlagen von diesem wichtigsten Finanzinstitut der Türkei, um dasselbe zahlungsunfähig zu machen und den Staat in Verwirrung zu stürzen.« Der Angriff misslang, weil die armenischen Kapitalisten und Bankiers von denen der andern Nationalitäten nicht unterstützt wurden.

Für die Zukunft der orientalischen Völker und Staaten wird die national-religionsgenossenschaftliche Arbeitsteilung jedenfalls eine der wichtigsten Fragen sein.

Schriften Lichtenstaedters

Im Folgenden werden die von Lichtenstaedter jeweils gewählten Pseudonyme und Schreibungen seines Namens entsprechend den Innentiteln genannt.

Die Bayerische Staatsbibliothek hat neuerdings die dort vorhandenen Schriften Lichtenstaedters online gestellt: https://www.digitale-sammlungen.de/index.html?projekt=1533642471. Interessierte finden die Seite leicht mit dieser Wortkombination: Lichtenstaedter digitale sammlungen. Die im nachstehenden Verzeichnis am Ende mit einem * versehenen Titel können dort digital heruntergeladen und gelesen werden.

Dr. Mehemed Emin Efendi: Die armenischen Greuel und die englische Humanität. The Armenian Atrocities and the English Humanity, Offenes Schreiben an Herrn Gladstone, Würzburg 1895 (The National Library of Israel, Sig. 2010 C 21641).

Dr. Mehemed Emin Efendi: Die armenischen Greuel und die englische Humanität, II. Offenes Schreiben an Herrn Gladstone, Würzburg 1896 (Universitätsbibliothek Bern, Sig. H. Varia 4206).

Dr. Mehemed Emin Efendi: Kultur und Humanität. Völkerpsychologische und politische Untersuchungen, Würzburg 1897 (handschr. Korrektur des Autors im Exemplar der Bayerischen Staatsbibliothek (L. impr. C.n.mss. 236): Leipzig im O. Gracklauer [Verlag])*.

Dr. Mehemed Emin Efendi: Die Zukunft der Türkei. Ein Beitrag zur Lösung der orientalischen Frage, Berlin und Leipzig 1898.

Dr. Mehemed Emin Efendi: Das neue Weltreich (Ein Beitrag zur Geschichte des 20. Jahrhunderts), I. Theil: Vom chinesischen Kriege bis zur Eroberung Konstantinopels, München 1901. (Das Vorblatt enthält folgenden gedruckten Zusatz: »Psychologische und politische Phantasien mit erläuternden Anmerkungen versehen von Dr. Mehemed Emin Efendi [Pseudonym]«).*

Dr. Mehemed Emin Efendi: Das neue Weltreich (Ein Beitrag zur Geschichte des 20. Jahrhunderts). II. Theil: Von der Eroberung Konstantinopels bis zum Ende Österreich-Ungarns, Leipzig 1903.*

Emin: Noch einmal »Babel und Bibel«. Ein verspätetes, bescheidenes Laienwörtlein zu Delitzsch's gleichnamigen Broschüren, Leipzig 1903.

Dr. Mehemed Emin Efendi: The Future of Turkey. An Essay on the Eastern Question and a Suggested Solution, translated from the German, London 1907.

Ne'eman (נאמן),** Ma sot cherut? (?מה זאת חרות [Freiheit – was ist das?]), in Achdut (אחדות [Zeitschr. der zionistisch-sozialistischen Poale Zion in Palästina]), Jerusalem 1908/9 (New York Public Library, Sign. SASB M1 – Dorot Jewish Division Rm 111, *ZP-343 [Microfilm]).

Siegfried Lichtenstädter (auf dem Umschlag des Sonderdrucks: Lichtenstaedter): Eduard Glaser, in: Jahrbuch für jüdische Geschichte und Literatur, 12 (1909), S. 135–179.

Dr. Mehemed Emin Efendi: Natur und Kultur. Ein psychologisch-ethischer Versuch, Leipzig 1909.*

Siegfried Lichtenstädter: Nationalität, Religion und Berufsgliederung im Oriente, in: Beiträge zur Kenntnis des Orients, Bd. 8, Halle a. S. 1910, S. 42–70.

Dr. Mehemed Emin Efendi: Die Balkankrisis in völkerpsychologischer Beleuchtung, Leipzig 1912.

Dr. Mehemed Emin Efendi: Der Kampf um Tripolis. Ein Mahnruf an das türkische Volk, Leipzig 1912.

Dr. Mehemed Emin Efendi (Pseudonym): The Struggle over Tripoli. A warning to the Turkish nation, authorized translation by Mrs Ellen Scott, London 1912.

Dr. Mehemed Emin Efendi (Pseudonym): Moralische Erzählungen. Zur Erbauung und Fortbildung für Politiker, Leipzig 1914.*

** Dem Inhalt nach erscheint die Zuschreibung des Pseudonyms Ne'eman zu Lichtenstaedter wahrscheinlich; eine weitere Zuschreibung der NYPL eines Ne'eman zu Lichtenstaedter ist jedoch irrig.

Dr. Mehemed Emin Efendi (Pseudonym): Das Kriegsziel (Völkerpsychologische Ausblicke), Dresden (Juli) 1915.*

Dr. Mehemed Emin Efendi (Pseudonym): Recht oder Unrecht? Ein Disput über den Völkerkrieg zwischen Edward und Mehemed, Dresden 1915.*

Dr. Mehemed Emin Efendi (Pseudonym): Nationalitätenprinzip und Bevölkerungsaustausch. Eine Studie für den Friedensschluß, Dresden 1917.*

Dr. Mehemed Emin Efendi (Pseudonym): Die Zukunft Palästinas. Ein Mahnruf an die zionistischen Juden und an die ganze Kulturwelt, Frankfurt a. M. 1918.*

Dr. Mehemed Emin Efendi (Pseudonym): »Soll und Haben«. Versuch einer unparteiischen Recht- und Schuldbilanz für den Völkerkrieg, Bad Nassau (Lahn) und Winnenden 1919 (Zentralstelle zur Verbreitung guter deutscher Literatur).*

Dr. Mehemed Emin Effendi: Civilisation et humanité. Étude de mœurs politiques et de psychologie sociale, übersetzt von M. de la Rousselière, Paris 1920.*

Dr. Mehemed Emin Efendi (Pseudonym): Die Zukunft der Juden. Ein Mahnruf an Zionisten und Assimilanten, Frankfurt a. M. 1920.*

Ne'man: Die jüdische Religion in Gegenwart und Zukunft. Offene Worte an meine Religionsgenossen, Leipzig 1921.

Ne'man: »Die große Täuschung« in völkerpsychologischer Beleuchtung. Offenes Schreiben an Herrn Geheimrat Friedrich Delitzsch, Leipzig 1922. [Am Ende des 77 Druckseiten langen Offenen Briefs unterschrieb Lichtenstaedter mit »Ne'man, pseudonymer Schriftsteller«.]*

Dr. Lichtenstaedter: Sparsamkeit als vaterländische Pflicht. Schlichte Gedanken, Neuhof, Kreis Teltow 1923 (= Brennende Zeitfragen, hrsg. v. Wilhelm Brepohl, H. 5, für die Zentralstelle zur Verbreitung guter deutscher Literatur).*

Dr. S. Lichtenstaedter: Internationale Unvernunft und Unmoral. Betrachtungen, Warnungen, Anregungen. Eine Bearbeitung der Friedenspreisaufgabe E. Filenes: »Wie kann Friede und Gedeihen für Deutschland und Europa durch internationale Zusammenarbeit gesichert werden?«, Dießen vor München 1925.*

Dr. Mehemed Emin Efendi: Antisemitica. Heiteres und Ernstes, Wahres und Erdichtetes, Leipzig 1926. (Das Offene Schreiben an Gustav Kahr, mit dem das Buch endet, ist unterschrieben mit »Ne'man, pseudonymer Schriftsteller«.)*

U.R. Deutsch: Briefe an einen antisemitischen Freund, Leipzig 1926.*

Ne'man (נאמן): Schächtfrage und jüdische Speisegesetze. Offene Worte an Schächtgegner und Juden, Leipzig 1927.

Dr. S. Lichtenstaedter: Süd-Tirol und Tessin. Zwei national-internationale Fragen mit einer gemeinsamen Lösung, Dießen vor München 1927.*

Siegfried Lichtenstaedter: Aus der bayerischen Finanzverwaltung. Ein winzig kleines, aber tieftrauriges Kapitel, o. O. [München] 1928 (Dt. Nationalbibliothek, Leipzig, Sig. 1934A7338, versehen mit dem Vermerk der Bibliothek: »Lt. bes. Wunsch des Verfassers im Schreiben vom 4. Juni 1934 für die nächsten 25 Jahre *nicht verleihbar!*«).

Dr. S. Lichtenstaedter: Das Ausland-Deutschtum in Europa. Seine Kämpfe, seine Gefahren, seine Rettung, Dießen vor München 1928.*

Ne'man: Schächtfrage und Tierschutz. Ein Appell an Wahrheit und Gerechtigkeit, Leipzig 1929.

Ne'man: Praktisches Judentum (Richtlinien), Leipzig 1931.*

Ne'man: Schächtfrage und Schächtgegner. Ein Beitrag zur Sitten- und Kulturgeschichte des 20. Jahrhunderts, Leipzig 1931.*

Dr. S. Lichtenstaedter: Naturschutz und Judentum. Ein vernachlässigtes Kapitel jüdischer Sittenlehre, Frankfurt a. M. 1932.*

Ne'man: Geburtenregelung und Judentum, Leipzig 1933.*

Ne'man: Jüdische Politik. Betrachtungen, Mahnworte, Scheltworte, Trostworte, Leipzig 1933.*

»Dr. Mehemed Emin Efendi« (Dr. S. Lichtenstaedter): The Future of Palestine. An Appeal to Zionist Jews and the Civilised World, London 1934.*

Dr. S. Lichtenstaedter: Die siebenbürgische Frage. Ein Beitrag zur Revisionsfrage. Ein Mahnruf an Magyaren und Deutsche, Winnenden 1934.*

Ne'man (נאמן): Jüdische Fragen (Judentum und Judenheit, Lehre und Leben). *מדריך נבוכים [madrich nebukim, Führer der Verwirrten/Schwankenden], Leipzig 1935.

Dr. S. Lichtenstaedter: Zionismus und andere Zukunftsmöglichkeiten. Herausforderung zu einer Diskussion, Leipzig 1935.*

Dr. S. Lichtenstaedter: Jüdische Sorgen, Jüdische Irrungen, Jüdische Zukunft. Eindringliche Worte an meine Religions-Genossen zur Besinnung, Winnenden 1937.*

Dr. S. Lichtenstaedter: Perish or change? A memorandum about the Jewish distress by S. Lichtenstaedter, translated by R. Pope, Winnenden 1939.*

Dr. S. Lichtenstaedter: Sprachenpolitik (Forschungen und Forderungen), Winnenden 1941.*

---

* Der hebräische (Unter-)Titel ist fast identisch mit dem berühmten Werk מורה נבוכים (Führer der Schwankenden) des Rambam (Maimonides) und spielt darauf an. Während Maimonides das hebräische Wort moreh (Lehrer) benutzte, bevorzugte Lichtenstaedter das Wort madrich, das wörtlich, im positiven wie im negativen Sinn, Führer heißt.

Anmerkungen

1 Todesfallanzeige des KZs Theresienstadt v. 6.12.1942. Holocaust.cz, Datenbank der digitalisierten Dokumente, 20.7.2018.

2 Die Geschwister waren: Bertha (1855–1926), verheiratet mit Max Liebmann; Adolf Wolfgang (1859–1929), verheiratet mit Fanny Rosenfeld; Nanette (1862–1937), verheiratet mit Samuel Wortsmann; Anton (1858–1911) und Siegfried (1865–1942); StA. Nürnberg, Fremde Archivalien Nr. 80, Kopie aus dem Bestand Reichssippenamt R.S.A. 124 G. Tr.St., Jüdische Gemeinde Baiersdorf (den Hinweis verdanke ich Horst Gemeinhardt, Baiersdorf); Auskunft des Stadtarchivs Nürnberg v. 5.4.2018 an die Bayerische Staatsbibliothek, z.Hd. Franziska Eschenbach, Projekt NS-Raubgutforschung der Bayerischen Staatsbibliothek.

3 Zu Lichtenstaedters Biographie: Salomon Wininger (Hrsg.): Grosse Jüdische National-Biographie mit nahezu 13.000 Lebensbeschreibungen namhafter jüdischer Männer und Frauen aller Zeiten und Länder. Ein Nachschlagewerk für das jüdische Volk und dessen Freunde unter Mitwirkung von zahlreichen Fachmännern aus allen Weltteilen, Bd. 7 (Ergänzungsband), Cernăuți 1936, S. 254 f. (für biographische Details wird im Folgenden häufiger auf diese, die einzige, Selbstauskunft zurückgegriffen); Gerd Gröning: Siegfried Lichtenstaedter »Naturschutz und Judentum. Ein vernachlässigtes Kapitel jüdischer Sittenlehre«. Ein Kommentar, in: Gröning, J. Wolschke-Bulmahn (Hrsg.), Naturschutz und Demokratie!?, München 2006, S. 137–150; Renate Heuer (Hrsg.): Lexikon deutsch-jüdischer Autoren, Bd. 16, S. 25–32, München 2008.

4 L., Sprachenpolitik (1941), S. 144–148.

5 Anlage zum Runderlass des Reichsministers des Inneren vom 18.8.1938, veröffentlicht im Ministerial-Blatt des Reichs- und Preußischen Ministeriums des Inneren vom 24.8.1938.

6 Obwohl Lichtenstaedter dieses Pseudonym 1936 in Winingers »Grosser Jüdischer National-Biographie« veröffentlichen ließ, ordnete ihm vor 2018 keine deutsche Bibliothek dieses Werk zu – anders US-amerikanische und israelische Bibliotheken.

7 Näheres zur Biographie von Friedrich Schneider in Götz Aly, Warum die Deutschen? Warum die Juden? Gleichheit, Neid und Rassenhass, Frankfurt a. M. 2011, S. 214–217.

8 L., Aus der bayerischen Finanzverwaltung (1928), S. 6.

9 L. an das Staatsministerium der Finanzen, betr. »Dienstliche Verhältnisse an der Rechnungskammer« v. 28.6. und 14.7.1926; BayHStA.,
PA Lichtenstaedter, MF 77430.

10 L., Naturschutz und Judentum (1932), S. 5, 14.

11 Kurzreferat des Vortrags in: Korrespondenz-Blatt der Dt. Ges. f. Anthropologie, Ethnologie und Urgeschichte 49 (1918), Nr. 9/12, Sept./
Dez. 1918, S. 64.

12 StA. Nürnberg, Reg. Mittelfranken, K.d.I. Abg. 1932, Judensachen,
Nr. 212. Für den Hinweis danke ich Horst Gemeinhardt, Baiersdorf.

13 Wolf Lichtenstädter: Die Nachlese im Weingarten des Herren. Ein
Versuch: Die schwierigen Stellen der heiligen Schrift (alten Testa-
ments) auf möglichst einfache und höchst wahrscheinliche Weise
zu erklären, Erlangen 1863, S. 3–6. Der Autor bezeichnete dieses
Werk als von ihm übersetzte, vermehrte und verbesserte Ausgabe
seines zunächst auf Hebräisch erschienenen Buches: Benjamin Wolf
Lichtenstädter, Amtachat Benjamin (אמתחת בנימין [Benjamins Beu-
tel]). Scholien und erläuternde Zeichnungen zu mehreren Bibel-
stellen sowie einer Landkarte des Orients, 2 Teile, Fürth 1844 und
1846.

14 L., Briefe (1926), S. 3.

15 Wie wenig Lichtenstaedter in den jüdischen Kreisen Münchens be-
achtet wurde, belegt indirekt das 1982 von Hans Lamm herausgegebene Buch »Vergangene Tage. Jüdische Kultur in München«. Obwohl
dieses facettenreiche, betont literarisch orientierte Werk 550 Seiten
stark ist, fehlt der Name Lichtenstaedter darin.

16 L., Die jüdische Religion (1921), S. 50–57; L., Schächtfrage (1927),
S. 3–8.

17 L., Jüdische Politik (1933).

18 Zit. nach L., Jüdische Politik (1933), S. 220.

19 L., Briefe (1926), S. 55.

20 Zwei Schreiben Lichtenstaedters an Martin Buber v. 14.1. und
27.2.1935 und eine Stellungnahme der Zionistischen Vereinigung für
Deutschland v. 24.1.1935; The National Library of Israel, M. Buber
Archiv, Nr. 426a. In seiner Broschüre »Zionismus und andere Zukunftsmöglichkeiten. Herausforderung zu einer Diskussion« (S. 3)
kommentierte Lichtenstaedter die Zurückweisung solcher von ihm
mehrfach angestrengter Versuche zur Diskussion.

21 L., Schächtfrage (1927), S. 7. In dem umfangreichen Buch »Jüdische Fragen« (1935) wandte sich Lichtenstaedter mit sehr harten Worten gegen das liberale Judentum.

22 L., Die jüdische Religion (1920, geschrieben 1908–1914), S. 29.

23 L., Naturschutz und Judentum (1932), S. 41.

24 L., Schächtfrage und Schächtgegner (1931), S. 23 f. Gemeint ist das Wochenblatt »C. V.-Zeitung« »Blätter für Deutschtum und Judentum. Organ des Central-Vereins deutscher Staatsbürger jüdischen Glaubens e. V. Allgemeine Zeitung des Judentums.«

25 Wininger (1936), wie Anm. 3.

26 Bayerische Israelitische Gemeindezeitung 11 (1935), Nr. 1, S. 7. Cohen und Lichtenstaedter verband in München mehr als diese Geburtstagsnotiz. Cohen hatte den womöglich von Lichtenstaedter beeinflussten, dessen Denken jedenfalls argumentativ nahestehenden Artikel »Die Judenfrage als soziologisches Problem« veröffentlicht (Schmollers Jahrbuch 42, 1918, S. 133–147). 1939/40 lebten beide auf engstem Raum zwangsweise in der »Judenwohnung« Maximilianstraße 9. Dort wohnten neben dem Wohnungsinhaber Kommerzienrat Hermann Schülein (1861–1942) der Kaufmann Hermann Schwarz (1897–1941) und Dr. jur. Hans Steiner (1887–1941).

27 Wininger (1936), wie Anm. 3.

28 Dank an das Gymnasium Fridericianum (OStDir. Gerhard Nöhring) für die Kopien aus den Inscriptionslisten der Königlichen Studienanstalt zu Erlangen der Jahre 1876–1882.

29 UniArch Leipzig, Film 631, Matrikel 1883 und 1884; Alphabetische Studentenliste nebst Verzeichnis der als gehört bescheinigten Vorlesungen, Film 520.

30 Studentenverzeichnis der Berliner Universität für das Wintersemester 1884/85 und Abgangszeugnis unter der Matrikel-Nr. 530 des 75. Rektorats.

31 Brief v. L. an Georg Wolff v. 3.3.1887, UB der LMU, Nachlass G. Wolff; Matrikel der LMU im Amtlichen Verzeichnis des Personals der Lehrer, Beamten und Studierenden an der kgl. bay. Ludwig-Maximilians-Universität, SoSe 1886, S. 60. Weitere Unterlagen der LMU zu Lichtenstaedter sind verloren.

32 Wininger (1936), wie Anm. 6.

33 Zu Serbien L., Sprachenpolitik (1941), S. 161; zu Nürnberg L., Schächt-

frage (1929), S. 52; Ne'eman, Mah sot cherut? (1908/9); zu Saloniki L., Zionismus (1935), S. 56.

34 Zum Besuch in der Türkei 1909, L., Jüdische Fragen (1935), S. 174 f. und S. 260 in diesem Buch.

35 BayHStA., MK 40523 (Oriental. Ges. in München 1828–1916).

36 Wininger (1936), wie Anm. 6.

37 Landesgeschichtliches Informationssystem Hessen, Gästeliste des Hotels Braunschweig, Bad Homburg, 1879–1918; Brioni-Insel-Zeitung, Nr. 40 v. 16.12.1913 (für den Hinweis auf letztere Quelle Dank an Margit Berner, Wien).

38 L., Natur und Kultur (1909), S. 74; Sprachenpolitik (1941), S. 74; Briefe Lichtenstaedters an die Österreichische Akademie der Wissenschaften wegen der (dann gescheiterten) »Drucklegung und Herausgabe des Glaser'schen Nachlasses« v. 24.10., 10., 18., 24. u. 25.11.1930; ÖAWArch., Südarabische Kommission, Schachtel 1 (Dank an Petra Aigner, Wien, die mich auf die Briefe hinwies).

39 Barbara Flemming, Jan Schmidt, The Diary of Karl Süssheim (1878–1947). Orientalist between Munich and Istanbul, Stuttgart 2002, S. 66, 86 (für den Hinweis auf dieses Buch Dank an Stephan Kellner, München).

40 L., Jüdische Fragen (1935), S. 155.

41 Hinweise zu seinen religiösen, moralischen und rechtlichen Grundsätzen finden sich in Lichtenstaedters Schriften zu jüdischen Fragen immer wieder. Die Einrichtung seiner Wohnung ist im Wiedergutmachungsverfahren bezeugt, das seine Nichten in den 1950er Jahren anstrengten. StA. München, WB IN 1557.

42 PA Lichtenstaedter, BayHStA., MF 77430.

43 Zit. nach Andreas Heusler, Lion Feuchtwanger: Münchner, Emigrant, Weltbürger, St. Pölten 2014, S. 102 f.

44 L., Eduard Glaser (1909), S. 163 f.

45 L., Kultur und Humanität (1897), S. 6, 31, 164.

46 L., Zukunft der Türkei (1898), S. 29, 31.

47 L., Zukunft der Türkei (1898), S. 24.

48 L., Sprachenpolitik (1941), S. 13.

49 L., Kultur und Humanität (1897), S. 148.

50 L., Das neue Weltreich (1903), S. 67–69.

51 L., Das neue Weltreich (1901), S. 22 f.

52 L., Das neue Weltreich (1903), S. 37–41, 59 f., 65–69, 105–110.

53 L., Zukunft der Türkei (1898), S. 25.

54 L., Sprachenpolitik (1941), S. 133 (dort zählt er auch seine Texte zum Bevölkerungsaustausch auf) und S. 148.

55 Mihran Dabag, Jungtürkische Visionen und der Völkermord an den Armeniern, in: ders., Kirstin Platt (Hrsg.), Genozid und Moderne. Strukturen kollektiver Gewalt im 20. Jahrhundert, Opladen 1998, S. 152–205., Paderborn 2004, S. 62 f.; Philipp Ther, Die dunkle Seite der Nationalstaaten.»Ethnische Säuberungen« im modernen Europa, Göttingen 2011, S. 43; Matthew Frank, Fantasies of Ethnic Unmixing: »Population Transfer« and the Collapse of Empire in Europe, in: Panikos Panayi, Pippa Virdee (Hrsg.), Refugees and the End of Empire. Imperial Collapse and Forced Migration in the Twentieth Century, New York 2011, S. 81–101; Michael Schwartz, Ethnische »Säuberung« in der Moderne. Globale Wechselwirkungen nationalistischer und rassistischer Gewaltpolitik im 19. und 20. Jahrhundert, München 2013, passim; Robert Walter, Siegfried Lichtenstaedter – Vordenker einer ethno-nationalen Neuordnung Europas, in: Zeitschrift für Geschichtswissenschaft 63 (2015), S. 949–965. Matthew Frank hat sich offenbar wenig mit dem Werk Lichtenstaedters beschäftigt, sonst hätte er nicht fälschlich behauptet, Lichtenstaedters Schrift von 1939 »Perish or change?« sei eine Übersetzung des Buches »Jüdische Fragen« von 1935 (Frank, Fantasies, S. 98).

56 L., Zukunft der Türkei (1898), S. 34; L., Kriegsziel (1915), S. 12 f., 79, 86.

57 L., Süd-Tirol und Tessin (1927).

58 L., Kriegsziel (1915), S. 51–57.

59 L., Geburtenregelung (1933), S. 22 f.

60 L., Jüdische Sorgen (1937), S. 20.

61 L., Nationalitätenprinzip und Bevölkerungsaustausch (1917), zur »jüdischen Provinz« S. 55 f.; L., Das Kriegsziel (1915), S. 80, 86.

62 L., Eduard Glaser (1909), S. 138.

63 L., Schächtfrage (1927), S. 11 f.

64 L., Natur und Kultur (1909), S. 25 f.

65 Ebd., S. 98 f.

66 L., Perish or change (1939), S. 21; S. 209 f. in diesem Buch.

67 BayHStA., PA Franz Haber (1887–1954), MF 77144; PA Lichtenstaedter, MF 77430; L., Aus der bayerischen Finanzverwaltung (1928), S. 12 f.

68 Aus Horaz, Satiren (I,5,100): Das mag der (leichtgläubige) Jude Apella glauben! Sinngemäß: Das glaube, wer will!

69 Gemeint sind die nordamerikanischen Absarokee.

70 Lichtenstaedter lässt dem Flugblattschreiber jene Formel in die Feder fließen, die es dem römischen Senat erlaubte, den Notstand auszurufen. Frei übersetzt: Mögen die verantwortlichen Staatsmänner Schaden von unserem Gemeinwesen abwenden!

71 Anzeige in der Buchhändler-Korrespondenz vom 5.12.1899; Max Mandl, geb. 1864 in Hermannstadt (Sibiu), gest. 1939 in München.

72 Ministerpräsidenten im cisleithanischen Teil Österreich-Ungarns zwischen 1879 und 1904.

73 Gebäude im osmanischen Palastkomplex von Istanbul.

74 Handschr. Ergänzung Lichtenstaedters im Exemplar der Bayerischen Staatsbibliothek.

75 L., Jüdische Sorgen (1937), S. 31.

76 Zu Sombart, Treitschke und zur Bildungsstatistik Aly wie Anm. 7, S. 37 – 48, 106 – 110, 177 f.

77 Wilhelm Rohmeder (1843 – 1930), Stadtschulrat in München und Rektor der Städtischen Handelsschule München.

78 Münchner Sektion des antisemitischen Reichshammerbunds.

79 Der frei erfundene Name Chaim Bückeburg verweist auf einen Urahnen Heinrich Heines, der vermutlich Chaim hieß, und auf den Herkunftsort der Familie. Der tatsächliche bürgerliche Vorname Heines war Harry. Nicht nur deutsche Antisemiten spezialisierten sich darauf, die angeblich »wahren« Namen assimilierter Juden zu veröffentlichen. Dazu Jan Christoph Hauschild, Heine und die Folgenden. Eine Umschau, in: Dietmar Goltschnigg u. a. (Hrsg.): Harry … Heinrich … Henri… Heine. Deutscher, Jude, Europäer, Berlin 2008, S. 395 – 407.

80 Dr. Georg Heim (1865 – 1938), Mitbegründer der Bayerischen Volkspartei. Heim förderte bäuerliche Genossenschaften und die Landvolkshochschulbewegung. Er stritt für die einfachen Leute, wofür er bis heute mit Recht geehrt wird, und hetzte gegen die angebliche Übermacht der Juden.

81 Gemeint ist der schweizerische Publizist und Nazi-Sympathisant Hermann Stegemann (1870 – 1945).

82 Dr. Wilhelm Levinger, geb. 1877 in München, emigriert 1937, gest. 1957 in New York. Im 1927 erschienenen Jüdischen Lexikon schrieb er im

Abschnitt »Antisemitismus, Geschichte (Deutschland)«: »Anfang 1920 war in München die ›Nationalsozialistische Deutsche Arbeiterpartei‹ gegründet worden; ihr Führer wurde bald Adolf Hitler, der als junger Bautechniker in Wien christlich-soziale Gedankengänge in sich aufgenommen hatte und nach Rache für den Verrat der ›Novemberverbrecher‹ schrie, weil Deutschland sich erst nach Vernichtung des ›inneren Feindes‹, den er in Marxisten und Juden sah, von seinen äußeren Feinden befreien könne.« Die zunächst in Bayern gewonnene »zahlreiche entschlossene Anhängerschaft« stammte nach Levinger »hauptsächlich aus akademischen, aber auch aus Arbeiterkreisen«, die sich enttäuscht vom Kommunismus abgewandt hatten. Obwohl die Wahlerfolge rasch nachgelassen hatten, warnte Levinger, »dass der völkische Gedanke und damit auch der davon kaum zu trennende Antisemitismus noch immer weite Kreise des deutschen Volkes beherrscht, die die Juden als volksfremdes Element ansehen.«

83 Rekrut, der sich freiwillig zum Militärdienst gemeldet hatte und dank gehobener Schulbildung nur ein Jahr dienen musste.

84 Theodor Fritsch (1852–1933) gehörte zu den führenden Antisemiten des Kaiserreichs und der Weimarer Zeit. Er forderte »die Achtung und Schonung des wirtschaftlich Schwachen, der recht wohl zugleich der physisch und moralisch Starke sein kann«. Zu diesem Zweck sollte der Staat »eine gute Verteilung des Wohlstandes und ein frohes Gesamtgedeihen« garantieren, die »Judenherrschaft brechen« und das Tempo des wirtschaftlichen Fortschrittes mäßigen. Fritschs Agitation und die des Reichshammerbundes zielten auf die Millionen frisch vom Land in die industriellen Zentren Zugezogenen, auf die Entwurzelten und Verwirrten: »In den Großstädten regieren Juden und Judensinn, und der naturgewohnte Mensch fühlt sich darin als ein Fremdling, als ein ratloses Kind, das allerwegen in die Fallen der Juden tappt.« (Fritsch: Die Juden im Handel und das Geheimnis ihres Erfolges, Steglitz 1913, S. 128; 196.) Als führender deutscher Vordenker der Gartenstadtbewegung forderte Fritsch Kleingärten für Arbeiter, Parks, Tummelplätze für die Kinder in weitläufigen und sonnigen Innenhöfen, lichtdurchflutete Schulgebäude, Ringbahnen, radiale Straßensysteme, getrennte Industrie- und Wohnzonen – das ganze sozialistisch gedacht, auf der Basis von Wohngemeinschaft, Erbpacht, ohne Bodenwucher, ohne Hypotheken und Zinstribut, damit die »heimatliche Scholle« nicht »zum Spielball des Leicht-

sinns und der Gewinnsucht«, sondern zur Grundlage glücklicher, menschlicher Existenz werde. (Fritsch, Die Stadt der Zukunft, Leipzig 1896.)

85 L., Soll und Haben (1919), S. 78.

86 L. an Georg Wolff, 14.11.1884, UB-LMU, Nl. Wolff.

87 Zit. nach Aly wie Anm. 7, S. 111.

88 L., Briefe (1926), S. 86.

89 Wilhelm Stapel, Aphoristisches zur Judenfrage, in: Hermann Bahr u.a. (Hrsg.), Der Jud ist schuld …? Diskussionsbuch über die Judenfrage, Basel 1932, S. 171–174.

90 Gedruckte Zitatensammlung des Centralvereins deutscher Staatsbürger jüdischen Glaubens über die Stellung der NSDAP zur Judenfrage; BArch, N 1695/3 (Nl Wolfgang Scheffler).

91 L., Sprachenpolitik (1941), S. 44.

92 L., Briefe (1926), S. 94, 98, 3.

93 L., Antisemitica (1926), S. 11–13.

94 L., Die große Täuschung (1922), S. 61.

95 L., Kultur und Humanität (1897), S. 63; L., Sprachenpolitik (1941), S. 155.

96 L., Die große Täuschung (1922), S. 56.

97 L., Jüdische Politik (1933), S. 21, 56.

98 L., Die große Täuschung (1922), S. 16.

99 Johannes Bischoff, Baiersdorf. Entwicklungsgeschichte einer fränkischen Kleinstadt, Baiersdorf 1953, S. 67, 102; Walter Tausendpfund, Baiersdorf – zeitweise Landesrabbinat, in: Jüdisches Leben in der Fränkischen Schweiz, Erlangen 1997, S. 699–704.

100 Als Beispiel sei die ostjüdische Familie Fromm genannt, die es dank ihrer unternehmerischen Ideen binnen einer Generation in Berlin zu Wohlstand brachte. Siehe Götz Aly, Michael Sontheimer, Fromms. Wie der Kondomfabrikant Julius Fromm unter die deutschen Räuber fiel, Frankfurt a. M. 2007.

101 L., Briefe (1926), S. 80–89.

102 L., Kultur und Humanität (1897), S. 105f., 122.

103 L., Die jüdische Religion (1921), S. 9.f. (Das Buch verfasste L. zwischen 1908–1914.); L., Natur und Kultur (1909), S. 110.

104 Isidor Singer, Presse und Judenthum, 2. Aufl., Wien 1882, S. 6–8.

105 L., Briefe (1926), S. 94, 98–101, 124.

106 S. 51–56 in diesem Buch.

107 L., Jüdische Politik (1933), S. 21, 56. Lichtenstaedter selbst begann 1933 seine Schriften an Bibliotheken zu verschicken, um sie der Nachwelt zu erhalten. So wandte er sich am 1. Februar an die Österreichische Nationalbibliothek. Diese ließ sich die von Mehemed Emin Efendi und S. Lichtenstaedter verfassten Werke »unentgeltlich und kostenfrei« zuschicken, lehnte es jedoch ab, die unter dem Pseudonym Ne'man veröffentlichten Werke zu dezidiert jüdischen Fragen anzunehmen, weil diese »dem Arbeitsgebiet« der Bibliothek »fernliegen« würden. ÖNB-Arch., NB 283/1933, 437/1933 (für den Hinweis Dank an Albert Müller, Wien).

108 L., Briefe (1926), S. 49.

109 L., Antisemitica (1926), S. 117–126 (Offenes Schreiben eines bayerischen Juden an Se. Exzellenz Herrn Dr. Gustav v. Kahr, weiland bayerischer Ministerpräsident usw., 1923 verfasst, nicht abgeschickt.).

110 L., Schächtfrage und Tierschutz (1929), S. 44.

111 Wie Anm. 25.

112 Im Orig. zitiert Lichtenstaedter an dieser Stelle einige Sätze der sehr positiven Rezension von Heymann Steinthal, die in diesem Buch auf Seite 230 vollständig abgedruckt ist.

113 Tatsächlich bezeichnete Hartmann (1851–1918) Lichtenstaedters Vorschlag als »geradezu wahnwitzig«. (M. Hartmann, Der Islamische Orient. Berichte und Forschungen, Heft 2/3, Berlin 1900, S. 90.)

114 Anmerkungen des Adressaten am linken Rand: Vermögenserklärung wurde nicht abgegeben; Eingangsstempel: Zollfahndungsstelle München 19. Dez. 1941.

115 L., Kultur und Humanität (1897), S. 228.

116 L., Kultur und Humanität (1887), S. 125 f.

117 L., Jüdische Politik (1933), S. 11 f., 15

118 Dazu Aly wie Anm. 7, S. 37–48.

119 Stephan H. Astourian, Modern Turkish Identity and Armenian Genocide. From Prejudice to Racist Nationalism, in: Richard G. Hovannisian (Hrsg.), Remembrance and Denial. The Case of the Armenian Genocide, Detroit 1999, S. 39–41.

120 Hartmann, wie Anm. S. 113.

121 Wie Anm. 119, S. 39.

122 Im Internet unter »The Hutu Ten Commandments«.

123 L., Natur und Kultur (1909), S. 111; L., Jüdische Politik (1933), S. 56, 59.

124 Zit. nach Einstein on Politics. His Private Thoughts and Public Stands on Nationalism, Zionism, War, Peace, and the Bomb, hrsg. v. David E. Rowe und Robert Schulmann, Princeton 2007, S. 303–311.

125 L., Kultur und Humanität (1897), S. 132 f., 141 f.

126 L., Die armenischen Greuel (1896), S. 14 f.

127 Hans Mommsen, Die Realisierung des Utopischen: Die »Endlösung der Judenfrage« im »Dritten Reich«, in: Geschichte und Gesellschaft 9 (1983), H.3, S. 381–420.

128 L., Kriegsziel (1915), S. 6, 9, 52 f.

129 Arthur Cohen, Die Judenfrage, ein soziologisches Problem, in: Schmollers Jahrbuch 42 (1918), S. 139/561–146/568.

130 L., Jüdische Politik (1933), S. 11 f., 15.

131 Dazu schrieb L. 1935 in »Jüdische Fragen« (S. 184): »Die Türken, die in Bulgarien nach der ›Befreiung‹ des Landes verblieben, befanden und befinden sich natürlich in einer Lage, die der der Juden und anderer ›Minderheiten‹ in anderen Ländern ähnlich ist.« Er forderte, doch endlich die Lebensbedingungen »zahlreicher anderer Bevölkerungen« mit »der unseren [zu] vergleichen«, um daraus zu lernen.

132 L., Zionismus (1935), S. 37, 59.

133 L., Jüdische Fragen (1935), S. 7.

134 L., Moralische Erzählungen (1914), S. VII.

135 Kurze Mitteilung in: Asien. Organ der Deutsch-Asiatischen Gesellschaft und der Münchner Orientalischen Gesellschaft 3 (1904), H. 12, S. 191f; Vorträge u. Veranstaltungen der Münchner Orient. Ges. v. Herbst 1901 bis Frühjahr 1909, in: Beiträge zur Kenntnis des Orients. Jahrbuch der Münchner Orientalischen Gesellschaft 7 (1909), S. 167 f.

136 L., Jüdische Fragen (1935), S. 147.

Götz Aly
Europa gegen die Juden: 1880–1945
432 Seiten. Gebunden

Erstmals ein gesamteuropäischer Blick auf den Antisemitismus
und den Weg in den Holocaust.

Der Holocaust ist nicht allein aus der deutschen Geschichte
heraus erklärbar. Sowohl in West- als auch in Osteuropa hatte
die Judenfeindschaft seit 1880 sprunghaft zugenommen – an-
getrieben von Nationalismus und sozialen Krisen. Ohne die
Schuld der deutschen Täter zu mindern, zeigt der Historiker
Götz Aly, wie Rivalität und Neid, Diskriminierung und
Pogrome vielerorts dazu beigetragen haben, den Boden für
Deportationen und Morde zu bereiten. Erstmals wird so der
moderne Antisemitismus als grenzüberschreitendes Phänomen
dargestellt und damit eine neue, umfassende Perspektive auf
die europäischen Vorgeschichten eröffnet, die zum Holocaust
beitrugen.

Das gesamte Programm gibt es unter
www.fischerverlage.de

fi 1-000428 / 1

Götz Aly
Warum die Deutschen? Warum die Juden?
Gleichheit, Neid und Rassenhass – 1800 bis 1933

Band 18997

Warum die Juden? Warum die Deutschen? Das sind die beiden schwer zu beantwortenden Fragen, denen sich Götz Aly stellt. Er beschreibt den beeindruckenden Aufstieg der deutschen Juden von 1800 bis 1933 und die Missgunst ihrer christlichen Zeitgenossen. Deren nationaler Dünkel speiste sich aus Schwäche, Neid und Freiheitsangst und führte am Ende zu mörderischem Antisemitismus. Wer dieses Buch gelesen hat, wird den Holocaust als Teil der deutschen Geschichte verstehen.

»Für mich ist es das Sachbuch des Jahres und
ein absolutes Muss für jeden, der das Spezifische des
deutschen Antisemitismus verstehen möchte.«
Thomas Ostermeier, Süddeutsche Zeitung

»Götz Aly stellt gute Fragen. Und schreibt en passant
eine spannende Geistes- und Sozialgeschichte Deutschlands
im 19. und frühen 20. Jahrhundert.«
Ulrich Gutmair, taz

»Äußerst wichtig und neu.«
*Yehuda Bauer, Yad Vashem,
Frankfurter Allgemeine Zeitung*

Das gesamte Programm gibt es unter
www.fischerverlage.de

fi 18997 / 1

Götz Aly
»Endlösung«
Völkerverschiebung und
der Mord an den europäischen Juden
Band 50231

»Eine bahnbrechende historische Studie
über den Zusammenhang von nationalsozialistischer
Politik der ›Völkerverschiebung‹ und der Entscheidung
zur Ermordung der europäischen Juden.«
Raul Hilberg, die tageszeitung

Götz Alys Buch ›Endlösung‹ markiert einen entscheidenden
Schritt in der Erforschung der Geschichte des Holocaust. Aly
zeigte als Erster, wie sich in einem langen Prozess die Entschei-
dung herauskristallisierte, die Juden Europas zu ermorden.
Es gab keinen »Beschluss«. Zuerst dominierte der Gedanke,
»Lebensraum« für das deutsche Volk zu schaffen, es kam die
Idee auf, alle Juden nach Madagaskar zu verschiffen, dann
folgten die Ghettos und Konzentrationslager, schließlich der
Vernichtungskrieg und die Gaskammern. In keinem anderen
Buch ist die Geschichte dieses Entscheidungsprozesses so
ausführlich, zwingend und klar geschildert.

Das gesamte Programm gibt es unter
www.fischerverlage.de

fi 50231 / 2